陕西师范大学中国语言文学"世界一流学科建设"成果

性别批评丛书 总主编 屈雅君

桦桢 著

第二次浪潮之后

20世纪80年代后的性别文化景观

After the Second Wave

The Sexual Spectacle of Our Time

中国社会科学出版社

图书在版编目（CIP）数据

第二次浪潮之后：20世纪80年代后的性别文化景观／桦桢著．
—北京：中国社会科学出版社，2019.12
　（性别批评丛书）
　ISBN 978 - 7 - 5203 - 5908 - 5

　Ⅰ.①第…　Ⅱ.①桦…　Ⅲ.①女性主义—研究　Ⅳ.①C913.68

中国版本图书馆 CIP 数据核字（2020）第 008972 号

出 版 人　赵剑英
责任编辑　顾世宝
责任校对　季　静
责任印制　戴　宽

出　　　版　中国社会科学出版社
社　　　址　北京鼓楼西大街甲 158 号
邮　　　编　100720
网　　　址　http://www.csspw.cn
发 行 部　010 - 84083685
门 市 部　010 - 84029450
经　　　销　新华书店及其他书店

印　　　刷　北京明恒达印务有限公司
装　　　订　廊坊市广阳区广增装订厂
版　　　次　2019 年 12 月第 1 版
印　　　次　2019 年 12 月第 1 次印刷

开　　　本　710×1000　1/16
印　　　张　15.75
字　　　数　213 千字
定　　　价　86.00 元

总　序

屈雅君

一　关于使用"性别批评"概念

20世纪60年代诞生于西方新女权运动的女权主义批评，立场鲜明，视角独到，话锋犀利，经过半个多世纪的发展，话语日益丰富，形态更加多样，方法越发成熟。

这套丛书的命名，并未沿用"女权主义文学批评"（或"女性主义文学批评"）等概念，而使用了"性别批评"，旨在强调以下两层含义。

（一）"性别"不是一个中立的概念

"性别"，或者说"社会性别"这个词①，和"阶级""种族"一样，一旦进入社会科学研究领域，就决定了它不可能是一个立场中立的概念。20世纪70年代，美国人类学家盖尔·卢宾首次在她的性别研究中使用这个词时，就试图探索人类历史上女人受压迫的根源。"社会性别是社会强加的两性区分，它是性的社会

---

① 英文 gender 一词，在中文中有"性别"和"社会性别"两种译法，此概念无论在何种语境中出现，都强调它自身与 sex 一词（sex 也有与 gender 相对应的两种译法："生理性别"或"性别"）的区别。

关系的产物。"① 美国历史学家琼·W. 斯科特将性别划定为一个"分析域",一种"分析范畴",她在定义"性别"一词时,提出了两大核心命题:"性别是组成以性别差异为基础的社会关系的成分;性别是区分权力关系的基本方式。"② 虽然"性别"这个词在有些人看来,较之那些带有鲜明女性立场的"女权主义""女性""妇女"等词汇,貌似更趋向于客观、中立,然而事实是,它在妇女研究领域的广泛流行、被高频率使用,正是女性主义理论进一步深化的标志。

"性别"之所以成为女权主义理论中的一个关键词,在于它包含着一个清晰的逻辑命题,即:既然有别于"生理性别"的"社会性别"是由社会、历史、文化所形成的,那么,它就有可能随着社会、历史、文化的改变而改变。因此,无论是女权运动,还是女权主义理论,抑或是女权主义批评,都肩负着关注妇女命运、促进两性平等、推动社会进步的天赋使命。

(二) 性别分析不可能依靠单一性别,它关乎两性,关乎社会整体结构

20 世纪 80 年代以后,女权主义理论大多用"性别"研究取代以往的"妇女"研究。琼·W. 斯科特在她的论著中引述并认同一种看法:"将'性别'作为'妇女'的代名词,这表明,与妇女相关的信息亦与男子相关,对妇女的研究意味着对男子的研究。这种看法表明,女性世界是男性世界的一部分,它产生于男性世界,由男性世界所创造。""孤立地研究女性,会强化这样的信念,即男性的历史与女性的历史毫不相干。"③

---

① [美] 盖尔·卢宾:《女性交易:性的"政治经济学"初探》,载 [美] 佩吉·麦克拉肯主编《女权主义理论读本》,广西师范大学出版社 2007 年版,第 52 页。

② [美] 琼·W. 斯科特:《性别:历史分析中的一个有效范畴》,载李银河主编《妇女:最漫长的革命》,生活·读书·新知三联书店 1997 年版,第 168 页。

③ 同上书,第 156 页。

20世纪60年代，在新女权主义运动中产生的女权主义文学批评，其目光从一开始就不仅仅限于女性，女权批评家们最先是从男作家的文学作品入手，将男性中心社会所创造的整个文学世界作为观照对象。她们既剖析男作家笔下的男性形象，也剖析其笔下的女性形象，她们既关注男性批评家对女性形象的分析，也关注他们对男性形象的阐释，简言之，女权批评家们将两性作家、两性批评家、文学中的两性人物形象，以及两性的阅读群体全部纳入了她们的批评视野，从而构成一个宽广宏阔的比较平台。她们从性别入手重新阅读和评论文本，将文学和读者个人生活相联系，激烈地抨击传统文学对女性的刻画以及男性评论家带有性别偏见的评论，从而揭示文学中女性从属地位的历史、社会和文化根源。因此，全社会的男女两性，以及无论何种性别标记的人群（而不是其中任何一种单一的性别），才是妇女研究、女性研究、女性主义理念研究的应有视野。

二　关于"性别批评"研究对象

（一）性别批评作为文学批评

作为性别批评的另一种表述形式，"女性主义文学批评"不是一个仅仅与"女性文学"和"女性主义文学"相呼应的概念。但在中国高等教育中，虽然"女性文学""妇女文学"作为文学课程体系中一个边缘的、细小的分支，受到越来越普遍的关注。但是，在中国知识界以及高校文科学生中，仍然有相当一部分学生甚至学者将"女性主义文学批评"仅仅理解为"对于女作家作品的批评"。因此，这里重申女性主义文学批评的主要研究对象是必要的。

美国女性主义批评家爱莲·肖沃尔特（Elaine Showalter）曾就女性主义文学批评的研究对象或曰范围作了经典概括。她将其分为两大类，其一是女性主义评论（feminist critique）。这种批评是以女性读者的眼光来观照文学，它探究文学现象的种种意识形态的假设，这种研究也被称为"女性阅读"研究。其二是"女性批评家"（gynocritics）。它涉及作为作家的女性，即制造本文意义的女性。这种研究也是"女性写作"的研究。①

"女性阅读"研究可以概括为对迄今为止的文学史进行女性主义清理。具体包括：（1）梳理女性主义理论、社会性别理论，以及由这些理论所引申出的文学批评理论，其中包括那些与女性、妇女、性别相关的理论，也包括可为女性研究、性别研究运用和借鉴的理论；（2）阐述女性主义的批评原则，特别是在后现代主义思潮背景下，女性研究、性别研究、女性文学批评所采用的基本理念、研究方法、分析框架和批评策略；（3）对文学文本的主题或曰意指系统的性别研究；（4）文学体裁类别的文化认定及其中心/边缘结构的性别研究；（5）对于隐含在文学题材区分和划定背后的性别权力关系的研究；（6）文学文本的形式主义批评，诸如对文学叙事的诸要素，对文本的表层含义与深层含义，对文本的叙述者、叙述视角、叙述方法的性别分析等。在这些具体研究中，所有关于"本文"与"价值"的分析方法都可以进入女性主义批评家的视野，同时都可供她们有选择、有条件地借鉴。

"女性写作"的研究可以概括为探索和发掘一个被人遗忘的女性文学史，从而使整个人类文学的历史变得更加丰富。具体包括：（1）对于历史上女性文学家及其文学作品的发掘和梳理。文学史上曾有一些男性批评家和男性学者做过类似的工作，因此这种工作既包括了以新的性别眼光对这些已经梳理工作的再梳理，也包括了重新发现、找寻、拾遗、填补新的女作家作品；（2）女性创作能力的心理动力学，特别是与诸如"母爱"等女性独有的经验潜意识对女

---

① ［美］埃莲·肖尔瓦特：《走向女性主义诗学》，载［美］埃莲·肖尔瓦特编选《新女性主义批评》（纽约，1985年），转引自康正果《女权主义与文学》，中国社会科学出版社1994年版，第84页。

性创作的影响的研究；（3）通过语言，特别是文学语言的性别研究，去发现、发掘由于各种原因已然形成的女性特有的言说方式；（4）女作家群研究；（5）女作家作品的个案研究；等等。同样，无论是对文学史料的整理，还是在作家作品研究中对"史"与"论"之关系的研究，都不应是任意的、无章可循的。女性主义在批评实践中尊重所有批评理论长期积淀的学术规范，同时以冷静敏锐的眼光审视这些规范中所潜藏的性别偏见，并逐渐尝试一些不同的原则和规范，这些原则和规范的存在使文学批评领域在性别视角的调整过程中逐渐变得更加丰富、多元、立体、深广。

（二）性别批评作为艺术批评

在中国，无论是在学术界、教科书里，还是在人们的日常生活中，一向是"文学"与"艺术"并提。并且在广义的艺术分类上，也一直将文学作为诸多艺术门类之一种——语言艺术。因而从逻辑上讲，"文学"与艺术中的其他门类（如音乐、绘画、舞蹈等）应该具有平等地位。但是，无论是在西方哲学史、文论史界还是在当代中国文艺理论界，"文学中心说"影响深远。已有学者对西方哲学史的相关理论作过详尽的梳理，归结起来主要有以下理论依据：第一，文学是艺术发展的最后阶段（谢林、黑格尔）。第二，文学是艺术最高样式或典型样式，文学是最偏重内容、在思想上最有力度的艺术（黑格尔、别林斯基）。第三，文学是各类艺术的基础。一些综合性艺术样式如戏剧、曲艺、电影、电视等都离不开文学（脚本）基础；各种艺术的思维、构思、创作以及对它们的理解、阐释、评价也离不开文学语言这一基础。第四，文学性或曰诗意精神是所有艺术的共同因素，也是艺术的真正生命和灵魂（马利坦等）。①

① 以上"文学中心说"中对西方哲学史相关观点的归纳和梳理详见李心峰《文学：作为一种艺术》，《文艺研究》1997 年第 4 期。

就中国当代社会而言，"文学中心论"体现于学校教育的设置，语文课程（课本内容中绝大多数是文学作品）贯穿了从小学到高中的全过程。就其分量和地位而言，没有任何一门艺术课程（音乐、美术）可以与之相比；在大学教育中，非艺术类专业不再开设艺术课程，但所有专业学生都要学习"大学语文"；在中国任何一所综合性大学里，中文专业（语言文字课程占据了绝对比重）一向独立，且地位绝对超过所有艺术专业之总和。也就是说，在一个人一生所接受的全部艺术教育中，"语言艺术"的教育自始至终占据着绝对中心的位置。

必须指出，"文学中心论"与女性主义消解二元对立的基本思维方法在本质上是冲突的。女性主义从诞生那天起，就作为一种边缘力量不断地向各种各样的"中心"发起挑战。就"文学中心论"而言，它的根本问题不是语言艺术与其他艺术门类之间的关系，而是语言的本体论意义。在逻各斯中心主义价值体系中，语言不是工具，不是手段，更不仅仅是艺术的一个分支，语言是目的，是人的存在方式，是人的本质。

上述"文学中心"的事实，是文学批评向艺术批评拓展的基础，也是"女性主义文学批评"向"女性主义艺术批评"拓展的前提。在批评实践中，正如文学批评的许多基本原则都适用于其他艺术一样，女性主义文学批评的一些基本原则和分析框架，如对于影视作品、流行音乐、绘画雕塑等艺术门类，还包括电视综艺、各种网络视频艺术等（甚至包括介于艺术与非艺术之间的各种新型的、另类的制作），无论就其主题的呈现，还是题材的选择、人物的设置等要素的性别分析都具有相当广阔的覆盖面和适应性。即使是偏重于形式材料的分析，女性主义文学批评理论也能够以它无可替代的概括力为其他艺术研究提供某些方法论启示。

（三）性别批评作为文化批评

按杰姆逊的说法："文化从来就不是哲学性的，文化其实是讲故事。观念性的东西能取得的效果是很弱的，而文化中的叙事却具有很重要的作用和影响。小说是叙事，电影是叙事，甚至广告也是叙事，也含有小故事。"① 如此，叙事就不局限于文学，甚至不局限于各种艺术，而是充斥于全社会整个的文化空间之中。从批评形态上看，女性文学批评是一种对文学艺术的外部研究或曰社会学研究。它所关心的不只是妇女在文艺中的地位，更重要的是通过她们的文学地位来透视她们的社会地位和现实生存状态，并通过文学批评实践与整个女性主义运动相连接。在中国，由于马克思主义的阶级分析和社会解放理论对于女性文学批评的发展和建设起到了不同寻常的影响，这种从文学艺术出发而指向文学艺术以外的倾向更加突出。同时中国传统的"文以载道"观念也格外强调文艺的道德价值和社会功能。在这种现实背景下，中国的女性主义文学批评不仅可以是女性主义理论在文学领域，进而在艺术领域的延伸，同时也是一种对全社会的性别观念施加影响的力量。它的基本原则不仅可以用于其他艺术批评，而且可以用于社会批评和文化批评。比如对既存的流行时尚及公众审美标准的探讨和评判，对于大众传播媒介（如新闻、公益宣传、商业广告，以及从幼儿教育到大学教育中使用的教材，为各个年龄段量身定制的各类畅销读物，以及社会风尚，与大众日常息息相关的各类生活要素的流行趋势，等等）的性别分析和研究等。以广告为例，虽然它只是一种商业现象，但它同时又是一种艺术集成，几乎运用了所有的艺术手段：文学、绘画、摄影、音乐……因此对于商业广告的性别分析离不开最基本的文学批评方法。由于大众传媒内容普遍涉及思想倾向、审美趣味、内容与形式、语言风格、人物、叙述模式等专业问题，因此，对它们的分析不应是情

---

① ［美］杰姆逊：《后现代主义与文化理论》，唐小兵译，北京大学出版社 1997 年版，第 66 页。

绪化的阅读反应，不应是纯道德的声讨，不应是独断的政治说教，也不应仅仅是一般社会学方法的借用或套用，而需要依据强有力的思想文化理论作为背景资源。女性主义文学批评的产生本身就是对那种拘泥于纯美学思考的形式主义批评理论（如新批评等）的突破和发展。作为后结构主义批评思潮的一个分支，它与西方当代文化思潮特别是后现代主义文化思潮一同生长发育，它借助语言哲学、文化人类学、精神分析学、现代阐释学、符号学等一系列学科作为理论背景。因此，女性主义文学批评有责任也有能力承担女性主义文化批评的使命。

女性文化批评的另一项使命是参与女性文化的建设与发展。比如，对被男性文化所轻视、忽略和埋没的民间妇女文化（织物、绣品和其他手工艺品）的发掘、整理和研究，这种研究不应只是知识的介绍、装饰感的展示与民俗学的说明，而应该是被女性主义文学批评方法论所照亮的，具有一定思想穿透力和理论高度的，充分融入了历史主义和人文主义的，对于世界的新的解释。

上述种种，是本套"性别批评丛书"孜孜以求的目标。它的面世，正是全体参与其间的作者共同努力的结果。

2019 年 5 月于西安

前　　言

　　作为一种新兴的意识形态，女性主义是极其不完善的。女性主义的不完善，导致其虽然意识形态倾向性明显可见，理论来源却既多且杂。目前的女性主义理论，虽有谱系，却未成体系。许许多多互相矛盾的理论观点，只要其具有可借鉴性，就都被女性主义拿来使用。这样做的结果，就是女性主义各流派间互相争论不休，女性主义的实践也因这些女性主义者们的分歧而平添许多阻碍。

　　本书试图用20世纪80年代以来的种种性别文化现象引起广大研究者对第二次浪潮以来女性主义理论的反思。虽然女性主义已经作为一种带有"正义性"（政治正确）的立场、姿态，不可全面地、彻底地否定。但是，如果因不敢或不愿批评女性主义，就对目前女性主义理论中的一些问题视而不见，那么，女性主义理论的生命力才是受到了真正的损害。

　　然而，本书又不打算对当代女性主义理论中的具体问题进行直接的回应。本书意在引发研究者们对女性主义理论的一些重新思考，这些思考大致由这样一些问题组成：为什么女性主义曾经迅猛的发展势头会被复兴了的保守主义所抑制？女性主义是否应对后女性主义全盘否定？女性主义对色情文艺应予以支持还是反对？同性恋运动与女性主义运动在总目标上是否一致？女性主义的种种理论设想如何在现实中落实，或是否能够落实？对这些问题，本书无力也无法给出什么合适且合理的终极答案。本书的写作目的在于：通过对过去三十余年里性别文化现象的回顾，重新审视目前的性别理论和女性主义研究方法，继而审视女性主义理论本身。

作为一种旨在改造世界、改变社会现实、革新文化观念的意识形态，第二次浪潮结束以来的女性主义所遭受的是一系列失败。成功，固然有不少，但不仅有限，且正是后来的失败之母。作为理论的女性主义，是正在迅猛发展的，无限膨胀着的；而作为实践的女性主义，是一直举步维艰的，抵抗着巨大阻力的。这样一个矛盾的现状，难道不值得人们对理论本身投去质疑的目光么？难道不值得实践者对其进行这样那样的指导的理论进行一番反思吗？本书不承担反思的重任，仅对现象作一些描摹，意在诱发反思。若要反思理论，须先看清现实。呼唤理论家们看一眼现实，这便是本书的意义了。

本书所探讨的绝大部分问题都是西方女性主义者和其他性与性别问题研究者反复讨论过的，本研究亦广泛吸收、借鉴了这些理论成果。由于性别研究领域在第二次浪潮以后发生了爆炸性的大发展，所以其理论著作和文本资料是海量的，本书因篇幅所限不能一一介绍，这里只提一些与本书研究内容相关的有代表性的理论家及其著作。

本书第二章讨论的色情问题是受到女性主义者持续关注的重大问题，一些反色情女性主义者如安德里亚·德沃金（Andrea Dworkin）、凯瑟琳·麦金农（Catharine MacKinnon）、罗宾·摩根（Robin Morgan）等人一直致力于推动对色情作品实行政策限制的运动，这一行动遭到了著名女性主义者贝蒂·弗里丹、凯特·米利特、凯伦·德克劳（Karen DeCrow）、温迪·柯米纳（Wendy Kaminer）、牙买加·金凯德（Jamaica Kincaid）等人的反对，与此同时另一些反色情女性主义者则致力于对色情本身的观察研究，格洛利亚·斯泰纳姆区分了"色情"（pornography）与"情色"（erotica），奥德丽·罗尔蒂（Audre Lorde）主张女性应认识到情色的威力并以此对抗男性

色情文化。目前来说，西方学者对以日本为首的当代东方色情文化仍比较陌生，而在日本，记述和揭秘式的书籍远多于对色情文化的学术研究，藤木TDC的《成人录像革命史》（アダルトビデオ革命史）及《成人录像最尖端：身体与性欲的革命史》（アダルトビデオ最尖端～身体と性欲の革命史）、荻上Chiki（荻上 チキ）的《性别媒体30年史：我们的欲望革命》（セックスメディア30年史——欲望の革命児たち）等，均是记述了日本色情发展史的力作，井上节子（いのうえ せつこ）的《AV产业：一兆日元市场的机制》（AV産業——一兆円市場のメカニズム）及中村淳彦关于AV女优的一系列纪实文学作品，都是揭秘类的佳作。国内学者对以上这些问题，尚了解不足，鲜有深入研究。

　　本书第三章和第六章中讨论的当代男性气质问题，是20世纪80年代以后性别研究与文化研究领域的重要问题，女性主义者、反女性主义者、男权主义者等都对此发表过看法。鉴于本书主要以对影视作品的文本分析剖析这一问题，这里只提几个与本书研究方法和角度相近的文本，影视研究方面有彼得·雷曼（Peter Lehman）编集的《男性气质：身体、电影、文化》（Masculinity：bodies，movies，culture）、丹尼斯·宾汉（Dennis Bingham）的《动作男星：詹姆斯·斯图尔特、杰克·尼科尔森和克林特·伊斯特伍德电影中的男性气质》（Acting male：masculinities in the films of James Stewart，Jack Nicholson，and Clint Eastwood）、唐娜·派博迪（Donna Peberdy）的《男性气质与电影表演：当代美国电影中的男性焦虑》（Masculinity and Film Performance：Male Angst in Contemporary American Cinema）、伊冯娜·塔斯克（Yvonne Tasker）的《壮观的身体：性别、类型与动作电影》（Spectacular bodies：gender，genre，and the action cinema）、苏珊·杰佛兹（Susan Jeffords）的《刚硬身躯：里根时代的好莱坞男性气质》（Hard Bodies：Hollywood Masculinity in the Reagan Era）等。

　　本书第四章所讨论的酷儿问题，是国内外性与性别研究者共同关注的问题。国外方面，由于同性恋运动的风起云涌和酷儿理论的声势高涨，多年来已积攒下汗牛充栋的研究专著与文献资料，本书不再赘述。国内方面，李银河博士是国内最早的同性恋问题研究者和酷儿理论引介者之一，其《李银河文集》中收入的专著《同性恋亚文化》和译著《酷儿理论》都是中国学界同性恋研究领域的权威书籍，而其早年与王小波先生合著的《他们的世界：中国男同性恋群落透视》一书，更是开时代之先声的大胆之作。此外，张北川的《同性爱》、方刚的《同性恋在中国》、潘绥铭的《中国性革命纵论》等，也都是国内同性恋研究领域的重要书籍。由于种种原因，中国的民间同性恋研究也十分繁荣，中国目前存在各种大大小小的关注同性恋问题的非营利性民间组织（NGO），如中国民间女同性恋文化杂志《les＋》的主办机构"les＋"，如与中山大学性别教育论坛有着千丝万缕联系的民间酷儿文化研究机构"彩虹社"，如西安地区由女同性恋者发起组建的民间同性恋组织"Relax 同学社"等。

关于 20 世纪 80 年代以后的性别文化状况与女性主义发展问题，国外学者虽然关注者、讨论者不少，却难以达成共识，许多问题尚无定论。学者们连当前的性别文化发展到了什么阶段都各执一词，不仅有使用"后女性主义""回潮""后回潮""第三次浪潮"等新概念来命名现在的性别文化状况的，还有学者认为第二次浪潮尚未结束，而且它"一旦升起就永远不会退潮"[1]。目前，国内学者对后女性主义等问题还比较陌生，尤其对"后女性主义"这一概念的认识很不充分。造成这一情况的部分原因，得归罪于索菲亚·孚卡的《后女权主义》（*Introducing Postfeminism*）一书在国内的广泛传播。这本书是以图配文的介绍型读物，篇幅十分有限，并且作者关于后女性主义的见解主要来自安·布鲁克斯的《后女性主义：女性主义、

---

① ［美］约瑟芬·多诺万：《女权主义的知识分子传统》，赵育春译，江苏人民出版社 2003 年版，第 1—2 页。

文化理论和文化形态》（*Postfeminisms*：*Feminism*，*Cultural Theory and Cultural Forms*）一书，对后女性主义的认识很不全面。观念与篇幅的局限，加上难以避免的产生于翻译过程中的歧义，致使此书的中国读者不能准确把握"后女性主义"概念。

第二次浪潮主要是 20 世纪 60 至 70 年代发生在西方发达国家的一次性别文化革新运动，它在 20 世纪 80 年代以后面对保守主义的复兴而遭遇挫败。然而，第二次浪潮给全世界带来了性别观念的冲击，作为一个已经结束的历史事件，时至今日它仍在对当今世界不断地施加影响。

第二次浪潮拓展了女性的公共空间，增加了女性的社会化程度，为女性创造了更多的就业机会，提高了女性的受教育程度。它还改变了学术文化，也使得女性学（Women's Studies，又译"妇女研究"）或性别研究（gender study）走进各大高校的课堂，同时酷儿人群和少数族裔妇女也被越来越多的研究者所关注。文化和艺术中的性别问题也被凸显出来，传统的男性审美遭遇挑战，文艺作品中的男女形象都有了很大变化。第二次浪潮最大的功绩是改变了人类社会诸领域的性别标准。正义的标准被改变了，任何形式的性别歧视都被公认为错误的。人权的标准改变了，不同性别的人被认为应享有同等的权利。性别公正成为普世价值。即便是主张维护传统性别秩序的人，也都在口头上承认了男女平等。例如政治右倾的美国共和党总统里根上台后于 1981 年任命桑德拉·奥康纳（Sandra Day O'Connor）为美国历史上第一位女性最高法院大法官，这类事实反映出性别公正已渗入到保守主义意识形态中。第二次浪潮洗礼后的世界，不论是否持女性主义立场，也不论持何种性别主张，公开反对性别平等已为天下所不容，是公认的政治不正确。

第二次浪潮的效果是持续的，包括所谓的"第三次浪潮"和作为第二次浪潮反动的"回潮"在内，20 世纪 80 年代以来各种性别变化（发展或退步）的趋势，都可视作第二次浪潮的余波。这一余波表现为在三股力量角逐、撕扯下的当代世界性别现状：第一股力量为性别巩固的趋势，是传统父权制对女性主义运动的反制，旧的性别秩序和性别特质对自身进行了巩固和加强；第二股力量为性别消解的趋势，传统的父权制结构遭到挑战，旧的性别秩序和性别特质出现解体倾向；第三股力量是性别调和的趋势，主流意识形态为了维持和维护现状的稳定，对互相冲突的两股力量进行调解、杂合，以求矛盾不被激化，社会远离动荡，保持稳定。

处于两种极端的性别消解与性别巩固，会相互刺激，使得对方向更极端的方向发展，这就是应激。右翼保守主义复兴，正是在 20 世纪 60 至 70 年代的第二次浪潮刺激下发生的。20 世纪 80 年代新保守主义的一手遮天，又使得酷儿运动作为一种反制而爆发。20 世纪 90 年代至今的性别调和，是对性别巩固与性别调和间巨大冲突的应激，但它并没有真正地化解问题，而是造成了保守势力与激进势力双方的不满，他们都将自己视为失败者，从而更加努力地致力于自己的事业。

不满是 20 世纪 80 年代以来各方共有的常态：保守派认为当代世界道德堕落，男不男女不女父不父子不子；激进派则认为当代世界观念落后，民众在性别文化革新上走得还不够远；调和者试图用某种“民主”“公正”“宽容”的方式化解矛盾，他们表面上奉行“中道”，实际上将激进与保守皆视为敌人，调和者致力于悬置性别问题，使问题不成为问题。

乔治·弗兰克尔（George Frankl）在《性革命的失败》（*The Failure of the Sexual Revolution*）一书中指出：性革命与社会政治革命紧密相关，它们的目标都是废除父权制，但“废除父权制意味着创造一种全新的文化。这不仅涉及到社会制度的变革，因为我们已经看到新的社会制度将很快吸收父权制的强制”①。第二次浪潮是针对

① ［英］乔治·弗兰克尔：《性革命的失败》，宏梅译，国际文化出版公司 2006 年版，第 172 页。

父权制的，但 20 世纪 80 年代以后的性别变革运动逐渐转移了焦点。性别调和之所以在 20 世纪 90 年代以后取得巨大成功，就是因为有限地容忍性别消解，只要它不触及制度的核心——父权制。父权制才是问题的核心，但它在近些年的讨论中越来越被忽视，相反，它甚至渗透到性别消解的趋势中去——酷儿人群的追求之一竟是组建与传统家庭模式相类似的家庭，其中的伦理结构（父、母、子女）和"家庭价值"与新保守主义所提倡者相一致，《假凤虚凰》（*The Birdcage*，1996）、《男孩不哭》（*Boys Don't Cry*，1999）等影片就是借激进异类的故事弘扬旧式的道德与价值。

　　20 世纪 80 年代以后，除了女性主义运动中的个别派别（如激进女性主义、文化女性主义、社会主义女性主义等流派及其分支）还致力于消灭父权制外，父权制及其文化已然获得全胜：性别消解要求父与子之外的角色也能够分享权力，性别巩固要求重新加强父与子的权力，性别调和对以上双方均作妥协。父权制是问题的核心，但它总是被悬置，因为只有悬置它，才能不触及核心，不触及核心，它才能被维持下来，才可能实现并不想（也暂时无法）推翻它的人的诉求。

　　关于废除父权制之后的社会是何模样，弗兰克尔说道："消除俄狄浦斯情结就要消除权力主义与等级制度的压制并为地方自治主义的社会铺平道路。迄今为止，我们对此只有一个模糊的概念，我们总是认为这在现实中不可能实现而将其与梦幻世界联系在一起。"①按照这种世界大同的描述，推翻父权制后的社会，基本如一切关于人类平等富足的理想一样，是个乌托邦。亦如推翻资本主义社会的声音近年来越来越弱一样，推翻父权制的梦想在当代人眼中恐怕也是遥不可及了，"历史的终结"不仅可指苏联式社会主义

---

　　① ［英］乔治·弗兰克尔：《性革命的失败》，宏梅译，国际文化出版公司 2006 年版，第 181 页。

的终结，它还可包括性别革命的终结。

新的技术手段促使性别与个体人相疏离，新型的父权制（第二次浪潮以后的发达资本主义国家）实现了性别与性别制度的疏离，正是有这些现实基础，后女性主义时期的诸种新的性别理论才得以出现。社会性别（gender）与生理性别（sex）之间的界限，在现实中，也许已不如二三十年前那般清晰，也许混杂二者的中文词"性别"在当前更为准确、可靠。三股力量间的斗争，已然转移至性别气质、性别观念等战场，性别制度（现在，以及在人类文明史的大部分时间里，都是父权制）目前无人能撼。

本书第二章和第三章将先后涉及 20 世纪 80 年代以后在世界范围内兴起的色情文化与硬汉文化，将其归入性别秩序巩固的第一股力量；第四章和第五章将讨论以酷儿运动与技术革新为代表的性别差异消解的第二股力量；第六章和第七章分别对 20 世纪 80 年代以后男女性别气质的变化和性伦理的变化进行分析，观察性别冲突的调和。

父权制（Patriarchy）即"父亲的统治"，源于《圣经·旧约》中家庭、部落或教会的父系统治者，是第二次浪潮以来女性主义运动中一个重要的概念。关于"父权制"这一概念，女性主义者们给出了各种既相似又不同的定义。琼·纳什（June Nash）将其定义为"在一个由老年人组成的统治集团里年长男性的权力。该权力向生活在这种制度的社会中的从属女性和青年提供互惠利益"①。齐拉·艾森斯坦（Zillah Eisenstein）将其定义为"男性具有至高无上的权力和经济特权的性别权力体系"。玛丽莲·弗伦奇（Marilyn French）则给出了更详细的定义：父权制是"在家庭中，男性对妇女和儿童统治的表现形式和制度化，以及男性对妇女的统治在社会上的基本

---

① ［美］李安如：《父权制：发展》，载［美］谢丽斯·克拉玛雷等编《路特里奇国际妇女百科全书》，国际妇女百科全书课题组译，高等教育出版社 2007 年版，第 743 页。

延伸。这意味着：男人在所有重要的社会机构里掌握着权力，妇女被剥夺了使用这类权力的途径。但这并不表示妇女毫无权力或者完全被剥夺了权利、影响力和资源"。凯特·米利特的定义虽过于笼统而不准确，却更为客观、中立，她认为父权制是"旨在维持一种体系的一套策略"，"通过控制技巧使其永久存在的一种制度"。西尔维亚·沃尔比（Sylvia Walby）将其定义为"一种社会结构和社会实践制度，在这个制度中由男人控制、压迫和剥削女人"。她还提出：可以把父权制理解为家务劳动、付薪工作、性、文化制度、国家和男性暴力这六个不同方面的关系复杂的综合体。①

　　总的来说，在 20 世纪 80 年代以后的西方和 1949 年以后的中国社会主流话语中，"父权制"一词都绝少使用，而是代之以"大男子主义"和"性别歧视"来描述各种性别不平等的现象和观念。原因是说"大男子主义"和"性别歧视"时，是将性别不平等看作某些个人的观念问题。观念问题是可以通过宣传、教育而循序渐进地得到解决的。然而说"父权制"时，顾名思义，问题出在社会制度本身，批判父权制，即是要求整个社会制度的彻底变革。拒绝使用"父权制"这一术语（或使用"后父权制"这一伪术语），则表明了其不愿发动社会变革的立场，或认为这种社会变革不可实现的态度。

　　不论是不愿颠覆父权制，还是认为父权制不可撼动，人们在父权制面前的胆怯和退缩，皆源于其力量的强大。它的力量一方面源自其深入当代人类灵魂深处，另一方面则基于其范围几近于无限广阔。

　　它之所以深入当代人灵魂深处，是因为其历史悠长、积淀沉厚。按照恩格斯的看法，父权制几乎与私有制等长，并且其出现与金属冶炼术的诞生有关。乔治·弗兰克尔认为父权制的出现使得有组织

---

① ［美］阿拉·威尔逊：《父权制：女性主义理论》，载［美］谢丽斯·克拉玛雷等编《路特里奇国际妇女百科全书》，国际妇女百科全书课题组译，高等教育出版社 2007 年版，第 747—748 页。

的农业生产成为可能，故而它大概与农业文明同时诞生。① 理安·艾斯勒把父权制的崛起，归结为大规模部落战争的爆发、职业军人的产生和军事文化的发展。② 综合而论，父权制诞生已有 7000 至 10000 年，而其产生的基石，至今仍牢固无损。私有制并未消灭，战争文化仍甚嚣尘上，农业文明虽被工业文明取代，农业文化却未被城市文化彻底打败，即便城市文化全面胜利，那也只是一种好一点、新一点的父权制代替另一种坏一点、旧一点的父权制。而父权制社会普遍存在的"精神病"——俄狄浦斯情结，更是深深根植于当代人类的心灵中，无可救药。

欲知父权制的势力范围究竟有多广大，可以看看女性主义研究扩展到了多大的范围。文学、艺术、政治、法律、哲学、美学、科学、医学、环保、语言、文字、教育学、心理学、社会学、伦理学、历史学、地理学……要把父权制的地盘数全，难；可要说出哪个领域没有父权制的触角，更难。要摆脱父权制，就要实现所有这些领域的变革，这是何等困难！治病要治本，治本找病根。若能治了病根，并发症也就好治了。可病根究竟在哪里，却又是各派女性主义者争论不休的一个问题，无法达成共识。实事求是地说句丧气话，当代人类尚不具备消灭父权制的智慧与能力，研究和改良父权制是目前情况下唯一可能做到的事。

在 20 世纪 80 年代以后的性别研究中，有一种忽视、轻视父权制的倾向，试图修正第二次浪潮的女性主义理论。这种倾向多少与女性主义由政治运动转向理论研究、由第二次浪潮转向后女性主义有关，特别是女性主义哲学的发展，使得性别主体、性别差异等问题成为核心议题。然而我们必须重新重视和正视父权制。父权制是

---

① ［英］乔治·弗兰克尔：《心灵考古》，褚振飞译，国际文化出版公司 2006 年版，第 128 页。

② ［美］理安·艾斯勒：《圣杯与剑》，程志民译，社会科学文献出版社 2009 年版，第 60—77 页。

基础，是根本，也是现实。阶级社会以来世界各地的文明，无一不是父权制文明，这些文明产生的文化，就是当代人类文化的源头和起点。阶级社会以来的各种社会制度，无一不是父权制社会制度，资本主义也仍然是。我们生活在父权制的当代世界，在这个世界上，的确，有某些未经资本主义全球化或西方殖民主义浸染的地方仍是母系社会，但那些地区基本上属于被悬置起来的"异域"，它们的存在不会改变整个世界的总体状况。父权制是昨天与今天的现实，它带来的父神宗教信仰的文明冲突，在昨天（十字军东征）和今天（"9·11"事件）都是时代的主要冲突；它的伦理，即盖尔·卢宾（Gayle Rubin）所说的交换女人的"性的政治经济学"，在西方和东方仍根深蒂固；它的顽疾，即玛丽·戴利（Mary Daly）所说的邪恶三位一体：强奸（性别歧视）、种族灭绝（种族歧视）、战争（阶级歧视），每一天都在这个星球的各个角落发病不已。

父权制雕琢我们的心灵、塑造我们的灵魂。父权制往我们的心灵中植入俄狄浦斯情结，向我们灌输一切关于性别、关于等级的观念，将我们塑造成一个父权制文明的人类个体。它的不可动摇性正是在此，不论我们是否反对它，我们都是它的产物。即便是那些最激烈地反抗父权的人，不论他们在思想上如何与父权制决裂，他们的习性都深深浸透了父权制的汁液。父权制正以"现代""先进"的面目去侵凌、改造边缘地区的母系遗珠，那些与世隔绝的母系社会"乌托邦"，并没有像某些盲目乐观的学者所幻想的那样成为时代的"救药"，现实是那里的人将被或正被"现代化"，即被父权制塑造成像我们一样的"文明人"。只有反思父权制，反观父权制，才是当代人真正的自省。

具体到文艺学研究、美学研究和文化研究领域，对父权制的审美规则和文化心理的揭示，是学术研究中必不可少的一把钥匙。如果缺少女性主义视角和对父权制问题的关注，任何文学理论、文化理论和美学理论的研究，都是不全面的。

第二次浪潮以来，性别文化在性别巩固、性别消解和性别调和这三股力量的作用下变了又变，唯一不变的，只有作为根基的父权制。正是这不变，支配着一切变。为了探究20世纪80年代以来性别文化的种种变化，就得解剖躲在善变的表象后的那个牢固的父权制。

目　　录

第 一 章

告别第二次浪潮

第一节　回望第二次浪潮

20 世纪 60 至 70 年代，一场被称为"第二次浪潮"（second-wave）的女性主义运动席卷西欧和北美。现在看来，它似乎可以称得上是人类进入父权制社会以来，女权与男权最激烈的一次对抗。它波及全球，影响深远，却终于在 20 世纪 80 年代归于沉寂。它看似如神话般扭转了性别压迫的形势，可朱迪斯·巴特勒却说："我认为，对我们中的许多人而言，这个时代对于女性主义来说是很悲哀的。我甚至可以说，这是个失败的时代。"①

一　源起：天时、地利、人和

按照马克思主义唯物史观来理解，第二次浪潮是人类社会由低级向高级不断走向平等、进步、正义过程中必然要发生的一个事件。然而，第二次浪潮发生在 20 世纪 60 年代的欧美发达资本主义国家，其天时、地利、人和则皆有偶然性。

先看天时。第二次世界大战结束后，已经发生了一些改善妇女权

---

① ［美］朱迪斯·巴特勒：《消解性别》，郭劼译，上海三联书店 2009 年版，第 183 页。

利的重要事件，可它们并没有引发大规模的妇女运动：1946 年，联合国设立妇女地位委员会（Commission on the Status of Women）；1948 年，联合国颁布《世界人权宣言》（*Declaration of Human Rights*），规定成年男女享有平等的人权，并承认妇女作为母亲时应得到特别的照顾与协助；1949 年，法国作家西蒙娜·德·波伏娃（Simone de Beauvoir）的《第二性》（*The Second Sex*）出版。波伏瓦的《第二性》与贝蒂·弗里丹（Betty Friedan）的《女性的奥秘》（*The Feminine Mystique*）同为第二次浪潮中影响力最大的著作，且其深刻与全面程度远胜于后者，但第二次浪潮的发生为什么不是在 20 世纪 50 年代？因为时机尚未成熟。"女性主义复兴的三个主要因素是：连接第一次浪潮和第二次浪潮的妇女组织，战后北美的人口、经济变化以及 20 世纪 60 年代的社会运动。"① 第二次世界大战后欧美资本主义社会由于经济复苏、生育潮以及城市化，经历近 20 年的社会发展，传统的父权制家庭生活方式被削弱并面临改变。而 20 世纪 60 年代，又是一个思想文化高度活跃、社会运动风起云涌的时期，女性主义运动在这时可说是应时而发。

再看地利。女性主义第二次浪潮，严格说来，应属发生在西方发达资本主义国家的一次妇女运动。虽然它的影响波及全世界，可当时真正汇入此浪潮的东方国家并不多。由于冷战和社会形态差异，第二次浪潮在其发生期间与整个社会主义阵营及第三世界国家无甚关系。"在东欧，妇女习惯于对西方已经采用的女性主义一词本身的质疑，很多人认为这只是指资产阶级运动。"② 而在当时奉行高压政策的苏联和走上极"左"道路的中国，第二次浪潮根本不存在生根

---

① ［美］罗切尔·加特林：《女性主义：第二次浪潮（北美）》，载［美］谢丽斯·克拉玛雷等编《路特里奇国际妇女百科全书》，国际妇女百科全书课题组译，高等教育出版社 2007 年版，第 419 页。

② ［英］苏珊·贝斯奈特：《女性主义：第二次浪潮（欧洲）》，载［美］谢丽斯·克拉玛雷等编《路特里奇国际妇女百科全书》，国际妇女百科全书课题组译，高等教育出版社 2007 年版，第 415 页。

发芽的土壤。其他亚非拉国家，或因为贫困、战乱和饥荒，或因为传统文化、独裁政府和保守势力，并没有直接参与到第二次浪潮之中。比较特殊的一个例子是日本，它经历战后经济复苏后也属于发达资本主义国家，可第二次浪潮的女性主义思想直到 20 世纪 80 年代才在日本引发热潮[①]，这也许反映出日本传统文化的根深蒂固吧。第二次浪潮在西欧和北美发生，有这样一些地利之便：首先，这些国家于 20 世纪 60 年代以前相继赋予了妇女以投票权、选举权（加拿大最晚，于 1960 年才实现），妇女在法律上已基本实现与男性平等。其次，这些国家皆为民主政体，这为妇女运动的顺利进行提供了多方面保障。最后，尽管激进派及其他左派女性主义者在第二次浪潮中发挥了巨大作用，但总的来说，第二次浪潮主要是由自由主义女性主义者掀起并主导的（第一次浪潮也一样），而英美又是自由主义大本营。至于西欧的第二次浪潮，一方面它紧随英美，另一方面则是由 1968 年的学潮所引发。

最后看人和。正如没有马克思和恩格斯的《资本论》和《共产党宣言》，就不会有之后席卷全球的社会主义革命；如果没有波伏姓的《第二性》、贝蒂·弗里丹的《女性的奥秘》、杰梅茵·格里尔（Germaine Greer）的《女太监》（*The Female Eunuch*）、凯特·米利特（Kate Millett）的《性政治》（*Sexual Politics*）、舒拉密斯·费尔斯通（Shulamith Firestone）的《性的辩证法》（*The Dialectic of Sex*）等书为妇女们提供理论支持，就不会有第二次浪潮的妇女运动。1966 年，贝蒂·弗里丹等人于美国成立了全国妇女组织（National Organization for Women，简称 NOW），劳拉·萨比亚（Laura Sabia）等人于加拿大成立了妇女地位全国行动委员会（National Action Committee on the Status of Women，简称 NAC）的前身妇女平等委员会

---

① ［日］江原由美子：《性别支配是一种装置》，丁莉译，商务印书馆 2005 年版，第 128 页。

（Committee for the Equality of Women）。1970 年 2 月，英国妇女在牛津召开了第一届全国妇女解放大会。总之，20 世纪 60 至 70 年代，北美和西欧涌现出大量杰出妇女运动领袖，不论是文化学术上的女思想家，还是社会运动中的女实践家，这些女豪杰构成了第二次浪潮的中坚力量。她们出现在欧美资本主义国家，而不是其他地区，这使得第二次浪潮率先席卷北美和西欧。

二 审视：成与败

在这个以西欧与北美为中心的当代世界，第二次浪潮的功绩多少都已被西方学者夸大了。不错，它引发了学术上的争鸣、文化上的反思，它为欧美女性争取到了更多的权益，它好似一块引发出一系列巨变的多米诺骨牌，它为人类开启了重新看待性别关系的新视野。然而，截至 20 世纪 70 年代末，第二次浪潮的受益者主要为发达资本主义国家的白人中产阶级异性恋女性。而正因为第二次浪潮使一部分女性先"解放"起来，欧美女权状况与第三世界女权状况的差距被拉大了。又由于法国派女性主义与英美派女性主义关心的问题本就不尽相同，加拿大激进派与美国自由派之间也存在分歧，"姐妹团结力量大"（sisterhood is powerful）的著名口号很快变成空话，本就未能成形的（幻想中的）女性主义"大联盟"加速解体了。

第二次浪潮中的女性诉求，并未彻底实现：在美国，自由主义女性主义者在第二次浪潮中致力于《平等权利修正案》（*Equal Rights Amendment*），为此付出了艰苦卓绝的努力，然而这一运动最终在 1984 年失败；在欧洲，20 世纪 80 年代以后"运动"一词用得越来越少，"草根政治取代了大规模组织"，"全国性有组织的妇女运动已经变为更小的地方团体或特殊利益集团"①；在英国，亚裔和非裔

---

① ［英］苏珊·贝斯奈特：《女性主义：第二次浪潮（欧洲）》，载［美］谢丽斯·克拉玛雷等编《路特里奇国际妇女百科全书》，国际妇女百科全书课题组译，高等教育出版社 2007 年版，第 417 页。

妇女在 1978 年抵制由白人妇女主导的全国妇女解放大会，之后全国妇女解放大会再也没有召开，这"可以看作一个信号：尽管妇女解放运动取得了成就，但它不仅要解体，而且还要消亡"①。我们不否认，第二次浪潮已为欧美广大妇女争取到更平等的权利，并且使性别平等观念深入人心。但总的来说，它确实是一个失败了的运动，进入 80 年代，它已成强弩之末。

第二次浪潮的失败，可归结于三个原因：其一，右翼保守主义势力反扑，右翼政党在 20 世纪 80 至 90 年代陆续取得政治上的成功，如美国 1980 年里根上台，英国 1979 年撒切尔夫人当选，80 年代以后新法西斯主义政党在西欧国家不断发展。其二，女性主义思想广泛传播，女性主义逐渐学院化、学术化，理论趋向于多元，各流派间差异增加、分歧扩大，从而社会运动所要求的意识形态统一性被削弱乃至消灭，研究女性主义的机构越多，大规模的行动一致的妇女组织就越少。其三，女性主义理论尚不够成熟，实践中产生的新问题增加了人们对现有理论的质疑，已取得的成果也使得理论必须紧跟现实而变革，多方面的困惑为妇女运动按下了暂停键。

第二次浪潮所带来的启发、孕育的思想、包含的精神，仍将引领千千万万追求性别正义的人们在通向平等自由的路上继续走下去。虽然它主要是发生在西欧和北美社会的一次运动，但它的影响力，至今仍如涟漪般不断波动至其他女权状况较差的国家和地区，为那里的妇女解放运动提供理论上的支持和思想上的解放。那些尚未享受到第二次浪潮革命成果的妇女们，如第三世界国家的妇女，如少数族裔妇女，如有色人种妇女，如居住在原教旨主义地区和独裁国家的妇女，第二次浪潮已为欧美妇女实现的一切权利，现在正是这些女性们奋力追求的目标。除了女性，第二次浪潮也为酷儿人群，

---

① ［英］苏珊·贝斯奈特：《女性主义：第二次浪潮（欧洲）》，载［美］谢丽斯·克拉玛雷等编《路特里奇国际妇女百科全书》，国际妇女百科全书课题组译，高等教育出版社 2007 年版，第 409—410 页。

为同样受制于父权制文化与现实的男性们，提供了解放的可能。

第二次浪潮就好似一块丢进父权制池塘的硬石，虽然它已沉入池底，却激起一池春皱。

第二节　男权回潮，女权退潮

一　回潮：新保守主义

20 世纪 80 年代，右翼保守主义思想取得了全球性的全面胜利。英美及西欧诸国由右翼政党掌权，苏联模式的社会主义国家相继出现政治危机，最终在 80 年代结束时剧变、解体。保守主义思想的这一次复兴，使得右翼风潮成为当代主流。如罗杰·斯克拉顿（Roger Scruton）在《保守主义的含义》（*The Meaning of Conservatism*）中译版序中所言："保守党在英国执政 18 年之后，我们再度有了一届工党政府，可已是迥然不同的工党政府，它已抛弃了社会主义的承诺，并且接受了本书所描述的许多保守主义哲学原则。"① 总而观之，20 世纪 80 年代过后，左翼政治家在世界范围内失势，很多国家的政坛只剩右翼与极右翼轮番执政。

保守主义复兴的原因是多方面的，它涉及东西方冷战与意识形态之争，以及宗教信仰与传统家庭危机等。其原因并非本书探讨之重点，其复杂性也非三言两语可以说透。但需要指出的是，保守主义复兴并不是 20 世纪 80 年代随着右翼政党掌权而突然发生的，它的发生很大程度上要归结于 20 世纪 60、70 年代的左翼社会风潮。包括女性主义第二次浪潮在内的种种要求变革的社会运动，最终用呐喊声让变革的敌人——保守主义——复活了。保守主义政党上台，是英美诸国的人民用选票选上来的，由此可知，20 世纪 60、70 年代的社会运动（包

① ［美］罗杰·斯克拉顿：《保守主义的含义》，王皖强译，中央编译出版社 2005 年版，第 1 页。

括第二次浪潮），不论其初衷及本质是好是坏，都已招致人民的反感。这也许是女性主义者们难以接受的现实，但当时的欧美国家选民，不论出于什么原因（无知也好，愚昧也好，想换换口味也好），已经用选票表明了态度和立场，生活在 20 世纪 70、80 年代的大多数人，想要的是那种守旧的传统的（父权制下的）生活。

复兴的保守主义与旧有的保守主义有所不同，故而被称作"新保守主义"。新保守主义的"新"究竟新在何处？其一，这个"新"并不是保守主义者自己加上去的，"新保守主义"这一名称是美国新左派领袖迈克尔·哈灵顿（Michael Harrington）在 1976 年为他们的保守主义论敌起的。美国新保守主义者不接受这个称号，认为自己的思想"从未从根本上背离美国的自由主义传统"，把自己显得保守的原因归结于"美国的自由主义和民主党变得左倾了"①。其二，有学者认为新保守主义的"新"其实极少，并且新不如旧。② "新保守主义中的新颖之处不在于缺乏对过去的怀旧，而在于它将基于出身的贵族转换为基于才能的贵族。换言之，新保守主义反对古典保守主义对不平等的解释，而赞同自由主义的解释。但它赋予自由主义的观点以自己独特的意图。"③ 这个"独特的意图"就是"佯称自由主义理想已经实现，社会不平等实际是自然不平等的反映"④。"只有'善'人才能够成为善的，或者习以为常（be habituated）于善。"⑤ 具体到性别问题上，那就是强调"家庭价值"并将其与妇女捆绑起来，女性主义威胁了家庭价值并且是反自然的，因为根本不存在什么性别的不平等，假使存在不平等，那也是"自然不平等的

① 吕磊：《美国的新保守主义》，江苏人民出版社 2004 年版，第 79—80 页。
② ［加］莎蒂亚·B. 德鲁里：《列奥·施特劳斯与美国右派》，刘华等译，华东师范大学出版社 2006 年版，第 170 页。
③ 同上书，第 194 页。
④ 同上书，第 196 页。
⑤ ［美］罗森：《作为政治的解释学》，宗成河译，载刘小枫选编《施特劳斯与古今之争》，华东师范大学出版社 2010 年版，第 56 页。

反映"——让·波德里亚（Jean Baudrillard）在谈到"妇女脱离歧视"时加括号轻蔑地补充道"疯子、儿童等也一样，这是排斥逻辑的正常结果"①。

性别不平等的一切表现，在保守主义眼中都只是性别差异的自然呈现，所以他们根本不承认自己的意识形态有任何性别歧视的缺陷。根据保守主义者自身的表述，他们"认为在男性和女性之间存在着天然的生理和心理的差别，而且这种差别必然要带到社会、政治和经济事务中来。这种差别不是人为制造的，因此也不应该人为地加以消灭"。"性别之间的差异必将导致男女在道德、社会、政治和经济方面的地位、价值观和行为方式上的差异。只要性别之间的界限不会消失，这些差别也就不会消失。尽管这种差别不是一目了然，也不是一成不变，但是任何消灭这些差别的企图都是愚蠢的。""绝不能把性别平等理解成男士能做到的事，女士也能做到；女士能做到的事，男士也能做到。这种努力的结果终将对男女各自的性别造成重大的扭曲。如果性别间的差异是天然的，就不要试图去人为地抹平它，否则就是对客观的道德秩序的冒犯。"② 基本上，以上论述不指名道姓地将女性主义批驳为愚蠢的企图、必将失败的对客观道德秩序的冒犯，并为性别不平等取了个"性别差异"的别名。除了维护"性别差异"，保守主义还要歌颂它："承认并维护男女之间的性别差异，恰恰有利于维护女性的利益，恰恰是出自对女性的性别特征的尊重。""正是性别的差异，才使得生活更有魅力。"③

保守主义之所以会是女性主义的障碍，是因为它要捍卫传统家庭模式，如斯克拉顿所言："拥护和捍卫家庭制度必定处于保守主义观的核心，只有在迫不得已的压力下，保守主义者才会认可在法律

---

① ［法］让·波德里亚：《象征交换与死亡》，车槿山译，译林出版社2006年版，第144页。

② 刘军宁：《保守主义》，东方出版社2014年版，第185—186页。

③ 同上书，第186—187页。

上做出这样的变更，即意图放松或废止家庭生活的义务，或是以其他方式助长把性欲冲动引向特定的婚姻形式之外。"① 这个"保守主义观的核心"，说白了，就是维护父权制，反对性解放，以及排斥同性恋婚姻等非传统婚姻形式。故而它的性别观认为"妇女与男子之间存在着深刻的、不可思议的而且是有益的差异"②。如果不持有保守主义的性别观，性关系将因"非神秘化"而导致"性情感的衰退"③，强奸罪和展示淫秽品的罪恶性也将被削弱④。保守主义，不论它是"新"还是旧，或者它化身为"自由保守主义"，其反女权的程度也许因时因地有所不同，但它的倾向和本质总是相同的。

　　保守主义在 20 世纪 80 年代对女性主义造成的最大打击，当属美国新保守主义者阻碍《平等权利修正案》（*Equal Rights Amendment*，简称 ERA）的通过。《平等权利修正案》是第二次浪潮中美国女性主义者在运动中最重要的诉求之一，它自 1972 年提出，至 1984 年彻底失败，12 年努力付之东流。《平等权利修正案》要求男性与女性享有绝对平等的法律地位，在新保守主义者看来，它会颠覆妇女作为妻子和母亲的传统角色，甚至破坏维护社会稳定的"家庭价值"，取消社会性别角色"必须"有的"明确"界线。⑤ 讽刺的是，《平等权利修正案》失败的主要原因是"新保守主义妇女组织起来，在女性的法律地位平等这个问题上反对女性主义妇女的立场和观点"⑥。保守主义政治对女性的影响是巨大的，保守主义理论大佬欧文·克里斯托（Irving Kristol）的婚姻被形容为"这个世纪最好的婚

　　① ［美］罗杰·斯克拉顿：《保守主义的含义》，王皖强译，中央编译出版社 2005 年版，第 126 页。

　　② 同上书，第 156 页。

　　③ 同上。

　　④ 同上书，第 61 页。

　　⑤ ［美］罗林·贝诺茨基等：《保守主义》，载［美］谢丽斯·克拉玛雷等编《路特里奇国际妇女百科全书》，国际妇女百科全书课题组译，高等教育出版社 2007 年版，第 132 页。

　　⑥ 同上。

姻"，那样一种传统婚姻家庭的美好"样板"仍是许多妇女梦寐以
求的人生理想。"保守主义妇女认为，把女性与男性等同起来，实际
上就是摧毁社会的基本单位，因为保守主义妇女认为家庭是社会的
基本构成单位，是其他所有社会体制赖以建立的基础。"① 妇女充当
保守主义的反女性主义急先锋，这也许是现实对第二次浪潮的莫大
讽刺。

基于保守主义在复兴以后对女性主义进行的疯狂进攻，苏珊·
法鲁迪（Susan Faludi）撰写了《回潮：对美国妇女不宣而战的战
争》（*Backlash：The Undeclared War Against American Women*）一书，
批判里根、布什执政时期的男权政治、文化反扑。虽然该书所关注
者乃美国之问题，但 20 世纪 80 年代的男权"回潮"实为世界性的
现象。随着男权主义回潮，"后女性主义"时期到来。

二 退潮：后女性主义

"后女性主义"这个词第一次露面是在 1919 年的美国。当时正
值美国妇女争取选举权运动发生前夕，一群不想得到解放的妇女创
立了一本杂志，她们撰文宣布放弃社会性别批判，并称自己的立场
为"后女性主义"。但那只是昙花一现。20 世纪 80 年代，后女性主
义高调回归，《纽约时报》1982 年 10 月刊登了题为《来自后女性主
义一代的声音》（"Voices from the Post-Feminist Generation"）的文
章，作者苏珊·波罗丁（Susan Bolotin）第一次让"后女性主义"这
一名词成功闯入大众的视野②。之后这个词语被广泛接受，并成为反
第二次浪潮的一面旗帜。

---

① ［美］罗林·贝诺茨基等：《保守主义》，载［美］谢丽斯·克拉玛雷等编《路特
里奇国际妇女百科全书》，国际妇女百科全书课题组译，高等教育出版社 2007 年版，第
132 页。

② Susan Bolotin. "Voices from the Post-Feminist Generation", *The New York Times*,
No. 2，October1982.（http：//www. nytimes. com/1982/10/17/magazine/voices-from-the-post-
feminist-generation. html）

　　20世纪80年代至今，"后女性主义"一词主要用于有关性别问题的论战，它有四种用法：第一，作褒义时，非女性主义者自诩为后女性主义者，并以此凸显女性主义的荒谬与过时，例如米雪儿·安吉利（Michael Angeli）在1993年的《时尚先生》（*ESQUIRE*）杂志上撰文赞美电视剧《超人》（*Lois & Clark：The New Adventures of Superman*，直译为《路易斯与克拉克：超人新冒险》）的女主角路易斯·莱恩为后女性主义者，并为其发明了"被观看的后女性主义"（to-be-looked-at postfeminism）之美誉。第二，作贬义时，女性主义者用于攻击非女性主义者，以此凸显对方覆灭女性主义、背离女性主义的倾向，如女性主义文化研究者对电视剧《欲望都市》（*Sex in the City*）、电影《BJ单身日记》（*Bridget Jones's Diary*）等后女性主义文本的批判。第三，作贬义时，女性主义者用以攻击与自己立场、观点不同的女性主义者，也就是女性主义者内斗时往对方头上扣的帽子，比如萨拉·普罗詹斯基（Sarah Projansky）在《观看强奸：后女性主义文化中的影视作品》（*Watching Rape：Film and Television in Postfeminist Culture*）中将自称"女性主义者"的男性皆贬为"后女性主义男人"（Post-Feminist Male）①。第四，作褒义时，女性主义者自诩为后女性主义者，用以凸显自己的理论、方法与其他女性主义者存在根本上的差异，如在安·布鲁克斯（Ann Brooks）、索菲亚·孚卡（Sophia Phoca）等人的著作中，朱迪斯·巴特勒（Judith Butler）、朱莉亚·克里斯蒂娃（Julia Kristeva）、埃莱娜·西苏（Hélène Cixous）等女性主义理论家都被归为"后女性主义者"。每一种用法都与使用者对第二次浪潮的看法相关，并且它们共同反映出一个事实：第二次浪潮大势已去。

---

　　①　Sarah Projansky，*Watching Rape：Film and Television in Postfeminist Culture*，New York：NYU Press，2001，p. 68.

苏珊·法鲁迪称后女性主义是女性主义的"周期性自杀"①，格洛利亚·斯泰纳姆（Gloria Steinem）则干脆说"并不存在后女性主义——那就好似在说后民主"②。这两种极端不同的看法实际并不矛盾。后女性主义既依附于女性主义，又要不断谋杀女性主义，它自身看似不存在的模糊性确保了它的存在。从 20 世纪 80 年代初到 90 年代末，《时代周刊》（TIME）多次撰文鼓吹后女性主义，以 1983 年的文章《后女性主义：玩真的》（"Postfeminism：Playing for Keeps"）③ 和 1998 年的封面故事《女性主义死了吗？》（"Is Feminism Dead？"）为代表。然而平心而论，这两篇文章并不如一些痛恨后女性主义的女性主义者所评价的那么"大逆不道"，它们基本上肯定了第二次浪潮所取得的成果，只是似乎表现出一种既对未来困惑又对现实自满的矛盾倾向。后女性主义展现出的自得和停滞，可看作法鲁迪所说的女性主义的"自杀"；又因它肯定并"窃取"了第二次浪潮的成果，则如斯泰纳姆所说它"并不存在"，因为它是女性主义中的一种，自反的、温和的、右翼的、懒惰的、性感的女性主义。

如果我们简化问题，用庸俗一点的眼光看后女性主义，它便没有那么复杂和神秘了。首先，这个说法是赶 20 世纪末的后现代主义时髦，那时候给名词冠以"post -"（后）是一种风气，"后殖民主义"（Postcolonialism）就是一例，后来随着"新历史主义"（New Historicism）走俏，又开始给概念前头加"new"（新）。其次，"后女性主义"这一概念的模糊和含混，皆因不同派别的女性主义者之间、新老女性主义者之间，常借此概念来互相攻击，信手拈来，使

---

① ［美］苏珊·法鲁迪：《后女性主义》，载［美］谢丽斯·克拉玛雷等编《路特里奇国际妇女百科全书》，国际妇女百科全书课题组译，高等教育出版社 2007 年版，第 799 页。

② Emily Nussbaum, In Conversation：Gloria Steinem and Suheir Hammad, *New York Magazine*, No. 4, September 2008.（http：//nymag. com/anniversary/40th/50664/index1. html）

③ J. D. Reed, Janice C. Simpson. Postfeminism：Playing for Keeps, *TIME*, No. 2, January 1983.（http：//www. time. com/time/magazine/article/0，9171，923284，00. html）

用随意。也就是说,尽管法鲁迪强烈抗议《时代周刊》把后女性主义的诞生"归咎于女性主义"①,但实际上它的诞生确与女性主义密切相关。另外,第三世界国家之所以对后女性主义感到陌生,是因为它是北美和西欧的发达国家在经受第二次浪潮洗礼后,性别状况大大改善后,才衍生出的文化现象和理论主张。后女性主义在包括我国在内的第三世界国家的普通人看来,它和女性主义无甚分别,因为后女性主义女性形象都是独立、性感、有工作的"新女性"形象,这在性别发展落后地区的人们眼中已是无比"先进"和"新潮"了。所以尽管后女性主义饱受女性主义者的抨击,它并不比站在女性主义绝对的对立面的传统式男权思想更恶劣,事实上,西方后女性主义文艺作品在我国的传播,还能促进女性主义观念的普及。简单地说,后女性主义是 20 世纪 80 年代以后流行于西方发达国家的一种注入了保守主义因素的女性主义——白人中产阶级异性恋女性在自己享受第二次浪潮革命成果的同时,部分或全部地放弃解放全世界妇女的长远目标,并试图修正和改良经典女性主义文化与理论,一些媒体人和理论家将这种文化现象或理论主张赶时髦地命名为"后女性主义"。

用"后女性主义"命名第二次浪潮以后的 20 世纪 80 至 90 年代,不准确,但合适。不准确是因为它把女性主义和第二次浪潮混为一谈。合适则原因有三:其一,"女性主义"(feminism)一词确立现在的含义和用法是在 20 世纪 60 至 70 年代的第二次浪潮期间②,从这个意义上来说,"女性主义"概念与"第二次浪潮"交织纠缠,"后女性主义"可以用来表示第二次浪潮之后;其二,反女性主义的

---

① [美]苏珊·法鲁迪:《后女性主义》,载[美]谢丽斯·克拉玛雷等编《路特里奇国际妇女百科全书》,国际妇女百科全书课题组译,高等教育出版社 2007 年版,第802 页。

② [英]玛格丽特·沃特斯:《女权主义简史》,朱刚等译,外语教学与研究出版社 2008 年版,第 163 页。

男权回潮确实发生了,"后女性主义"一词可生动形容"回潮"的目标与趋势;其三,20世纪80年代以后的女性与女性主义都发生了变化,这一变化使得女性开始反思并试图超越第二次浪潮,把这种女性拒斥"女性主义"标签、女性主义者反思经典女性主义理论的现象称为"后女性主义"并不为过。

第二次浪潮之后,进入后女性主义时期,那么还有没有后女性主义之后呢?

三 存疑:"后回潮"与"第三次浪潮"

"后回潮"(post-backlash)和"第三次浪潮"(third wave)是继"回潮"与"后女性主义"之后两个受到理论界热捧的新概念。但本书认为这两个概念的使用稍嫌轻率,其内容尚不够饱满,暂且存疑。

先看"后回潮"。一般认为"后回潮"时代自美国总统克林顿1992年上台后算起,这样一来民主党似乎成了女性主义的"代言人",只要民主党上台就"后回潮",共和党上台就"回潮"。那小布什政府2000—2008年的执政又算什么呢?"后后回潮"还是"又回潮"?此外,这种以美国为世界中心的理论话语也相当短视和偏视,把美国本土的政策转向和文化变迁当作普遍原因来研究,使得全世界还在"回潮"时美国就率先"后回潮"了。我们不否认20世纪90年代的性别状况与80年代存在差异,但与70年代相比,80年代和90年代同大于异。"后回潮"即便成立,也应是针对美国国情而立的概念。

再看"第三次浪潮"。"第三次浪潮"和"后女性主义"有很多重合,但这个概念的模糊程度和包容度小一些。20世纪80年代中期,"第三次浪潮"的说法首次出现,到了90年代后半期,它可以泛指"所有新型的女性主义或女性主义者",如英国的"新女性主义"(New Feminism)、澳大利亚的"DIY女性主义"(DIY Feminism）和"X世代"（Generation X）等。各种关于第三次浪潮的论述，都强调"青年妇女"与前辈女性主义者的差异，所以直观地看上去，第三次浪潮就是"1963年至1974年出生的妇女的女性主义"。用这个年龄层来定义第三次浪潮是最简便并且准确的，因为第三次浪潮完全不存在统一性，它是90年代各类新型女性主义的总和，"不存在一种单一的第三次浪潮女性主义者"①。第三次浪潮女性主义者极力把自己与"后女性主义者"区分开来，强调自己坚持为妇女争取集体利益，而不是像后女性主义那样浸染了过多的个体色彩。但问题是被第三次浪潮人士划进自己领地的女性主义派别，如酷儿理论（Queer Theory）、赛博女性主义（Cyber Feminism）、女力（Girl Power）等，同样被研究后女性主义的学者划入后女性主义的范畴中，甚至把第三次浪潮也归入后女性主义。"后女性主义"与"第三次浪潮"这两个概念的最大不同，在于前者还包含了反女性主义和非女性主义的"回潮"、新传统主义（New Traditionalism）等内容，而第三次浪潮女性主义仅仅是诸种强调与第二次浪潮差异的女性主义的总和。本书对这一概念的使用存在疑虑，还因为它并没有得到普遍认可，有学者就认为女性主义的第三次浪潮尚未发生②，况且从实际情况来看，当前分崩离析各立山头的女性主义现状，实在难以称得上是"浪潮"。所以，第三次浪潮在更多的时候被称作"第三次浪潮女性主义"（Third-Wave Feminism），使它看上去更像是20世纪90年代的某一部分青年学者（现在都已步入中年）为了凸显自身而发明的一个女性主义理论话语而已。

　　尽管"后回潮"和"第三次浪潮"是两个内容不够饱满的说

---

　　① ［美］菲奥娜·斯图尔特：《女性主义：第三次浪潮》，载［美］谢丽斯·克拉玛雷等编《路特里奇国际妇女百科全书》，国际妇女百科全书课题组译，高等教育出版社2007年版，第434页。

　　② ［美］罗切尔·加特林：《女性主义：第二次浪潮（北美）》，载［美］谢丽斯·克拉玛雷等编《路特里奇国际妇女百科全书》，国际妇女百科全书课题组译，高等教育出版社2007年版，第426页。

法，但它们的出现亦各自有其现实基础，并非空穴来风。"后回潮"
的说法将性别问题与美国政党轮替捆在一起，并不特别荒谬，选票
统计和民意调查证明"妇女比男子更倾向于选民主党人"，在 1980
年至 2004 年美国国内的各种选举中，始终有超过半数的妇女将选票
投给民主党，而这个比例在男性中最高时也才刚刚达到 50%。① 女
性倾向于支持民主党，当然是因为她们中的多数人认为民主党的政
策可以代表她们的利益。所以，把民主党克林顿政府的上台，看作
"后回潮"时期的开始，是有部分合理性的。至于"第三次浪潮"，
它的合理性在于世界各地的确涌现出种种新的女性主义派别，新一
代女性主义者的思考方式和理论诉求也确实有别于第二次浪潮中的
女性主义者。

"后回潮"和"第三次浪潮"这两个概念能否得到学界的普遍
承认，尚需经受时间的考验，因为现实虽有些微变化，可种种新现
象却并没有形成"潮"。虽说国内已经出现了如《后回潮时代的美
国女性主义第三次浪潮》这样的博士学位论文，但本书仍对使用这
两个概念心存疑虑，这兴许也可算作一种学术观念上的保守主义吧。

---

① ［美］托马斯·帕特森：《美国政治文化》，顾肃译，东方出版社 2007 年版，第
158 页。

第 二 章

色情的崛起

第一节　认识色情

一　色情的定义

"色情"一词在中文世界里的含义相当含混，一般来说，有两个英文词可与之对应，一个为 porn，另一个为 erotic。由于自由派女性主义者曾特别区分过 porn 与 erotic，视前者为消极，视后者为积极，故而国内的女性主义者多将 porn 译为"色情"，将 erotic 译为"情色"。从中文译词的混杂可知，除了性与性别问题的关注者，国内学界对这两个词之差异的认识尚不充分，比如：乔治·巴塔耶（Georges Bataille）使用的 eroticism 一词，在刘晖译的《色情史》（*L'histoire de L'erotisme*）与汪民安编的《色情、耗费与普遍经济》中均被译为"色情"，然而巴塔耶所研究者，实为情欲和情色小说，而非 20 世纪 80 年代以后全球泛滥的色情录像（标准的色情作品），译为"情色"更加合适。在南京大学出版社 2011 年出版的张新木翻译的波德里亚的《论诱惑》（*De la séduction*）中，porn 竟然被译为"黄色淫秽"，这个译法简直像是 20 世纪 80 年代的翻译，充满了官方意识形态的道德评判，既不客观，还十分过时。"淫秽"的英文对应词应为 obscene，张新木将 porn 译为"黄色淫秽"后，后文为避免重复，又将 obscene 译为"诲淫"这一拗口生僻的中文词。在国内的女性主义译本和作品中，基本看不到过于离谱的翻译，porn 多被通译为"色情"。

porn 是 pornography 的缩写，准确来讲，它指的是色情文艺作品，所以也有国内学者将其译为"色情文艺"和"色情品"等，但近年来色情文化发展扩大，porn 或者 pornography 的含义也被扩展、泛化及抽象化。当代中国人，尤其是大陆地区的国人，之所以难以区分色情、情色及淫秽，是因为从当代中国的政策法规上来讲，此三者皆被视为黄色、淫秽、低俗、不健康……一言以蔽之——非法的。关于情色与色情的区别，一般来说，前者更强调艺术性（如杜拉斯的《情人》、李安的《色戒》），而后者则赤裸裸地表现性行为，以观众的性欲唤起和欲望满足为拍摄目的。淫秽，在允许色情和情色合法存在的国家与地区，指非法的色情，如包含人兽交、儿童色情、强奸等内容的作品，这三者分别有悖于动物保护、未成年人保护和人权保护。"淫秽"，obscene 一词有着基督教历史文化背景，它曾指那些亵渎基督教教义的性行为或文艺作品，如非传教士体位的女上位，或非生殖器交合，如口交、肛交等。"淫秽"包含有逾越、亵渎之意，故而在当代它被用于指违法的色情。中国人分不清色情、情色和淫秽，一个原因可能是中国自古没有人体艺术，没有表现裸体的艺术品，人像只在中国的医书中才呈现裸体，而且是极度不真实的裸体画像，弗朗索瓦·于连称中国古画中"没穿衣服的人被简略地画成像袋子一样"[①]。这种几千年的文化传统积淀加上改革开放前清教徒式的性爱观，使得国人有将一切写实的裸体皆视为淫秽的倾向。电影《神鞭》（1986）中的"玻璃眼"见到洋人宅第中的裸女雕塑，即流露出既淫邪又恐惧的目光，今时许多国人又何尝不

①　［法］弗朗索瓦·于连：《本质或裸体》，林志明等译，百花文艺出版社 2007 年版，第 69 页。

是呢？

"色情"可以是一个名词，也可以是一个形容词。被形容为
"色情"的，不一定是色情作品。在一部非色情片里，也可以有色情
的场面；一部严肃文学作品，批评家也可以说它很色情。但这并不
意味着色情是一个无边的或者难以界定的概念，而是反映出一个现
实：色情作品具有不弱的影响力，它会影响到社会文化的诸多方面。
《花花公子》（*PLAYBOY*）杂志的创办人休·赫夫纳（Hugh Hefner）
曾说："文明社会的三大发明是火、汽车和《花花公子》。在《花花
公子》之前，没人有过性事。是我们发明了它。"① 这些话，并不完
全是吹牛。20 世纪下半叶至今的世界文化，色情文化在其中扮演了
重要角色，这是一个经常被人忽视或不愿正视的历史事实。

二 当代色情的起源和发展

当代意义的色情，其主要构成部分是视像类色情作品，包含色
情图片、色情影像等。与中国古代的春宫图或萨德的情欲小说不同，
当代色情要求直接记录和展示人体性器官或性行为的真实过程（至
少是模拟这一过程）。

早在黑白相片和无声电影的时代就已经出现了裸体影像与性爱
影片，2002 年由法国人 Michel Reilhac 编辑整理的《逝去的春光》
（*The Good Old Naughty Days*）一片，收录了 1905 年至 1930 年间的一
些黑白色情短片，其中的性内容比今天的色情电影更无视社会道德
法则，出现了大量同性间性行为和多人性交场面，并且已经有了戏
仿经典的"《蝴蝶夫人》色情版"和恶搞式的色情卡通影片。20 世
纪初的色情作品，虽在尺度和表演上与 20 世纪末的色情作品相近，
然而它的影响力和意识形态性质，都与 20 世纪 50 年代以来的色情

---

① 师永刚、贝小戎：《花花公子：一个世纪的性态度史》，山东画报出版社 2010 年
版，第 20 页。

有天壤之别。默片时代的色情作品，是极其小众的地下影像，那时既没有出名的色情明星，也没有规模庞大的色情产业集团。新、旧色情最重要的区别在于：默片时代的色情，与萨德的小说一样，是要在破坏性地僭越中达到主体的自由，是无视道德律例的身体狂欢；而当代的色情，恰恰相反，是遵循和制造规则，规训主体并维护道德的一种保守主义产物。

当代色情起源于 20 世纪 50 年代，促使它产生的三个重要因素是：当代性科学、当代资本主义社会的言论出版自由以及父权制。

20 世纪初性科学的发展，为 20 世纪 60 至 70 年代的性革命打下了理论与观念的基础，也催生出当代色情。1948 年出版的《金赛男性报告》（*Sexual Behavior in the Human Male*），直接扭转了赫夫纳的观念，使他从一个保守的清教徒变成了《花花公子》的创办人。而 19 世纪 80 年代至 20 世纪 30 年代间手淫致病论的衰落与基本终结，也为色情文化的大发展提供了必要的支持，因为归根结底，色情品最主要的功能还是真实性爱的替代品，即手淫用品，进行色情消费的一个前提就是手淫必须无害。

当代资本主义社会的言论出版自由也为当代色情的大发展提供了法律和道义上的保障。当代色情由 20 世纪 50 年代诞生走到色情泛滥的今天，并不是一帆风顺、水到渠成的，不论是在美国还是在日本，色情业者都和政府审查机构进行过各种艰难斗争，这一斗争直至今日尚未结束。色情文化与社会主流道德、与公共政策的摩擦，60 年来未曾停止，但基于资本主义国家的宪法中保障公民言论出版自由的条款，摩擦每每以妥协或搁置而结束。1996 年摘得柏林金熊奖的美国影片《性书大亨》（*The People VS. Larry Flynt*），就根据《好色客》（*Hustler*，又译《皮条客》）杂志老板与保守主义人士斗争的真实事迹改编，并将其塑造为捍卫言论自由的民主斗士。

促生当代色情的第三个因素是父权制，它是色情文化最根本的内核，也是古往今来世界各国一切色情文化的根源，因为迄今为止，只有父权制社会中才有色情，母系社会只存在性文化而不存在色情。所有色情作品都完全是按照父权制的性禁忌规则而展开的，当代色情也不例外。

推动当代色情发展的三股动力是：当代性革命、资本主义社会的市场经济以及当代艺术对性和情欲问题的探索。

发生在 20 世纪 60 至 70 年代的那场西方性革命或性解放，色情文化在其中扮演了重要角色，色情既是性革命的推动力之一，同时又被整个时代的巨浪携卷而进。在性革命亲历者的追述中，美国《花花公子》的出版是与英国的"换偶"（交换性伴侣）风潮同等分量的大事。① 性行为方式的解放是性革命中极关键的一环，而 1974 年以贝蒂·道森（Betty Dodson）为首的一群女性主义者大力提倡手淫，认为手淫是"第一位的性行为"，是"性的基础"②，也间接为色情消费提供了理论支持。

除性革命外，当代色情业另一个重要的推动力，是市场经济法则，是钱。色情文艺由 20 世纪五六十年代的以《花花公子》式的软色情为主，发展到今日的以"硬核色情"（hardcore porn，展示真实性行为的色情作品）为主，唯利是图的市场竞争是导致色情业者不断拓宽色情尺度的最根本原因。消费人群增加，色情业者增加，在市场竞争中，色情作品的多样性增加，色情产业和色情文化得到大发展，这一过程符合市场经济的规律。

最后，当代艺术和色情文化也相互交织在一起，这不仅表现在大量性内容和色情风格出现在各个门类的当代艺术作品中，往往被人忽略的是，在很多时候，它们二者是一体的，比如 1972 年的卖座电影《深喉》（*Deep Throat*），如安迪·沃霍（Andy Warhol）在 1963

---

① ［美］詹姆士·克利夫德：《从嬉皮到雅皮：昔日性革命亲历者自述》，李二仕等译，陕西师范大学出版社 1999 年版，第 13 页。

② ［美］托马斯·拉科尔：《孤独的性：手淫文化史》，杨俊峰等译，上海科学技术出版社 2007 年版，第 353—354 页。

年拍摄过一个"艺术"影片《口交》（*Blow Job*），最耐人寻味的例子应该是早期的《花花公子》杂志，它除了刊登裸照外，还刊载各种严肃文学作品、艺术家访谈和爵士乐评，完全可称得上是色情与文艺二合一刊物。电影《阳光灿烂的日子》（1994）中，有一段众红卫兵潜入某剧院偷看"内参"电影的情节，当时的国人就曾把国外的带有性场面的艺术电影，以"批判"为名，作一种色情的观赏。严肃艺术与通俗文艺中的色情场面、性爱内容，使色情作品中的色情含量显得不足，导致其不断增深色情程度。当然，20世纪60年代以来文艺对色情的影响远逊于色情对文艺的影响，它仅施以有限的反作用力，而二者归根结底都是在性革命的历史背景下被更大的时代潮流推滚前行的。

当代色情的发展可分为四个阶段：20世纪50至60年代的色情杂志阶段，20世纪70年代的色情电影阶段，20世纪80至90年代的色情录像阶段，以及2000年至今的网络色情阶段。从色情杂志阶段过渡到20世纪70年代的色情电影阶段，是由文化潮流和审查制度的变化引起的，一个标志性事件就是1972年的《深喉》公映，这部影片席卷欧美，前后共赚得一亿多美元。虽然《深喉》很快就在多个地区被禁映，但它如20世纪60年代的《花花公子》现象一样引来成群的模仿者，形成色情电影的拍摄风潮，造就了20世纪70年代这一"色情电影的黄金年代"。后两次阶段过渡，是由技术变革引起的。20世纪80年代以后，色情电影没落，成人电影院纷纷倒闭关门，这全因为VHS"家用录像技术"（即国内俗称的"录像机""录像带"全套）的普及，色情录像取代了色情电影而居于市场的中心地位。国人通常把色情电影和色情录像统称为"黄片"（或"毛片"），其实这二者在国外有明确的区分，前者是用胶片拍摄的，现在只有很少色情厂商还在坚持制作，而后者，就是作为目前市场主流产品的"A片"，缩写为"AV"，全称"Adult Video"，可译作"成人录像"。在相当于色情影视界"奥斯卡奖"的AVN（Adult

Video News，成人影带新闻）大奖评选中，成人电影和成人录像作品分属两个评奖序列，泾渭分明。VHS 技术在 20 世纪 90 年代末被 DVD 技术取代，但这一变化并非飞跃性的，只是影像储存载体的变化而已。而成人有线电视也在 20 世纪 80 至 90 年代扮演了重要的角色，它为不好意思去录像租赁店的人解决了难题。2000 年以后的网络色情时代，是中国人唯一与世界色情文化发展同步的阶段，人们利用网络技术开发出网络下载色情影片、网络传播色情自拍等新的色情传播方式，还创造出赛博性爱、色情网络游戏、网络直播色情表演等网络时代的交互式色情活动。总的来说，从 20 世纪 50 年代至今的四次阶段过渡，色情消费都朝着更加私密化、个人化和便捷化的方向发展。也有一些久经考验、屹立不摇的色情产业类型，比如脱衣舞场，但那是由于它除色情观赏功能外还提供着成人社交和性接触功能。

第二节　20 世纪 80 年代以来的色情文化

如我们在前面提过的，20 世纪 80 年代一个重要的转折是新保守主义兴起和女性主义第二次浪潮退潮。也正是在这个时代背景下，色情业发生了重大变革，先是成人影院纷纷倒闭，接着是色情录像兴起。在 1970 年，美国有超过 750 家专门放映色情片的成人电影院（Adult movie theater），这个数字在 1989 年跌到了不足 250 家。① 而与女性主义第二次浪潮同步的所谓"色情的黄金时代"（Golden Age of Porn），也在 20 世纪 80 年代初结束了。②

虽然技术革新可能是色情电影向色情录像转型的主要原因，但不能排除保守主义者对色情的打击在其中发挥的影响。1986 年 7 月

---

① Linda Williams, *Porn studies*, Durham: Duke University Press, 2004, p. 198.

② Loren Glass, Bad Sex: Second Wave Feminism and Porn's Golden Age, *Radical Society*, Vol. 10, 2002.

10 日，美国司法部长兼首席检察官埃德温·米斯三世（Edwin Mee-seIII）倡议动用《联邦猥亵法》对色情作品采取严格的强制限制，这份著名的反色情报告被简称为《米斯报告》（the Meese Report），共有 1960 页，分 5 大部分、35 个章节。① 时任美国总统的罗纳德·里根支持米斯委员会，并在米斯报告出炉的七个月后发表强烈谴责硬核色情片的严厉声明。里根下台后，老布什政府延续了米斯委员会发起的反色情战，起诉了数以千计的色情产品制作商、批发商和经销商。那么这场反色情战役在色情录像的崛起中扮演了什么角色呢？战役发动前，色情电影的黄金时代已经结束了，而即便在黄金时代的 1970 年，美国全国一年的纯色情作品销售额也才不到 1000 万美元。而自 1985 年米斯委员会成立到 1992 年老布什卸任，在此期间美国硬核色情片录像带出租的年租金由 7900 万美元上涨到 4.9 亿美元。② 这就是共和党政府反色情战的战果：加速色情产业的发展。这一历史事实值得让热衷于"扫黄"的某些人士深思。米斯委员会的反色情运动，把色情由公共领域驱赶至私人领域，其结果不仅增强了色情产品对消费者的诱惑力，而且使得色情消费行为更隐秘和简便，最终导致色情业由地下产业变为主流产业。"1980 年代，成人录像带和成人有线电视将人们从下流电影院和成人书店转到家中，大部分色情产业的利润不再来自传统的性产业，而是被性商业行为取代，诸如邻家的录像带出租小店、一流的连锁饭店、'财富'500 强里的卫星和有线电视公司……一个 X 级的电影产业已经成型并兴旺发展，拥有了自己的工作室、众多的发行商、明星、影迷俱乐部以及电影评论人……美国在色情领域大大超前于西方诸国，他们每一个星期就有大约 210 个新品种的'硬核色情片'录像带出炉。美国色情文化产品的

---

① Edwin Meese, *Attorney General's Commission on Pornography*, Washington D. C. : U. S. Department of Justice, 1986. （http：//www. porn-report. com/）

② ［美］艾里克·施洛瑟：《大麻的疯狂：美国黑市中的性、毒品以及廉价劳工》，王青山译，社会科学文献出版社 2006 年版，第 131—133 页。

输出在其文化输出中占据了很大的份额。"①

"色情的黄金时代"结束，迎来了一个色情的大众时代，截至2001年，仅美国本土的色情产业消费就达几十亿美元，艾里克·施洛瑟（Eric Schlosser）认为在 80 亿至 100 亿美元之间，丹·艾克曼（Dan Ackman）认为在 26 亿至 39 亿美元之间②。而 1999 年《福布斯》（Forbes）杂志上的一篇文章称当年全世界的色情业收入总额约为 560 亿美元。③ 色情业已经变成一种大众文化产业，它不仅规模庞大，而且对当代文化产生了极大影响。《人类的性：当代美国的多样性》（Human Sexuality：Diversity in Contemporary America）一书的作者们指出："在最近几年里，流行文化和媒体已然改变了我们对性的看法与认识。性不只是变得一览无余，不再遮掩；性甚至已无处不在，触手可及。""充斥着性与女性裸体的场面（经常配以暴力），是好莱坞获得成功的重要法宝。""音乐工业也已被性的图像所淹没。"④

一 色情影视

色情影视作品是当代色情业中影响最大、产量最高、受众最广的色情产品。在艾里克·施洛瑟的分析中，它在美国的色情消费总量中占到了一半，而在美国的录像消费中占到了 1/10 至 1/5。⑤ 已知的距今最早的色情电影拍摄于 1896 年（法国电影《Le Coucher de la Marie》，可译为《新娘上床》），而世界公认的电影诞生日为 1895

① ［美］艾里克·施洛瑟：《大麻的疯狂：美国黑市中的性、毒品以及廉价劳工》，王青山译，社会科学文献出版社 2006 年版，第 133 页。

② Dan Ackman, How Big Is Porn?, Forbes, No. 4, May 2001.

③ ［美］艾里克·施洛瑟：《大麻的疯狂：美国黑市中的性、毒品以及廉价劳工》，王青山译，社会科学文献出版社 2006 年版，第 132 页。

④ William Yarber, Barbara Sayad and Bryan Strong, Human Sexuality：Diversity in Contemporary America（7th Edition）, New York City：McGraw-Hill Higher Education, 2009, pp. 3 – 6.

⑤ ［美］艾里克·施洛瑟：《大麻的疯狂：美国黑市中的性、毒品以及廉价劳工》，王青山译，社会科学文献出版社 2006 年版，第 132 页。

年 12 月 28 日，也就是说电影技术刚刚问世就被用于色情片的拍摄
了。在此后的半个多世纪里，虽然一直有电影人拍摄色情影片，但
它始终处于地下状态，直到 20 世纪 60 至 70 年代，随着性解放和先
锋电影实验的浪潮，软核色情片和硬核色情片开始进入大众的视野。
1969 年，丹麦成为世界上第一个制作硬核色情片的国家，其后荷兰
也在同一年拍摄了硬核色情片，之后的 1972 年，丹麦拍摄出了世
界上第一部硬核色情电影长片《欢乐乡》（*Bordellet*）。美国的第一
部真正意义上的色情电影是拍摄于 1970 年的《美少女莫娜》（*Mona
the Virgin Nymph*），之后又有一批硬核色情电影在美国制作发行，包
括《沙滩上的男孩》（*Boys in the Sand*，1971）、《深喉》、《绿门背
后》（*Behind the Green Door*，1972）、《琼斯小姐心中的恶魔》（*The
Devil in Miss Jones*，1973）、《贝多芬小姐的启蒙》（*The Opening of
Misty Beethoven*，1975）、《黛比上达拉斯》（*Debbie Does Dallas*，
1978）等。以上这些电影，虽然不少都包含真实的性交场面，但和
20 世纪 80 年代以后的色情录像相比，还是有明显的差异。

　　从技术上讲，色情电影与色情录像的根本区别在于拍摄时使用
的胶片不同，然而，从风格上讲，20 世纪 80 年代及之后的色情录像
与 20 世纪 70 年代及之前的色情电影最大的不同之处在于：性交场
面与故事情节在主次地位上的彻底逆转。在色情电影中，不论是硬
核色情的真实性交还是软核色情的表演性交，都是作为故事情节的
一部分而存在的；而在 20 世纪 80 年代以后的色情录像中，故事情
节可有可无，性交场面不论在长度上和重要性上都彻底压倒了故事
情节，许多色情录像干脆取消了情节，连贯性交场面本身就可以构
成一部合格的色情录像。20 世纪 80 年代的这一转变，大大拓宽了大
众对色情的接受尺度，以致在 20 世纪 90 年代后期，日本的软核色
情片几乎退出历史舞台，香港拍摄了第一部含有硬核色情内容的三
级片《血恋》，传统的软色情杂志如《花花公子》等也不再回避对
女性阴毛和外阴的展示。

美国和日本是世界上最主要的两个色情片生产国,将色情片的风格与技法标准化,并主导着色情影视业的发展。当代色情片也可以此分为两大流派,即以美国为代表的欧美派和以日本为代表的东亚派。

(一)欧美的色情片

尽管人们谈起西方色情最先联想到的必定是低俗与堕落,然而欧美的色情影视却充满了对主流文艺的戏仿与调侃,而其中的意识形态也仍然是社会主流意识形态。西方色情片的创作者们毫不畏惧甚至积极闯入公众视野,他们举办类似奥斯卡奖或戛纳影展的电影节,客串好莱坞商业和艺术电影,在各方面模仿音乐和好莱坞明星。他们不惧怕与谴责者公开争辩,某些色情女星自称女性主义者,某些色情业者以公众性生活导师自居,他们也敢于对公共政策发表看法,敢于上街游行表达政治诉求。这些并不表示这个产业如它所表现得那样"正面""清白",正如《八毫米》(*8MM*,1999)和《中间人》(*Middle Men*,2009)这样的影片所揭秘的,色情业与黑社会有着千丝万缕的联系。

不论东方还是西方的色情影视,均可分为剧情类与非剧情类两大类。相比较而言,欧美的色情片制作更重视剧情类,在每年的AVN大奖评选中,制作精良的剧情类色情录像和色情电影占统治地位。但是在色情片的出品数量上,非剧情类色情片又具有压倒性优势,原因是非剧情类色情片的制作成本低、流程短、过程简单。

剧情类色情片分为戏仿和原创两种,前者是对经典或流行影视的色情版"翻拍",比如007、蝙蝠侠或阿凡达的色情版,后者则根据原创剧本拍摄。无论是哪一种,都是对主流文艺的模仿和补充,并且在意识形态上几乎不越雷池,此皆源于欧美色情业积极融入主流文化的倾向。以主流大片的色情山寨版为例,所谓模仿,就是在色情版的"大片"里,从音乐到画面,从表演到摄影,虽经费有限,但都极力"复原"原始版本,故事情节往往都是粗略地照搬,几乎不作改动,只是多加几场性交戏而已。所谓补充，就是这类色情版"大片"中的性交情节，往往不是原创，而是原版剧情中就有的，只不过原版电影没有拍摄而已，色情版影片补充的性交场面就是好莱坞电影里人物拥抱或接吻后画面淡出的那一部分。而意识形态的维护，则表现在对原始故事框架的高度忠实，邪不胜正或其他主流意识形态主题在好莱坞大片及其色情版里是一致的，原版蝙蝠侠会战胜小丑，色情版蝙蝠侠一样会战胜小丑，只不过色情版蝙蝠侠或小丑多进行了几次性活动而已。这些特征，在所谓的原创剧情色情片里，也都存在。事实上，被国内网友称为"加勒比海盗成人版"和"星球大战成人版"的《女海盗》（*Pirates*，2005）和《时空迷恋》（*Space Nuts*，2003）其实都是不折不扣的原创剧情色情片，可见色情片的原创成分总是十分有限。维护主流意识形态叙事，是欧美剧情类色情片与日本同类作品的一大区别，日本的剧情类色情片多数具有挑战公德、颠覆常识的倾向。

除了模仿主流影视的"山寨版"色情片和原创剧情色情片，欧美的色情片几乎不存在日本 AV 式的以单一主角贯穿全片的作品。无情节或淡化情节的欧美色情片是由主题构成的合集，而日本的 AV 多由主角加主题而构成，例如：假设欧美的一部色情录像片是以口交为主题的话，其中会有约五组左右的演员进行口交，五组人一般不出现重复；而日本的一部以口交为主题的 AV，则可能由同一名女演员进行五场口交。这种无情节的欧美色情片的主题选择十分自由，几乎没有限制，通常以性交方式、演员族裔、演员年龄段、演员着装、演员生理特征、性交场景等作为一部色情录像片的主题。按照性交方式和演员族裔（尤其是女演员）进行组合的短片合集录像作品在欧美色情业里最为常见，而在日本的同类群星合集中，生理特征和着装风格才是最为常见的主题，从这点上也可看出双方在趣味上的巨大差异。色情明星在主题类色情片中的重要性既轻于剧情类色情片也轻于日本 AV，尽管最有名的色情明星的照片将会被印在录像带或 DVD 封面上，有时独占整个封面，但她在片中的戏份不会比其他名不见经传者更多，封面上的巨幅照片基本上是作为广告而存在的。

与日本的色情片相比，欧美的色情片还具有这样一些特点：从拍摄上来说，有更多的剪辑和镜头移动；从性交方式上来说，肛交出现的频率高于日本，阴道内射精的频率低于日本；从戏份上来说，虽然女演员仍处于中心地位，但男演员在画面中的可见度略高于日本；从表演上来说，性快感的表演成分高于日本；从生理特征来说，女演员的隆乳率较高……等等。总而言之，欧美的色情片向观众展示的是一个狂想式的性爱图景，由身体强健的机械般的肌肉猛男与性欲似无底洞的巨乳女郎，通过夸张的声音、表情和动作，来表演看得见的性快感。其与真实性行为之间的差异，有如虚假的美式摔跤与真实的拳击比赛。

我们可以看到旧式的保守主义对西方色情业施加着什么样的影响。首先是种族主义和殖民主义：在大多数影片里，007 式的白人猎艳英雄是色情片的绝对主角，其他各种族女性充当猎物，黑人男性因其特殊的生理特征偶尔担任要职，东亚男演员凤毛麟角，中亚的则几乎绝迹。其次，不论故事还是性行为，都围绕着遗存自中世纪的各种保守主义性禁忌展开：口交和肛交曾经是重罪，而传教士体位以外的性交姿势也一度被认为是邪恶的行为，至于影片中那可以忽略不计的情节则可用一个词概括——"通奸"，而通奸是《旧约》中的十诫之一。对父权制文化的暧昧态度，也耐人寻味。欧美色情片的艺术表现极其卡通化，不论是充满冷笑话的喜剧还是蹩脚过度的"惊悚"，都使除性交外的一切表演流于可笑。这就好像一个未成年人，在父亲严厉谴责的目光注视下，一边尴尬地笑着一边胆怯地努力做完禁忌之事。色情片一边展示着性，一边告诉观众"这不是性，这是色情"，结合欧美色情片与动作片同时在 20 世纪 70 年代兴起的发源史，使人不禁联想到它也许和功夫片一样从一开始就没打算展示什么真实。

（二）日本的 AV

日本的色情业是围绕 AV——色情录像——而建立起来的。他们对影院放映的色情影片和家庭放映的 AV 有着更加明确的区分，所谓 AV 女优（日语"AV 女優"），仅指拍摄 AV 的女演员。而对应于英文 porn actress 的"ポルノ女優"一词，既指西方的色情片女演员，又指 20 世纪 70 至 80 年代供职于日活电影公司的情色片女演员。事实上，AV 女优与西方的色情女演员没有任何区别，都是在表演硬核色情片，20 世纪 80 年代以后的西方色情女演员也是以出演色情录像片为主，而日活时期的情色片女演员在作品中并没有进行真正的性交，所以日本的这种分类法无论如何也谈不上合适。

将 AV 这一概念独立出来，大概有这样三方面的原因：一是日本人极其热衷的精细化概念区分，比如他们将日本动画、日本漫画都用专有概念表示，可难道日本动画"Anime"真的和动画"Animation"、日本漫画"Manga"真的和欧美漫画"Comics"有质的区别么？中国人对这种追求精确的概念细化是不大能够领会的，比如中文"动漫"一词，就把 comics、manga、anime、animation、cartoon 等全兜进去了。二是日本人对"色情"（Porn）一词的敏感，尽管日本是世界色情生产和输出大国，但他们从不把这些产品称作"色情"。日活在 1971 年以后制作的情色片，被称作"Roman-Porn"，内容既没有真实的性交，也不露阴毛，可见"Roman-Porn"不等于西方的 Porn，词中的"Porn"大概也是如我国"儿童不宜"四字般的揽客噱头罢了。即便如此，1972 年 9 月东京高等法院总检察长还是对九名使日活情色片发行流通的人提起了诉讼。1976 年，在片中表现真实性行为的大岛渚导演的《感官世界》（愛のコリーダ，1976）被判定为"淫秽"并遭到禁映，被禁的还是通过审查的删减版本。所以 AV 这一区别于"色情片"的词在日本来说是必要的，这是一种文字游戏上的自欺欺人，就好像有人把大麻称作"叶子"便以为它不再是毒品一样。三是源于日本文化里公私分明的态度，AV——Adult Video——成人录影带，和ポルノ映画——色情电影，Video 是供私人秘密使用的，映画则在电影院里供人集体观赏。且不论 AV

现在的传播广度和影响力如何大于色情电影，概念上定性对日本人来说仍是必要的。西方人对此无法理解，如电影评论家法国人马克思·泰西埃（Max Tessier）所表现出的诧异："性方面的细节问题仍然在电影中被禁，然而它们却允许出现在色情杂志和画报中！但是日本仍然是世界上少数几个这样的大国之一，即'性'检查总是出于一种根本的虚伪心态。"① 这种"虚伪"在 AV 作品中也表现突出，一方面是充满各种变态欲望和极端表演的性表现，另一方面则是遮蔽生殖器官的"马赛克"（简称"码"，日人曰"修正"）；一方面是在本国公然销售的有码 AV，另一方面又是名义上出口而实则多是"出口转内销"的无码（"无修正"）AV（无码 AV 仅因为无码就不叫"AV"了，叫"裏ビデオ"）。总的来说，AV 是一个不必要独立的"虚伪"的概念，然而它的表述又是精确的——AV 即日本的色情片。

　　AV 女优所对应的英文词不是 AV Actress，而是 AV Idol，从这里可以看出西方人对日本 AV 文化的一些见解——日本人是将色情片女演员当成偶像来包装的。AV 女优与流行文化的关系，从 AV 女优的出身上也可以看出："艺能人"（包括演员、歌手、电视节目嘉宾等）出身的 AV 女优最为"高贵"，其次为写真集女郎或模特，最底端的则为"风俗娘"（即妓女）。片商极爱在 AV 女优的出身上大做文章，运动员、播音员、高学历等都是商业卖点，在这点上，AV 女优和西方的色情片女演员相比，她们扮演的往往是自己。女优们对自己的演绎不是通过一部 AV 来完成的，而是通过她的全部作品，按照顺序来进行。在欧美的色情片里，每部片之所以含有多个女演员，是因为如果一个演员连续反复出现的话，基本毫无意义可言，她只是在重复她刚刚做过的表演，甚至在不同片子里也是如此，所以剧情片对欧美色情才比较重要，性场面大多是雷同的。而在日本，

---

　　① ［法］马克斯·泰西埃：《日本电影导论》，谢阶明译，江苏教育出版社 2007 年版，第 94 页。

一部 AV 就好像一盘音乐专辑，同一个女优在其中做四至六场主题相关而内容不同的表演，而她的拍摄履历则构成一部"成长史"。在主流 AV 里，一般含有四个类型的片段，按顺序为口交、一对一性交、自慰、一对二性交（简称"3P"，英文为"threesome"）。这看似是无意义的惯例，实际上构成了一个叙事，一个世俗想象中女性探索性行为的叙事：首先是剥夺女性性快感的服务性的口交，其次是启蒙女性欲望的性交，而后以自慰表示她已经可以自由地享受高潮，最后是象征欲望解放的放纵式的群交。这样一套叙事的扩大版，就是女优的履历表，从标明了"初脱""初 3P"等一系列"初"的处女作，按照中学生角色扮演、大学生家教角色扮演、护士角色扮演、妓女角色扮演再到女医生、女教师等角色扮演，在女优签约后的头几部作品里，她所演绎的角色对应着现实中女性的成长过程——由女学生过渡到职业妇女再过渡到有地位的职业妇女。在头一轮的青年女性角色扮演作品后，紧接着是一轮纯粹肉欲表演的作品，有各种奇怪的单一的主题，比如类似于裸奔的"露出"，在野外性交的"青奸"，带有猎奇性质的与黑人性交，拓展性交尺度的饮精、阴道内射精（"中出"）、肛交、群交等……所有这些在宣传时仍会加上个"初"字，它们从整体上构成了女优不断进行挑战性表演的"成长史"。此后，除了个别真正的偶像级 AV 女优外，经历完上述"成长"的女优的黄金时代结束，她们会被过继到二流或三流公司，扮演人妻、寡妇（"未亡人"）或"伪素人"（由演员假装的业余兼职 AV 拍摄者），出演极端的性虐片、奇怪的企划片、地下的无码片等。在这从头到尾的整个 AV 女优成长史里，主要的看点不是表演，而是"不表演"——一个 AV 女优在重复表演过程中发生的自然而然的变化，她的心理、气质的变化，更重要的，她的性经验和性反应的变化。

西方的色情片研究者琳达·威廉斯（Linda Williams）、贝弗利·布朗（Beverly Brown）等人认为色情片以男性观众主体偷窥女性性快感欲望为出发点，最终伴随着男性射精的结果，以对女性性快感的捕捉失败而告终。① 这一分析对于欧美色情片来说基本正确，但对于日本 AV，它只对了一半。女性性快感（以性高潮为最高表现）在当代色情中，的确是色情审美的核心对象，但是欧美的色情片从未放弃对男性性快感的表现，故而陷入不可兼得、难以取舍的两难，最终以射精场面的阳具在场宣布了女性性快感的不在场。日本 AV 则没有这种"舍本逐末"，男演员（AV 男优）所扮演的都只是让女性获得快感的工具，同时他经常和观众一样是这一场面的冷静的观赏者。射精在 AV 里只是表演的一个环节，它并不一定意味着结束。以群交场面为例，欧美色情片的一种典型情况是一至三名男性身处于某个女子人数翻倍的场景中，最后射精时所有女子一起仰着脑袋分享男子的精液。而日本 AV 里更常见的是一名女子处于一群男子之中，他们同时刺激她的性感带，轮流朝她身上射精，并往往在她达到高潮或有其他生理反应时一齐发出见证奇观的惊叹声。结合前文所说 AV 的主要看点在于女优的"不表演"，日本 AV 中用轮奸、器械或各种生理的（喝酒、吃春药）和心理的（公共场合性交、催眠术等）方式对女优进行刺激，就是为了最大程度地剥离她的"表演"，探索每一个人的"本质"——她生理上的个人独特性。不论是每一部个别的 AV，还是构成"成长史"的由浅入深的演出履历，都相当于人体实验报告，事实上许多 AV 作品毫不避讳这一点，甚至在封面或宣传语上就有"女体"和"实验"字样。不断重复的同样的形式，反复应用在不同的女演员身上，就是为了榨磨出表演之外的个体的差异，这点与欧美色情片将同类型女性简单笼统地集合起来截然相反。日本 AV 对女性真实性快感的痴迷，使得那些（在男优控制下）女性身体失控的场面成为极其重要的卖点和审美对象，

---

① ［英］休·索海姆：《激情的疏离：女性主义电影理论导论》，艾晓明等译，广西师范大学出版社 2007 年版，第 171—173 页。

如"潮吹"（女性喷射，张竞生所说的"第三种水"）、失禁、痉挛、"绝叫"（不能自已的大叫）、号泣、失神等，其中潮吹是近年来最大的噱头，因为它是难以作假的可以看见的女性性高潮，曾有不少女优因其过人的潮吹能力而走红一时，其他性反应多少都有些作假的可能，不如潮吹显得真实（虽然仍有不少潮吹作假的传言）。由于观众提高了观看潮吹的兴趣，射精的可观性就大大降低了，制造潮吹的最有效方法是指奸（用手指刺激 G 点）和器械刺激。面对潮吹这种性高潮，阴茎处于一个不尴不尬的地位，射精似乎只是宣告对阴茎的使用暂时结束，而不是性交结束。在刚刚过去的三十年里，曾经最走红的 AV 男优是善用手指使女性潮吹的加藤鹰，他又著书又拍教学片，俨然一副性爱导师模样。在日本 AV 里，男性的"性能力"可以被重新定义，它不是纯生理的使用性器的能力，而是如何善用性技巧刺激女性性器使其达到高潮的能力，对女性生理的了解比勃起的阴茎更加重要。

部分地放弃阴茎快感，着力聚焦于女性性快感，难道臭名昭著的日本 AV 是女性主义色情？不。一点也不！如前所述，对女性性快感景象的兴趣完全是男权审美取向的，它源于男性对女性未知因素的极端好奇。欧美色情片中夸张的表演出的女性性高潮和日本 AV 中"写实主义"的"不表演"的女性性高潮，在男性观赏主体眼中仅仅是风格上的差异而已。众所周知，欧美色情片的性高潮表演也常以真实性高潮为基础，而日本 AV 中的性高潮也含有不少表演成分，如剧烈的身体抽动和翻白眼等。而这种主次上的、程度上的差异，在日本 AV 中，是以牺牲女性为代价而完成的。反色情女性主义者有一句著名的口号是"强奸是色情的实践"，在日本 AV 中，可改为"色情是实践着的强奸"。日本 AV 中女演员哭泣的例子远多于欧美色情片，大量在半胁迫和被拘束情况下进行"非自愿"（总的来说是自愿，因为双方存在合约关系，但具体到某个行为则恐怕不自愿）拍摄的例子数不胜数。当西方女性主义者们尚在纠结欧美硬核色情片是否用"快乐的"口交和肛交虚构和渲染了女性的受虐欲时，日本 AV 里上演的是一幕幕真实的折磨，它没有将女性塑造成受虐狂，而是在被迫受虐者身上施以真正的虐待。欧美色情片里女演员所喊的总是"yes"或"yeah"，而日本 AV 里最常出现的女性台词是"不"。且不论这个"不"是否出自真心，但这样的"表演"完全是重复传统男权主义者关于"强奸不存在"的陈腐论调——"当女人说'不'时，她的意思是'是'"，这种谬论在过去三十年里已被全世界女性主义者批判得体无完肤了。如果说欧美色情片多少还与性解放沾点边的话，日本 AV 实际上在展示赤裸裸的权力，它很多时候甚至与性欲无关，而只与折磨女人的兴趣有关，这在各种摧残女性身体的作品中可以看到：把活物如章鱼或蟒蛇塞进女阴或肛门；把女性捆紧吊离地面并鞭打及滴蜡等；最不可理喻的是电击女性，这种某时某地曾用于治疗青少年网瘾的精神科治疗手段已经几乎与性无关。如果说欧美色情片用巨大的阴茎和持久的男性性能力来表现男权，日本 AV 则在更高的象征层面上彰显男权，二者都是男性在宣告"我能"，前者仅仅是"我能操你"，后者则显示更强力的"我能"——我能不操你，而使你被操，甚至操死你——换言之，我（男人）能任意摆布你（女人）。在这个意义上，日本 AV 中的女性性高潮毫无女性的自主性，她的发生被表现为受到男性控制的，而对她自己而言是失控的。再回头看日本 AV 的经典叙事模式：口交—性交—自慰—群交。在口交阶段，女性被表现为对自己的性快感毫不了解，她仅是附属于男性的一个活的自慰器。在第二个阶段性交中，男性是一个恩赐者，他将女性性高潮的秘密告诉了她，将她所未体验过的高潮带给她。在之后的女性自慰阶段，她获得了暂时的支配自己身体的自由自主，但很快她便要因这个"失礼"之错接受教训。最后的 3P 或群交（有些作品中这是另一次一对一性交），加强了之前性交的激烈程度，由一个或多个男子"教育"女优，使其明白她的性高潮不受她的控制，他们带给她的快感远非她自己自慰所能比拟。在绝大部分 AV 作品中，最后的场景是男优射精结束，镜头在瘫软疲惫的女优身上移动，她意识不清、浑身无力，她在男优射精前并不似欧美色情片女演员那样露出挑逗的眼神和发出肯定的指令，相反她在达到一种身体承受极限时失去控制并对男优的一切行动逆来顺受，画面中显示的是失魂般的女体，实则是在展示男人的"雄风"。画面淡出前，她就好像安详地死了。

（三）香港的软色情影片

香港的所谓"毛片"和"三级片"，并不是严格意义上的色情电影，原因在于影片中的性爱场面属于表演性的而非真实的。直到1995 年，香港才拍出第一部带有真实性爱（广东话曰"打真军"）场面的三级片《血恋》，但《血恋》仍是部剧情片，能不能算作纯粹的"硬核色情电影"也很难判定。许多世界知名的艺术影片，如《情欲九歌》（9 Songs，2004）、《感官世界》（愛のコリーダ，1976）等，也都含有真实性爱场面，但很少有人将其认定为"色情电影"。然而，香港的"毛片"和"三级片"，从观影角度上而言，仍是被华人观众当作色情片来观赏的，它是在保守的华人社会文化背景下产生的一种真正的色情片的替代品。

首先对"毛片"和"三级片"作一下名词解释。"毛片"一词诞生于1977 年，这一年，由于香港政府的电影检查制度放宽，邵氏电影公司出品了《财子·名花·星妈》一片，这部电影是香港影史上第一部露出阴毛的电影，之后"毛片"一词即成为此类软色情电影（或曰"艳情片"）的代名词。然而"毛片"并不是最早的香港艳情片，早在 20 世纪 70 年代初期，大导演李翰祥就拍摄了《风月奇谭》（1972）、《风流韵事》（1973）、《金瓶双艳》（1974）等一系列带有女性身体裸露内容的影片，而到了李翰祥 1976 年执导的《骗财骗色》中，性爱表演已经相当大胆，后来的"毛片"就传承自这一批被称为"风月片"的电影。而"三级片"，是 1988 年"香港电影分级制度"诞生后的产物，被分为第三级的电影，按照法律规定，

只允许 18 岁及以上观众观看。三级片根本不等于色情片，香港电影
分级制度正式实施后，第一部公映的三级片，是中国大陆观众耳熟
能详、印象深刻的《黑太阳 731》（1988），而许多在国内观众看来
十分普通的电影如《大决战》（1991），在香港上映时也被划为三级
片。不过"三级片"这个词，的确变成了形容香港 20 世纪 80—90
年代软色情电影的最具代表性和观众共识的一个词，所以本书也采
用加引号的"三级片"来指称这类电影。

　　香港的软色情电影，由于不是货真价实的色情片，只不过含有
一部分色情表演内容，所以它们的题材各异，不得不总是寄身于各
种类型片之中。如恐怖片、悬疑片、武侠片、爱情片、黑帮片、警
匪片等，可以说凡是能拍的类型，几乎都拍完了。香港的这一批
"风月片""毛片"与"三级片"，尽管在展示裸体和性的形式上与
国际潮流无异，然而其内容却是相当的中国化，代表着十分保守的
意识形态。下面我们一一分析。

　　正如我国古代的艳情小说《金瓶梅》《肉蒲团》等书在做完大
量猥亵的性描写后，竟要装模作样地对读者进行道德教育和养生启
蒙一样，香港的软色情电影也总是不忘说教。翻拍自古典名著的各
种金瓶梅电影和肉蒲团电影，自不必说。连背景设在当代的爱情题
材、妓女题材等，也一样不忘谨遵主流价值观。李丽珍在其早期出
演的"三级片"里所扮演的角色都相当纯情，性爱场面的出现只不
过因为一个少女在爱情路上多走了几条弯路而已，影片风格多为轻
喜剧，最终结局和一般爱情片并无本质区别。而大量的妓女题材电
影（可分为"应召女郎"和"靓妹仔"两大类），除了现实主义地
反映性工作者之艰辛外，还常含有劝诫女性出淤泥而从良之主题。
在剧情涉及爱情的影片中，不论片中包含多么夸张和激烈的性爱表
现，最终总是指向对专一的长久的一夫一妻制式爱情的倡导，这在
各种题材的"三级片"中都可以看到，如职场片《摩登龙争虎斗》
（1994）、恐怖片《南洋十大邪术》（1995）、动作片《赤裸羔羊》

（1992）等。从 1975 年的邵氏艳情电影《长发姑娘》到 2011 年的世界首部 3D 三级电影《肉蒲团之极乐宝鉴》，影片创作者始终在劝诫男人不要拈花惹草而要珍惜原配，这种基督教式倡导灵魂之爱的一夫一妻制爱情观，竟是香港艳情片贯彻始终的意识形态。在展示肉体之后，经常又宣传一下轻肉体、重灵魂的爱情观，如《与鸭共舞》（1992）中任达华拒绝貌美富有的叶玉卿，而选择其貌不扬的吴君如，又如《肉蒲团之极乐宝鉴》结尾处的无性之爱大团圆结局，可见其开放之形式下包裹着多么牢固的保守主题。

　　除了道德说教，对性的恐惧也是香港软色情电影的一大特征。尽管创作者们不遗余力地表现性爱，然而其内心却对性有极大恐惧。普通的你情我愿的男女欢爱，在香港"毛片"与"三级片"中相当之少，性爱总是发生在人与非人（鬼、妖、魔）、嫖娼者与卖淫者、诱骗者与受骗者、强奸者与受害者之间。即便是你情我愿的性行为，发生后紧接着就会迎来厄运，如香港电影或好莱坞电影中的俗到不能再俗的俗套：一对男女正在忘我偷情，忽然就被莫名其妙地杀害或死于突发灾难，这种经典式烂俗开头被广泛应用于各种类型片。强奸情节之多，令人咋舌，王晶有一个电影系列直接就名为《强奸》，许多影片并不表现你情我愿的性爱，而只表现强奸，如牟敦芾的《打蛇》（1980）。遭诱骗而发生的性行为，被表现得比强奸更可怕，因为强奸只蹂躏肉身，而诱骗则直达心灵。如《危情》（1993）结尾处女警官陈雅伦和杀人犯王敏德发生性关系后被其虐杀，这可谓是"三级片"中最悲惨的结局之一了。又如《惊变》（1996）中的任达华，他在屈服于幕后主谋温碧霞的肉体力量后，丧失判断力和理智，甘愿为其杀人卖命，置自身性命于罔顾。当强奸与诱骗相遇时，负负得正，性的诱骗竟被奇怪地表现为战胜强奸的"高招"，在《强奸》系列及类似作品如《原始武器》（1999）中，起初战无不胜的强奸犯，总是在经不住女主角的性爱挑逗（通常是以艳舞的形式）后而一败涂地。总之，与弥漫着基督教伦理色彩的好莱坞影片一样，性在香港电影中也被或明或暗或有意识或无意识地表现为一种危险的不祥之事。

最后，最能说明香港软色情电影的保守倾向的，是广泛存在的阉割恐惧和同性恋恐惧。这里，本书将以《赤裸羔羊》为主要例子进行分析。《赤裸羔羊》一片同时涵盖了香港"三级片"几个经常出现主题，包括上文所述的专一爱情观（邱淑贞与任达华之间的恋爱关系）和对性的恐惧（强奸、通奸、诱惑等），影片贯穿始终的女杀手对决，在异性恋女杀手邱淑贞和同性恋女杀手吴家丽之间展开。在女人与女人的终极对决开战前，影片用很长的篇幅描述了女杀手切割男性阴茎的独特暗杀方法。最致命的女人，在《赤裸羔羊》里，不只是要杀掉男人而已，还要切除他的阴茎。邱淑贞是在反抗强奸时第一次阉割了男人的，无独有偶，《原始武器》中的张慧仪在遭受男性强奸后，练成专门踢爆男人睾丸的腿上功夫来报复男人。除了这些摧毁男人生殖器的女人，男性的自身阳痿和被他人鸡奸，也属于威胁菲勒斯的"阉割"。尤其是鸡奸，它被表现为施于男性尊严与肉体的最大折磨。如在牟敦芾导演的《打蛇》中，大陆女性被香港人蛇集团成员强奸和蹂躏时，人蛇们无一人反抗，女人蛇还被毫无阻碍地卖给了人口贩子，然而，人蛇爆发集体反抗的转折，是在一个男人蛇被人蛇集团头子鸡奸之后，不仅被鸡奸者不堪受辱而与人蛇头子同归于尽，他遭受的凌辱还激起了所有同伴的斗志。又如在《夺命哥罗方》（1994）中，警察因证据不足而无法制裁连晋饰演的连环强奸犯，然而当男警察遭到连晋的鸡奸以后，他完全绕开了职责与法律，知法犯法地一枪击毙了连晋。回到《赤裸羔羊》，影片最让人称道的一段色情戏在两对恋人之间平行展开，通过蒙太奇镜头，邱淑贞的男女异性性爱与吴家丽的女同性恋性爱穿插切换，并形成对比：邱淑贞与任达华的性是建立在久经考验的纯真爱情基础上的，是不露点只露背的；而另一段女同性恋性爱则充斥着肉欲，是露点的和虐恋的，结束后我们通过对话得知吴家丽是幻想着邱淑贞而与女伴性交的，这种性活动是心身分离的。《赤裸羔羊》里阉割男人的女人是危险的，而其中的同性恋女人，不仅危险，还邪恶。同性恋，或性别特征模糊者，在香港"三级片"中被反复描述为最危险最邪恶的终极敌手，如《我有我疯狂》（1997）中的男同性恋主谋、《夺命哥罗方》里的异装癖强奸犯等。和《赤裸羔羊》的大决战一样，《玉蒲团之玉女心经》（1996）的大决战也是在两个女演员之间展开，李丽珍要通过她的床上功夫战胜扮演双性人的舒淇，这类在异性恋与同性恋之间展开的性战，当然都以异性恋的胜利而告终。对阉割与同性恋的恐惧，充分暴露出香港软色情电影的父权文化保守倾向，尽管它在形式上似乎顺应了性解放大潮，实际上却是中国古代艳情小说的现代影视版，其思想意识还古旧得很。

二 色情卡通与色情电子游戏

色情卡通与色情电子游戏与色情影视的最大区别，在于它们并不展示真实的性行为，它们继承了照相术发明前的色情文学和色情图画传统。最初的色情卡通和色情电子游戏，并不具备 20 世纪 80年代后期以及 90 年代以后的提供虚拟性体验的功能，它们在其起源阶段的作用相当于涉性笑话（包括"黄段子"）。尽管直观地看，色情卡通的形成由动漫门类的细化引起，色情电子游戏的变革由电子游戏设备的革新引起，然而，亦有理由怀疑这两类色情产品的兴起是对过于写实的色情写真与色情影视的补充。

进入 20 世纪 80 年代，尤其是 80 年代末期，真实的性交场面对受众来说已经毫不稀奇，在绝大多数资本主义国家，硬核色情片是十分容易获得的东西。大量接受真实性影像刺激的社会大众，对性的兴趣和好奇也大大降低了。色情影视的一大缺点，就是人体的生理局限性，不论什么样的演员，都不可能拥有毫无瑕疵的肉身，也不可能做出超越体能极限的性表演。虽然色情文学并没有绝迹，可以提供无边的性幻想，但是在一个视觉文化泛滥的新时代，色情卡通和色情电子游戏作为新兴媒介的色情产品，在表现力和时代性上自然要比色情文学更胜一等。

色情卡通中最具代表性的是日本色情卡通，它的起源可追溯到20世纪60年代末。当时，日本大众文化正经历着一场色情化的"性革命"。"电视节目《小品55号打倒竞争对手！》中通过棒球猜拳将女性衣服脱光的场面成了大众谈论的话题，在《八点了！全体集合》（TBS）中，加藤茶表演了脱衣舞，'只脱一点点，你也喜欢的吧'这句近乎下流的台词成了流行语。受其影响，儿童漫画中也开始露骨地描写性。永井豪的《无耻学园》在这种时代背景下，立刻成为了孩子们关注的作品。"① 作者永井豪自述的创作理由是："我在书店门前看到小学二三年级的男生们在一个劲地翻看男性周刊上的裸体写真，他们提心吊胆的样子让人觉得很可怜，所以我想给他们以快活的色情。"② 看来作者是本着"助人为乐"的精神传播色情文化的。面对这一新潮流，《阿童木》作者手冢治虫也不甘落于人后，他的漫画作品《烧野矢八的玛利亚》"是皮革马利翁神话的现代版，因为兼有性教育的目的，手冢对性交和女性性器官的构造进行了清晰的描写"③。手冢治虫的动画制作公司"虫制作所"则推出了三部打着"成人动画"旗号的动画电影作品《一千零一夜物语》（1969）、《埃及艳后克丽奥佩特拉》（1970）和《悲伤的贝拉多娜》（1973），这三部电影都含有女性裸体镜头。漫画作品《无耻学园》和《烧野矢八的玛利亚》引起巨大争议，而手冢治虫三部动画电影中的后两部在制作时造成庞大赤字，成为后来"虫制作所"公司破产的原因之一。④ 日本色情卡通真正站稳脚跟、小成气候是在20世

---

① ［日］竹内长武：《战后漫画50年史》，李斌译，南京大学出版社2010年版，第62页。

② 同上。

③ 同上书，第63页。

④ ［日］津坚信之：《日本动画的力量》，秦刚等译，社会科学文献出版社2011年版，第87页。

纪 70 年代后半期至 80 年代后半期，这一时间段被日本动漫研究者称为"第二次动画热"时期。1975 年以后，日本出现色情写实漫画热潮，色情写实漫画期刊最多时达到 50 种，且大多具备明确的编辑方针和漫画观，《漫画 Erojenica》《写实漫画 Alice》和《漫画大快乐》是当时最成功的三大色情漫画杂志。① 1978 年 11 月，发生了色情漫画杂志《漫画 Erojenica》被检举事件，并引发 1978 年年底至 1979 年上半年的媒体大讨论。② 80 年代前半期，随着家庭录像带的普及和"原创录像动画"（OVA）的诞生，专供录像带贩售的色情动画 OVA（如《奶油柠檬》）也开始出现。③ 之后又有 80 年代后半期掀起的色情女性漫画热潮，一些画色情漫画的女性创作者曾活跃一时。④ 再之后的 90 年代至今，色情卡通稳步发展，产业规模和受众人数都不断扩大。

　　色情卡通的最大优势，在于用直观的视觉语言展现夸张的绝不可能的性景象。这些景象，或是现实中绝不可能存在的，如与妖精、半兽人、机械人等性交；或是超越了人体极限的，如不合常理的巨乳、倾盆挥洒的体液；或是摄影机所无法拍摄的，如插入时的人体透视；或是法律、伦常所不允许之事，如乱伦、未成年人性交等。当对性景象的描述，超出了"色情"的界限，加入如奸杀、肢解之类的极端暴力内容，那么这种作品的风格则被称作"猎奇"，而不是"色情"。展示夸张的性的色情卡通的出现，可以说是色情发展史上的一个必然，因为萨德作品中性就是不现实的狂想，古老的色情文学传统就充满了卡通般的夸大的性描写。色情影视不能准确地重现

---

① ［日］竹内长武：《战后漫画 50 年史》，李斌译，南京大学出版社 2010 年版，第 92—93 页。

② 同上书，第 94—95 页。

③ ［日］津坚信之：《日本动画的力量》，秦刚等译，社会科学文献出版社 2011 年版，第 98 页。

④ ［日］竹内长武：《战后漫画 50 年史》，李斌译，南京大学出版社 2010 年版，第 96 页。

色情文学中那种性，展示真实则受到局限，展示狂想则尽失真实（如王晶《满清十大酷刑》里的轻功草上飞性交），唯一一部在二者间取得了一些平衡的电影就是臭名昭著的《萨罗》（*Salo*，1976，又名《索多玛120天》），这部旷世奇片后继无人的原因，除了审查制度和舆论环境外，恐怕还与导演帕索里尼（Pier Paolo Pasolini）的被谋杀有关。色情影视难以做到的，色情卡通都能轻易为之，这便是它能流行的一大原因了。

20世纪90年代以后，尤其是2000年以后，色情卡通与色情片的关系在许多方面已经发生了逆转，色情卡通不再是色情片的补充物或替代品，色情卡通正在重新厘定色情的审美标准并影响色情片。如芭比娃娃早已成为时尚模特和青春少女的审美样板一样，色情卡通正成为色情片的模仿对象。这并不难理解，早在古典艺术里，油画中的人体就要比现实中完美，色情卡通里的人体（主要是女体）也是一样，卡通女人要远比现实中的女性更符合男性的性幻想。卡通女人没有毛孔、赘肉以及疤痕，她们不用整容也不用化妆；她们是虚构的，所以性格完全按照男性幻象而定制；她们没有肉身，所以性反应和生理变化完全由画师控制，观看者不必担心她们如资深演员般假装高潮。色情女星要向卡通女人看齐，正如时尚模特要向芭比娃娃看齐一样。20世纪90年代中后期以来，越来越多的酷似卡通人物的AV女优加入色情业，有不少甚至就是资深的Cosplay Girl（专门模仿卡通人物并进行表演和摄影的女孩）。不少色情片直接是对某色情卡通作品的翻拍，更多的则是对非色情的卡通片的"山寨"。这意味着，观众对扮演某卡通人物的演员的性欲和性幻想投射，转移自观众对某个卡通人物的性欲望投射。这一逆转是值得重视的，因为这表明有许多人心中的理想性爱对象已经不是实在的人类了，而是卡通人物，是一些线条和色块。这并不等同于将性欲投射在某物品上的恋物癖，色情卡通的忠实用户是把卡通人物当成另一个主体来欲望（或称"爱慕"）的。大量的色情卡通衍生产品——如卡通人物抱枕、手办（卡通人物模型）、卡通化自慰器具等——为卡通迷和卡通人物这一对"恋人"创造着"主体间性"。有模仿卡通的色情片，也有相貌接近于卡通人物的 AV 女优，如苍井空（苍井空被形容为"童颜巨乳"，这种违反正常生理特征的女体审美最早是在卡通中被合理化的）、Julia（Julia 的乳房和身材比例极不自然，过大的圆浑的乳房和瘦削的腰身本应只存在于卡通画中）等。色情卡通提供了高于色情片的更完美的女性，然而卡通女性虽然完美，却终究是画中人，观众一旦醒悟，发现自己的欲望投射对象是子虚乌有，亦难免失望，于是，一种更高级的可以实现虚拟互动的色情形式崛起了，那就是色情电子游戏。

世界上绝大部分色情电子游戏是展示卡通性爱的，以真人色情影像为内容的色情游戏较少，且类型主要为赌博、竞技类，真人的色情图片或录像被作为对赢家的"奖励"而出现。在展示卡通性爱的色情游戏里，产量最高的是 AVG（文字冒险）类色情游戏，这种游戏更像是配有插图的小说，所以也被称为"视觉小说"（Visual Novel），玩家绝大部分时间是在阅读文字和观看图画，只能在一些剧情的转折点进行有限的选择，以影响剧情的发展。这种游戏之所以产量巨大，主要因为其制作成本极低，画面、剧情、音乐及配音即可决定游戏成败，玩法大同小异，技术上也不需要任何创新。20世纪 90 年代的色情游戏厂商还试图兼顾游戏性，仍生产不少 RPG（角色扮演）、SLG（战棋）、格斗、模拟经营等类型的色情游戏，但 2000 年以后 AVG 类色情游戏成为绝对的主流。这大概是市场调节的结果，AVG 是色情游戏中投入产出比最高的一种类型。AVG 或带有 AVG 元素的其他类型的色情游戏，能够使用户对卡通角色的情感和欲望投射比在色情卡通中更多，并形成"互动"。在 AVG 色情游戏里，性关系并不是随便发生的，它依据剧情，根据玩家的选择，是在玩家的努力下才达成的。色情游戏里的性爱画面虽与色情卡通毫无二致，但它的总量和出现频率却要少得多。一部从头到尾都是性

交画面的色情游戏是失败的、劣质的，也不可能畅销。最受欢迎的
AVG 色情游戏是以剧情、叙事和情感取胜，许多成功作品还都在删
除涉性图片后推出了"全年龄版"。游戏中的女性也都被刻画为性格
不同、类型相异的人物，在大多数此类游戏里玩家是不能够花心并
脚踏几条船的，玩家必须选择某一位女性，始终如一地追求她，性
交情节常常是双方情感发展到某一阶段时水到渠成的事。对女性的
取舍，以及追求过程的复杂，正是这类色情游戏的精华所在，与在
非色情的恋爱游戏中相同。选择贯穿始终，并且是玩这类游戏的主
要方式，许多还可以自行设定男主角的姓名，这些都大大增强了玩
家的代入感。选择的局限性也增强了选择的意义，玩家虽然进行了
选择，但结果并不总是符合预期，根据剧情的发展，玩家对游戏中
人与事的看法也会逐渐发生变化，这变化又往往是超乎意料的。总
之，AVG 色情游戏改变了色情卡通和色情片中观众的"我旁观"，
而代之以玩家的"我经历"，游戏中的女性也不再完全以肉体形貌吸
引玩家，她们作为有着虚拟个性的"同伴"而被爱慕。

作为 2D 色情游戏主流的 AVG 色情游戏为玩家提供了与虚拟女
性的情感互动，3D 色情游戏则实现了性行为的互动。在 20 世纪 90
年代的 2D 色情游戏里，性行为互动还是比较常见的，但因技术原
因，互动主要局限于文字表达上，而且造成了游戏流程的拖沓和烦
琐，极易使游戏趣味流失，所以 2000 年以后的 2D 游戏中删除或精
简了性行为互动。这种被 2D 色情游戏抛弃的元素，随着 3D 技术的
成熟和 3D 色情游戏的出现，被重新发扬。迄今为止的 3D 色情游戏，
其主要卖点就是可操控的性交，以至于 3D 绘图技术越成熟，游戏性
就越弱，对游戏人物性交过程的操纵竟成为游戏的主要玩法。3D 色
情游戏逐渐放弃游戏性当然与其制作经费高昂有关，游戏商更愿意
把钱主要投资在对女性身体的绘制和虚拟性交的研发上。2D 色情游
戏为玩家提供的是"我经历"，3D 色情游戏则力图使玩家感受"我
做"，用鼠标即可完成一次从头至尾的完整性行为。除了虚拟性交过

程的主体性带入，许多 3D 色情游戏还使玩家成为皮革马利翁式的理想女性创造者，如在"人工少女"系列游戏中，玩家通过对角色外貌、声音、性格等诸多项目的选择与拼接，完全按照自己的意志塑造出一个独一无二的女人，为其命名，为其置装换衫，最重要的是可按照自己的喜好与其实践花样繁多的性行为。3D 游戏中的虚拟女性，从形象风格上来说，分为三类，一类是借助卡通渲染效果模拟 2D 卡通人物，还有一类是基于技术或审美的原因介于卡通与真人的风格之间，最后一类则是力图模拟真实的女人，以《真实女友》（リアル彼女）为代表。3D 色情游戏可以说产生于两个不满，第一个不满与色情卡通及 2D 色情游戏一样，不满于色情片中的真实女体，即便极力模拟真实的 3D 游戏也仍是对真实女体不满的；第二个不满则是不满于 2D 色情游戏在性交过程中的被动性，2D 色情游戏虽然长于使主体参与叙事、投入情感，但其性行为展示却一点也不比色情小说和色情卡通强，3D 色情游戏改变了这一局面。

色情卡通提供理想中的女体，2D 色情游戏使玩家与女体恋爱，3D 色情游戏让玩家与女体做爱。虚拟的女人与虚拟的性爱，试图修补色情片中"真实"的性对色情想象的毁坏。

三　网络时代的色情

色情片削减了传统色情中的色情想象，色情卡通试图填补想象的空白却欠缺主体性，色情电子游戏为欲望者提供了主体性却没能完美地解决主体间性的问题，因为色情游戏里的欲望对象是个假主体，看上去像主体的程序和人形而已。能够提供真正的主体间性的，是基于网络技术的新一代色情活动。

网络时代的色情，除了利用网络销售传统色情产品外，又出现了能够提供互动的色情活动，以基于文字的赛博性爱、色情网络游戏以及网络视频色情表演为三种主要形式。

此处所说的赛博性爱，英文"cybersex"一词，一般被译为"虚拟性爱"。但是，中文"虚拟性爱"这个译法极易将英文"virtual sex"与"cybersex"相混淆，前者包含后者及电话性爱、视频性爱、网络游戏性爱等其他通过交互工具而进行的性爱活动，一般也被译为"虚拟性爱"。为作区别，我们将"cybersex"译为"赛博性爱"。赛博性爱是网络用户借助聊天室或聊天工具，利用文字而共同完成的幻想式性爱活动。这种性活动的过程极像是两名或多名用户共同参与的色情文学实时写作。它和电话性爱（包括收费式色情电话服务）有类似的地方，就是可以在语言的世界里肆意宣泄参与者的性幻想，好似与他人一同做一场性梦。但是电话性爱中掺杂有说话者的声音，这语音仍能泄露出性别、性格、情感等信息，主体在这性梦中没有完全解放。赛博性爱的虚拟性比电话性爱更上一层楼，纯文字的虚拟性爱，使得主体在赛博性爱活动中身份可千变万化，能力是无边无际。那么，为什么有人会需要这种虚拟性爱呢？色情文化已经改变了人们的性文化与性行为，真实的性已然丧失魅力，色情成了最有魅力的"性"。赛博性爱，其名虽含"性"（sex），实际上是众人共同参与的色情活动，其趣味完全是色情的，而且越色情越好。就是因为真实的性达不到（也不可能达到）性幻想的色情程度，它始终没法满足某些人的色情趣味，所以才有这么多的色情产品，才有赛博性爱这种具有文字互动性的网络色情活动。

色情网络游戏和赛博性爱在本质上是相同的，只不过它利用视觉媒介实现参与者的互动性。目前，最著名和最典型的色情网游是《红灯中心》（Red Light Center，或译《红灯区》）。玩家在此游戏中可扮演各种角色，并能设计角色的容貌，更改角色的穿着。玩家可操纵自己的角色与网游世界里其他玩家扮演的角色自由自愿地性交，性别、人数不限，场景、方式多样。色情网游提供了直观的画面，与赛博性爱相比，它更适合追求互动性色情体验者中那些偏好视觉色情享受的人。不足在于，网游世界设计有限，远不及无边无际的幻想世界，此外，出于营利的目的，色情网游中的许多功能都需要玩家付费才能激活。

　　网络视频色情表演与前两种网络色情不同，它更像是传统色情项目脱衣舞的网络化，这一活动中的参与者是不平等的。在一场典型的网络色情表演中，参与者包括表演者和观看者，观看者中又包括付费观看者和免费观看者，付费观看者中又分为指挥者和偷窥者，指挥者出钱较多，可指挥表演者做各种表演，偷窥者交钱较少，能观看收费表演却不能发出命令。网络色情表演使用与民间的视频裸聊相同的技术手段，但在实际的视觉效果上，更接近于可操纵的网络直播色情片。民间视频裸聊参与者是自愿的、平等的，其设备和表演水平也远谈不上专业。而网络色情表演，钱在其中发挥着重要作用，付费者可以操控表演者，更准确地说，付费者的钱可以操控表演者。付费操控者和表演者的关系是主奴关系，这关系仅由金钱维系，钱耗尽时他们恢复平等。目前，网络色情表演的产业规模和流行程度远胜于赛博性爱和虚拟网游及其他虚拟性爱活动，表演过程中的主奴关系也许正是它高人一筹的奥秘所在。网络色情表演同嫖娼何其之像！嫖娼是只要嫖客出钱，就能暂时地处置别人的身体；网络色情表演用户只要出钱，就能命令远在他方的人按照你的意愿处置他们的身体，钱的威力在此似比嫖娼更强。

　　网络视频色情表演在 2015 年后发生了重大的革命，一方面是智能手机的普及使得直播和观看都更加快捷和私密，另一方面则因为美国 Lovense 公司的一种名为 Lush 的远程互动情趣玩具被广泛应用在了网络色情直播中。在全球范围内，将近一半的色情直播表演者使用了这种可用手机 APP 远程操控的振动器产品。他们把这个带蓝牙天线的鸡蛋大小的东西塞进下体，全球范围内的网络观众在直播间内通过消费代币来控制跳蛋振动的频率和幅度。直播的内容也因此发生了变化，一些表演者只是在佩戴了振动器的情况下作画、下厨、弹吉他或演默剧，其中某些还并不是裸体，观众所做的只是远程操控一个放在表演者性器官附近的机器来打搅主播。愿意出高价的顾客，可以通过豪掷千金来使万里之外的一个陌生人因突如其来的强烈性刺激而摔倒在地。这变化也许更进一步揭示出了色情的本质，它不是性，而是权力对肉体的操控。

第三节　色情、性别与父权制

一　重审色情

色情，尤其在 20 世纪 80 年代以后大众化了的色情，学者们对它的研究仍不够充分。各种关于色情作品的研究，都可以被色情作品提供的特例推翻。本书此刻的论述也不例外，但会力求更加全面，更经得起时间考验。这里，我们得对几种流行的关于色情的看法进行一番重新审视。

首先，色情等于言论自由与性解放的说法是不正确的。色情作品的内容选择显然并不自由，法律所允许出版的色情作品，都遵循某种道德伦理的底线，这个底线因时因地而不同。麦金农（Catharine A. MacKinnon）在其《言辞而已》（*Only Words*）一书中已经反驳了关于色情出版是一种"言论自由"的说法，她主张查禁色情作品，因为它"诽谤和歧视"女性。[①] 实事求是地说，20 世纪中后期色情文化的崛起和泛滥，是由西方社会追求言论自由的价值取向和性解放大潮所诱发和推动的，但它绝不能与那二者等同而论。色情的合法化以及合法色情作品尺度的变化，体现出的是文化审查制度的变化，而不是文化审查制度的撤销。过去、现在以及未来的关于色情审查的标准，都是社会各方博弈的结果，它并不是依据某种客观的理性的真理而制定的。至于性解放，如果真的实现了完全的性解放，色情也将荡然无存，因为色情正是因社会文化中的性禁忌而产生的。

---

① ［美］凯瑟琳·A. 麦金农：《言辞而已》，王笑红译，广西师范大学出版社 2005 年版，第 1—57 页。

裸体就是最好的例子，裸露的身体之所以显得色情，不正是因为在某些文化中严禁裸露吗？而在有露乳、露臀习俗的部落里，族人们见到这些"性感"部位并不会感到任何的惊奇。而在我们的文化中，连那些包裹乳房、私处甚至小脚的内衣、内裤、小鞋这些脱离肉体的物件也都带有色情意味了。

其次，反色情女性主义者关于色情是歧视、敌视女性的说法，也是不完全正确的。如前文所述，大部分色情作品的确物化、兽化女性，把女性身体作为审美对象，表演"强奸"，并很有些歧视女性的男权倾向。但是，在多样的色情作品中，仍有为数并不少的女性虐待或凌辱男性的、男性与男性之间的、女性与女性之间的作品，这些作品可以作为反例推翻那些举一反三的反色情女性主义言辞。我们当然仍可按照反色情女性主义的思路进行分析，认为描述强势女性的男性受虐狂色情作品展现的只不过是恋母情结中的一种，认为女同性恋色情作品仍符合男性对女性肉体的物化审美，认为男同性恋作品中的男性是被当作女性角色来观察欲望客体，但是，色情作品的多样性和复杂性是必须重视的，它意味着用简易的单一的理论思维模式无法完全揭示色情文艺的根本原理。

最后，不能将色情看成是保守主义的对立面。这是一个连保守主义者都常犯的错误，因为保守主义者是最坚定地举着反色情大旗的人。历史事实证明，禁欲的保守主义常常与色情文化同步兴衰，20世纪80年代世界范围内的保守主义复兴与色情泛滥同时发生算是一例，江晓原在其《性张力下的中国人》一书中所述儒家禁欲主义与中国的色情、娼妓三者同步兴盛是另一例，罗素在《婚姻革命》中所说禁欲主义产生于淫乱社会是又一例。而其中的原因，用性压抑（礼教、禁欲）导致性释放（淫乱、色情）来解释，恐怕并不准确。江晓原所谓"性张力"，有其合理性与启发性。实际上，保守主义禁欲理想与色情文化的关系，有如一个硬币的两面，有正面就有反面，不可分割，也不能独立存在。这就好像卡尔维诺（Italo Calvino）小说《被分成两半的子爵》（*The Cloven Viscount*）中的子爵，有了（虚伪的）保守主义的纯良的那一半，就有（实在的）色情的邪恶的另一半。但这一关系并不如罗素所说，先淫乱而后礼教，而是恰恰相反：有礼教必然就淫乱，因为礼教正是用来定义何为"淫乱"的说辞，而有了"淫乱"的界限，才能有为"淫乱"（越界）而淫乱的实践。

有禁忌，才有色情。

二 禁忌——色情的法则

与上一章末尾所提到的强奸一样，催生色情的禁忌完全遵循着父权制的文化法则，具体而言，有三种最主要的禁忌规制着色情审美原则。

（一）贞操禁忌——女体作为审美对象

将女性身体（尤其是裸体）作为审美对象，是自古就有的父权审美习惯，它贯穿整个美术史。其中的原因当然与东西方传统观念中认为女性处于肉体与感性的一极而男性处于灵魂与理性的一极的性别偏见有关，这种性别偏见在所有父权制社会中都能看到，背后潜在目的就是剥夺女性的各种权益，以便被更好的统治。琳达·诺克林（Linda Nochlin）、约翰·伯格（John Berger）等艺术批评家对这一问题都有过研究，它也是女性主义美学中一个重要的研究点。按照既有研究的说法，这与艺术史由男性主导有关，女性在男性创造的艺术中不得不沦为审美客体。但是，这并没有解释裸体（尤其是女性裸体）为什么成为色情，要知道，艺术中大量的女性也都是裸体的，可为什么相似的裸体被印在杂志上、录在录像里就变成了色情的？

高雅艺术中的不少裸体形象也带有色情意味，这是毫无疑问的，但是它们始终不能与色情画等号。色情中许多裸体拍摄得像油画一样，但它还是色情。形式并不是问题的所在。形式无关紧要，再唯美的色情也还是色情。20 世纪的色情，与古代色情的最大区别是它建立在摄影术之上。同样是裸体，画或者雕塑中的裸体并不是模特的百分百复制品，女性裸体在经过艺术家之手以后，已经有了变化，它抽象为大写的"女人"的身体，抽象为美的某种表现物。色情影像，则展示真实的、具体的女性身体，它不如绘画和雕像中那般完美，但是真实。而导演和摄影师在这里，能调整的只是窥视的角度，他们只为男性观众选择最佳的观看方法，而不能改变那具裸体本身。能对那身体施加影响的外人，恐怕只有整容医生了，但即便经过整容，那整容后的身体仍是具体的某一个女人的身体。色情的审美方式，是对每一个具体的女人的身体进行审美（和意淫），这也是色情杂志每月都要换新女郎的原因，看上去差不多的女性裸体，只看一具是不够的，每一具裸体都是不尽相同的。那么，为什么个体的具体的女人的裸体就是色情，集体的抽象的"女人"的裸体就是艺术？

在许多文化中，我们都可以看到禁止裸露女性身体的习俗或观念。除了最著名的伊斯兰世界妇女佩戴面纱、头巾外，中国在明清时代也有将女性身体包裹得严严实实的历史，西方也有过对裸露更为在意的时期。当代女性服饰的裸露程度，完全是 20 世纪以后经历一系列突飞猛进的变化后才达到的。① 21 世纪中国女性露出的大腿，放在 20 世纪 70 年代的中国就可以说是色情至极。我们可以问一问，为什么父权制文明对女性身体如此在意？而男性身体，则拥有更多的自由展示空间？有一种极为普遍的男权主义观点，说女性身体的裸露会引起男人的邪念。那么反问，男人露胳膊、露脊背不会引起女性的邪念么？为什么男性有邪念就那么严重，女性有邪念就没事？因为女性被看作是被动的，是被拥有的，是男人的私有财产。女性是人，她如何沦为财产，她有手有脚，如何能被管理？

拥有女性这一财产，就是拥有她的贞操。贞操在出嫁前必须封

---

① 抛去那些有裸露风俗的原始部落不谈。

存，这时女性由她的男性亲属保护人父或兄拥有，出嫁后她的贞操为丈夫所有，甚至在丈夫死后她的贞操由子女或其他亲属监督，不允许转让。贞操压倒一切，甚至被看得比生命还重要，所以烈女节妇被歌颂。裸露的身体逐渐被看成女性贞操的一部分，原因是它有可能挑逗起男人的性欲，一方面有可能引起强奸或通奸实践，另一方面是她仅仅成为另一个男性的性欲对象就已经耗损了她的一部分贞操了。贞操被扩展到对女性身心的各方面要求，身体展示在其中是既历史悠久又极为重要的一部分。

于是，色情作品展示裸体就等于破坏了贞操，因为它展示的是具体的裸体。《花花公子》的成功之道，就在于它拍摄"邻家女孩"的裸体，它展示如玛丽莲·梦露（Marilyn Monroe）这样的女明星的裸体，而不是低俗去出售廉价妓女的裸照，因为妓女的贞操已所剩无几了。在父权制的畸形文化中，由于贞操被看得极端重要，于是破坏别人的女人的贞操，就成了重要的男性快感之源。色情的裸体，就是别人的女人的裸体，就是观看者本没有权利看却能看到的裸体。非洲部落的许多女性，至今也在日常生活中袒露乳房，可为什么拍她们的乳房就不是色情片，而是纪录片？对于人们有权看的裸体，人们是提不起看的兴致的。色情之所以还存在，就是因为它展示的是被禁忌的裸体，是贞操的禁忌催生出裸体的禁忌。

（二）裸体禁忌——性器作为审美对象

因为裸体成为禁忌，与之相关的人体运动和生理活动也变成了色情作品中的审美对象。色情作品并不仅仅展示性活动，有许多奇怪的与性器相关的行为也都是色情的，并且比性活动更加色情。

在日本色情片中，有一些完全与性交无关的色情作品，它们的审美都是围绕性器（包括乳房、臀部和私处）展开的。比如雇佣专业运动员进行裸体的体操等项目表演的色情片，运动员严格按照体育比赛时的标准进行演出，仅仅露出禁忌部位便是色情了。类似的还有雇佣杂技演员、魔术演员进行同性质的表演。还有各种偷拍片

（"盗摄"），仅仅是侵入隐私环境，如浴室、厕所等，拍摄围绕私处而展开的私密活动，这就是色情的了。更有一种更加公开的色情拍摄，在街上拍摄路人，在展览活动中拍摄模特，有时是捕捉其走光的时刻，更多地其实仅仅是凝视其并未裸露的性征。由于裸体禁忌的存在，仅仅凝视身体的轮廓便已经色情了。由于色情的这一审美特征的存在，许多保守主义文化都要求女性包裹得显不出性征。

凝视性器是色情的，是否因为看到它就会使人想到性交呢？其实不然，从与性交相关的贞操禁忌中衍生出的裸体禁忌才是性器审美的直接诱发物。围绕着这种对性器而不是性交的审美，色情中的许多作品实际上在展示人体奇观。体育、杂技、武术等，都是在展示人体奇观，色情与它们的区别只在于色情展示的是关于性器的人体奇观。篮球运动员拥有高大的身躯和高超的投篮技巧，色情男演员拥有巨大的阴茎和高超的做爱技巧，这二者的观众都在对人体和身体技术进行审美。动作片与色情片之间的相似，也早已不是新话题了，这两种类型片都有着简单的故事和大量的"动作戏"，"动作设计"和演员的"功力"也都很重要。一个人口含短剑是杂技表演，一个人口含阴茎就成了色情表演。正因为色情与其他非色情的身体审美类别有深层的联系，所以大量色情片是跨类型的，以体育比赛、动作片等形式呈现。而为数不少的 B 级动作片都含有软色情内容，这也不是偶然的。体育比赛会场上经常有突然闯入的裸奔者，并不是没有缘由的。

其实这种分裂非常可笑，但正是禁忌使其产生。禁忌的尺度会变化，但目前看来它还不太可能根除。不可能根除的原因，是色情规则的最根本依据——父权制伦理及其性道德。

（三）伦理道德禁忌——乱伦和败德成为审美对象

贞操禁忌和裸体禁忌又来自何处呢？当然是制造贞操和严禁裸体的那一套性道德体系，这套伦理道德一是要求性行为只能在夫妻间发生，二是要求性及与性有关的身体部位不能公开展示。有了禁令，就有了色情的违反禁令的狂欢。

色情作品讲述的就是败德和乱伦的故事，即便在没有故事情节的色情片里也是一样。当一个真实的具体的女孩坐在镜头前时，她就已经"败德"了。在处女作或模拟处女作风格的色情片中，她要接受访问，她会被问及隐私内容，然后紧接着紧张而生涩地和一个陌生的男人做爱。片商最喜欢的，就是让一个人们印象中"良家的""好姑娘"在一瞬间"堕落到"一定被道德保守主义者斥责的地位。在有故事情节的色情片里，败德算是一大类，其中又分被动地被强奸或被胁迫，以及主动地引诱或通奸等多种。乱伦则是另一大类，乱伦片更重视伦理上的乱伦而不是血亲上的，没有血缘关系的亲属间性关系是最常见的情节，其中分父女、母子、兄妹、姐弟等多种，在情节设置中多为义亲、法亲关系。在无故事情节的色情片中，亲生姐妹同时上阵，乃至亲生母女携手演出的，也当算是乱伦。与上一章所述强奸一样，对伦理道德的破坏，正是色情片审美快感的最重要来源之一。

又由于传统性道德对公与私的严格划分，即便是合法的、合理的道德的性行为，展示它也是色情的。事实上色情也的确有窥淫性质。在家庭录影设备出现后，许多人开始拍摄自己的色情片，其中夫妻间、男女朋友间的性活动是符合主流性道德的，但拍摄后仍是色情片。其中一个重要原因是拍摄的目的就是展示，不论是向自己展示还是向别人展示。即便是向自己展示，自己观看，这种将自己对象化的距离感也构成色情审美。而这种受色情片文化影响的自拍，又反过来影响了色情片的拍摄，20 世纪 90 年代中后期以来，大量色情片模拟自拍风格，其中不少还将人物关系设置为男女朋友或夫妻。与前两项禁忌——贞操禁忌与裸体禁忌——相联系，展示本身就是违反道德禁忌的。

如果没有父权制的伦理道德呢？那么色情显然就不存在。在某些原始部落中，人们在仪式中或公开场合进行性交，亦无色情意味可言。

而在女性不为男性拥有的实行另一套婚姻制度的母系社会中，性别伦理和性道德都与父权制社会的不同，显然母系社会中的人们也不会对父权制下的乱伦和败德的性进行审美。所以，色情活动看似是与父权制性道德相对抗的，是一种破坏性的解放话语，然而它的审美法则却处处对应着产生于父权制的种种禁忌，于是它反而加强和巩固了它表面上的"敌人"，这也就是 20 世纪 80 年代以来色情的大发展被本书划入性别巩固潮流中的原因。

三 父权制阴影下的色情——阳具的威力

回顾前文，我们看到：第一，20 世纪 80 年代色情文化的大发展与世界范围内保守主义的复兴同步，这好似宋明理学倡导禁欲主义后中国古代色情小说繁荣的历史重演；第二，在色情产品的发展变化过程中，主体间性被不断加强，色情品使用者的主动性越发突出；第三，除了男同性恋色情外，女性身体总是居于色情审美的中心位置，父权制下诞生的伦理道德禁忌则决定着色情的存在，使色情成为色情。所以，表面上代表着性解放话语的反禁欲主义的色情，在其深层次上，恰是隐性的父权的保守主义的文艺，它的真正审美对象是阳具（菲勒斯），是父权制本身。

（一）对抗女性

如反色情女性主义者们所言，色情的确敌视女性，但将这种敌视说成歧视是不准确的。色情作品中暗含着男性对女性的恐惧，尤其是对女性生理与女性性能力的恐惧。女性作为男性的他者，符合所有他者共有的普遍特征：他们不是被看得太弱，就是被看得太强，只是从来不会被看作其应有的本貌。色情片在当代中国民间也被戏称为"爱情动作片"，它在一些方面的确无愧于"动作片"三字，色情片与真正的动作片一样，表现的是对抗关系，敌我对抗，女性是永远的敌手。

不论是被表现为柔弱的女性，还是强势的所谓"痴女"或"女王",她们在色情片中都拥有无比强大的肉体。在这种思维里,女性的威力全来自其生理性,女性亦即无比恐怖的性欲本身。这当然都符合父权制文化的陈词滥调,从古至今已被反复说了无数遍。色情片的意义在于其将这种观念上的文化上的对女性的看法具体化,直观地呈现出来,它是一种"写实"的"纪录片"。在色情片里,柔弱的女性,即便在类似强奸的演出中,亦展现出她可以接受各种攻击、虐待而毫无损伤的"超能力"。日本色情片中一种常见的片尾类型,就是在使女优筋疲力尽仿若丧命的最后一段性交戏后,紧接着出现一段一至三分钟的 MV 式片尾。在这段片尾里,女优进行与片头呼应的独舞或形体展示,就好像是取消了片头与片尾之间所有的激烈的性活动对其造成的影响。这种设置,就和恐怖片"猛鬼街"(*A Nightmare On Elm Street*)系列里无法被杀死的弗雷迪总要在最后一分钟复活一样,女性被表现为无敌的"不死人",也就是说她被"非人"化。萨德的小说也是一样,其中的女性仿若卡通人物,受尽摧残依旧完好如新,就像《猫和老鼠》(*Tom and Jerry*)中的猫可以在前一刻被炸成粉末,后一幕又能毫无损伤地出现。那些女王型和痴女型的强势女性角色也一样,在色情片中的前半段她可以玩弄或虐待某一男性,但惯例是她将在影片后半段或结尾处被男性战胜。这种恶魔式的强势女性,在香港三级片中她们可能是被另一个女性所战胜,而在日本 AV 里,则需要用轮奸、群交或性器械来完成对其权力的颠覆。

　　色情片中的女性演员,最好的表演就是不表演的表演——自然反应本身。而色情片的拍摄,也要尽力剥除她们的"伪装",使其不表演,只是展示生理反应。对男演员并没有同样的要求。对男演员的要求是使女方的表演崩溃,"弄假成真"。于是性能力、性技巧和性器官的品质是对男演员的最主要要求,相貌、演技等皆在其次。女性无法表演的,一是真实的性高潮,二是肉体的疼痛,三是心灵上的震荡,所以色情片也总要针对这三者做文章。20 世纪 90 年代末以来，东西方色情片对"潮吹"（Squirt）的兴趣都越来越浓，这当然因为女性这种喷射液体的生理反应是某种可以看得见的"高潮"，用手指或器械使女性出现这种生理反应也成了色情片演员的必修课。除此，各种痉挛、尖叫、失神、翻白眼等也常成为色情片的卖点，但那些多少可以表演、伪装，不如潮吹来的"真实"。另外，深喉作为一种带有肉体虐待的"性行为"方式，在色情片中也不少见。深喉要求女性忍受呕吐的不适与咽喉的痛苦，而又不像鞭挞、扼颈等那般脱离性爱走向纯粹暴力，所以它是一个比较好用的借"性"之名而实施的肉体残虐。至于心灵震荡，则多见于那种在公共场合进行性行为的色情片，这种审美非常变态，根本就是在观赏女性的羞耻感，观赏其尴尬与窘态。当然，通过这三者，男性观众可以体验到在性别对抗中彻底战胜、征服女性的胜利感、成就感。之所以一定要打败女性，其目的还是要歌颂男性，歌颂阳具。

（二）歌颂阳具

对抗女性的武器就是阳具，既是具体的真实的阳具，又是抽象的象征的阳具——菲勒斯。在色情片中战胜女性，亦等于对阳具的赞颂，对女性的敌视包含着男性的自恋。

在绝大多数色情作品中，男性的面貌是模糊的，男性的高潮也不是审美对象，而是功能性地安插在其中的。男性高潮多意味着结束，女性高潮则不然，女性高潮是被观赏的瞬间。男性高潮的衍生物——精液，在许多时候用于对女性的"玷污"，但这精液本身如果不与女性身体发生接触则是无用的，所以即使在极少数的情况下射精于避孕套中，女演员也会将其倒出，一饮而尽或在掌中把玩。男性的高潮实际上是脆弱的瞬间，是某种"失败"，但是精液的喷射可以一洗败象，转败为胜。精液被射在女性的身上、嘴里、脸上或腔内，具有玷污和侮辱的意味，是女性在获得了"快乐"后付出的代价。在轮奸或群交片中，精液又成为武器的一种，大量来自不同男人的精液填满了女性的下体，糊住她的整张脸，或者被混在一个容器里被其一饮而尽。在这类似仪式的表演中，男性的无上权力和统治者地位被凸显出来。精液来自阴茎，精液的威力当然也就是阴茎、阳具的威力。由此衍生出的，是在少数作品中朝女性撒尿的另类行为，男性排尿同样是在表现阳具的威力。在这些射精、小便的时刻，女性被表现为臣服者或战败者，她们下贱地或被动地接受。

学界对象征性阳具（菲勒斯）的理解不尽相同，但在色情片中，此处的阳具可以被理解为父权制赋予男性的权力表征。在那些由性器巨大的男演员演出的片子中自不用说，他们的用以蹂躏女性的巨大阴茎就是阳具威力的最佳表现物。但在不使用阴茎的性交或折磨女性活动中，歌颂的也仍是阳具。男性被表现为有权力控制女性的人群，他们可以用各种方法使女性在性或性别问题上臣服，不论是使用阴茎、工具还是其他手段。在痴女类色情片中也许存在受虐的男性，但绝大多数痴女片的结局仍是男性的胜利，阳具的胜利。性能力、性技巧、阴茎等都只是具体表现形式而已，真正的阳具蕴含在权力中，"他"可以这样对"她"，"他"总是会战胜"她"，究其本因，就是因为"他""有"阳具而"她""没有"。男性有阳具，当然是父权制文化传统赋予他的，所以歌颂阳具也就是在维护这种传统。

（三）维护传统

色情这种最被传统人士所抨击的文化，实际上是维护传统的，维护父权制的文化传统，维护男尊女卑的传统。从审美上讲，它依据父权制的性与性别禁忌，从观念上讲，它又是在对男权至上的种种陈词滥调进行以色情为表现形式的重述，新瓶装旧酒。至于色情片的剧情，则从反面证明了传统的正确性。

色情片和那种强调家庭价值的、美化主妇形象的保守主义宣传在意识形态上是一致的，只不过色情片是作为反面例证而已。色情片中的女性，一旦进入职场，就将遭到被凌辱、强奸或者被"潜规则"的命运。常见的如女教师、女医生等，这种角色在片中首先是受到上级的性骚扰或性胁迫，之后又会被本应受制于她们的男人如学生、病患强奸或轮奸，总之她们的出现被认为是彻头彻尾的错误，而所有男性的权力都强于她们。至于弱势身份，如女职员、女护士、女学生等，这些女性对男性性要求的顺从被当作正确的"处世之道"和美德来表现，而她们的任何反抗都被表现为无力的、无用的。一些危险职业，如女警官、女特工、女盗贼等，则被描画为绝对不适合女性的职业，这些女英雄们遭遇的永远都是被敌人捕获的命运，而后加之于她身上的性酷刑远胜于其他强势女性如女老板、女教师等，最后的结局往往是女英雄人格的彻底崩溃，她们沦为一件失去意识而只剩下生理反应的性玩偶，被关在铁笼中，被"训练"成了一只逆来顺受的听话的母兽。至于已婚家庭主妇，如果丈夫疏于关心，则配之以通奸剧情，如果丈夫去世，则有可能遭到强奸，当然，丈夫是草包而使其妻被当面强奸的也是十分常见。在色情片中不会遭到外人性侵犯的女性身份，是女朋友、新婚妻子、女儿及姐妹。前两者是传统上的合适的性伴侣身份，后两者虽属乱伦，但男主角对其是拥有统治权的，这四者都是在男性家属（父、夫、兄、弟）统治范围内的女性。而母子乱伦则被刻画为有障碍的，就算不强奸，至少得半推半就。可见，所有色情片的剧情都在讲同一个故事，走出家庭统治范围的女性，在性（贞操）问题上都十分危险，而在家庭内部，女性被她的合法男性统治者所统治则是一件快事。色情片的剧情和各种强调传统家庭价值的宣传材料是一致的，只不过它把那些宣传材料里耸人听闻的故事给具象化直观化了，色情片不就是各种社会花边新闻的重写嘛。

除了用讲故事的手法来维护传统，在那些强调互动的色情游戏和色情视频聊天中，所要维护的也还是传统，传统上男性的绝对统治地位，尤其是在性事上的统治地位。色情电子游戏、色情视频聊天和到夜总会里挑选陪酒小姐是极其类似的，都是把各种不同的女性（真实的或虚拟的）铺排在男性面前，任君挑选。色情电子游戏还要求用户"玩"，玩的过程中要遵循某种类似现实生活中追求女孩的规则，这还不算太露骨。色情视频聊天则根本就是建立在网络手段上的远程"嫖娼"了，有钱就可以选任何一个女性（或人妖或男性），提出任何要求。这种传统上男性的统治地位，被通过从色情片到色情游戏的主体性加强，以及从色情游戏到色情视频的主体间性加强而不断强化。真正的统治、控制、操纵，不仅发源于自己的意志，还得确保其施加于对方的意志，这就是色情视频聊天作为目前色情发展的最新形式得以出现的原因。

　　色情文化在 20 世纪 80 年代以后对父权制文化传统的最大贡献，就是对传统的改造。父权制传统不再以清教徒式的禁欲面目出现，而是以坚守家庭价值的花花公子形象实施潜移默化的影响。比如在《性书大亨》（*The People vs. Larry Flynt*，1996）和《中间人》（*Middle Men*，2010）这两部影片里，前者把色情杂志老板塑造成自由民主斗士，后者把网络色情投机者美化成商业骄子，最大的反差来自他们俩都有符合传统家庭价值的婚姻。尤其是《中间人》中，男主角被描述为与其工作性质保持距离的商人，色情产品被看作如饮料、茶杯般用于交易流通的"生活用品"，《中间人》的男主角在影片末尾脱离色情业回到家人身边还颇有点浪子回头的意思。而这两部电影，还都是根据真人真事改编而成，在此我们可以看到色情业者的价值取向是如何的符合传统。色情文化对传统的改造，也表现在性交方式的变化和对女性身体的审美趣味变化上。更多的性花样代替了单一的传教士体位，经过隆胸的巨乳看似使女性身体从裹脚布、束胸衣束缚中解放出来了。可是这一切不还是为了取悦男人么？色情的高明之处就在于此，它在维护传统的同时还使传统看上去像是被破坏了，那么，父权制传统的谴责者面对色情，则易犯两种错误：一是误将色情看作父权制的敌人而加以提倡，二是在反对色情文化时无意间返回到更保守的传统立场。

　　色情文化在表面上的的确确是反传统的，但它坚守着父权制文化传统的核心——男人说了算。问题又来了，经历过第二次浪潮之后，传统的大男子主义男性已丧失了立足的合理性，新的追随女性主义的男性又没有资格成为父权制传统的继任者，那么到底什么样的男人才有资格说了算呢？在时代的呼唤下，一种重塑男性气质的要求在 20 世纪 80 年代猛一下冒了出来，请看下一章《硬汉的回归》。

第 三 章

硬汉的回归

第一节　20 世纪 80 年代以来的硬汉

"硬汉"是一个可以同时对应多个英文概念的中文词，比如海明威的"硬汉"——Code Hero，英文俗语中的"硬汉"——Hard Man。国产电影《硬汉》（2008）和《硬汉 2》（2011）的官方英译名分别为 Underdog Knight（受压迫者骑士？贱民游侠？）和 He-Man，而后者 He-Man 实际上是 20 世纪 80 年代著名的美国动画片《希曼》（*He-Man and the Masters of the Universe*，1983）的名字。中文词"硬汉"可以用来表示上述所有以及其他的具有较强男性特质的男人类型，它是个再合适不过的概念了。

何为硬汉？硬汉就是男性气质的具体承载者，是"男人中的男人"（man's man）[①]。在 20 世纪 80 年代，有一股硬汉回归的文化浪潮，它是社会文化对女性主义第二次浪潮的反动，是对被女性主义削弱了的男性气质的不满。色情文化是对第二次浪潮后女性气质的不满，它力图重塑女性，与之对应，硬汉文化是对第二次浪潮后男性气质的

[①]　Anonymous，*Code Hero-Hemingway*．（http：//www.exampleessays.com/viewpaper/10514.html）

不满，它要重塑男性。

一 20 世纪 80 年代以来硬汉形象的三个发展阶段

20 世纪 80 年代是动作片大发展的十年，以施瓦辛格、史泰龙为代表的肌肉型动作男星是 80 年代雄性气质的代表模范，在卡通界则有《希曼》中的希曼、《北斗神拳》（北斗の拳）中的健次郎（又译为"拳四郎"）等同类型角色。80 年代距离第二次浪潮相当之近，它又是冷战达到高峰和结尾的关键阶段，于是保守主义意识形态迫切地要率先在身体上恢复"男性尊严"。强健的堆满肌肉块的身体不仅是男性气质的表征物，它还牵涉种族、政体等问题，大块头的白人男性身体是对 70 年代末期华人功夫片及更早时日本剑侠片中瘦弱黄种人的反击，它还能体现资本主义制度的"优越性"，如在《第一滴血 2》（*Rambo：First Blood Part II*，1985）、《洛基 4》（*Rocky IV*，1985）中史泰龙的角色痛扁苏联人。80 年代的这一个 10 年，可算作硬汉回归后的第一个发展阶段。

20 世纪 90 年代是第二个阶段，身体上的外显的男性气质被行为上的内在的男性气质所取代。一些演技派男星兼任银幕英雄，如 80 年代末"虎胆龙威"（*Die Hard*）系列中的布鲁斯·威利斯（Bruce Willis）、90 年代中后期的尼古拉斯·凯奇（Nicolas Cage）等。这一时期硬汉形象的改变，实际上与 80 年代中期"新男人"形象出现有关，男性气质的标准有所改变，关于"新男人"形象我们将在第六章中详细讨论。对外显的男性气质的放弃，并不意味着对外貌的忽略不计，而是对男性外貌的要求发生了改变，吸收了女性气质的"新男人"形象已渐成时尚。大块头肌肉男形象作为保守主义的马前卒，在 90 年代逐渐过时，常作为缺乏智慧的男性形象出现。

2000 年至今的近 20 年，是漫画英雄风靡世界的时期。硬汉的直观形象已经无关紧要了，伦理成为第一原则。超级英雄是一些形貌和能力千奇百怪的家伙，他们和反派敌手的实力不相上下，唯一的区别就在于道德伦理立场。笼统地说，超级英雄当然是代表正义的，这就是他们之所以是英雄的唯一原因。然而细看每个文本个案，超级英雄都遵循着某种伦理价值，这种伦理绝大多数都是父权制的。① 超级英雄及类超级英雄的种种英雄，在刚刚过去的那个十年里居于大众文化的中心位置。

二　硬汉的特征

（一）身体

硬汉们的身体是"战士"的"身体"，它同时具有坚不可摧性与威猛致命性两种属性。

大众文化中坚不可摧的表现在硬汉回归后的三个阶段里略有不同。以 20 世纪 80 年代的标准，充满肌肉的强壮身体就是坚不可摧的，健美运动员出身的施瓦辛格（Arnold Schwarzenegger）与健身爱好者史泰龙是这一时期的两大代表人物，其他如龙格尔（Dolph Lundgren）、尚格·云顿（Jean-Claude Van Damme）、查克·诺瑞斯（Chuck Norris）、史蒂文·西格（Steven Seagal）等属于知名度和成就稍逊一筹的动作男星。如果不对比 70 年代的动作男星，很难看出 80 年代的这些肌肉男星有何与众不同。70 年代及之前的动作片，是以西部片与警匪片为主的，包括克林特·伊斯特伍德（Clint Eastwood）在内的牛仔或警察男星在样貌上与常人并无差异，他们的男性气质完全体现在举止上，如伊斯特伍德紧皱的眉头和歪撇的嘴。男性的肌肉是一种从"本质"上压倒女性的"优势"，80 年代的动作男星就是男性"本质"的代表。与施瓦辛格相貌相似的卡通人物"宇宙巨人希曼"的英文名就是"He-Man"，直译过来就是"他—男人"。在片中，希曼有两种身份，一为穿着便装的王子，一为裸露上

---

① 迄今唯一一部打破超级英雄规则的作品，只有《守望者》（*Watchmen*），漫画于 1986—1987 年连载，电影于 2009 年上映。

身肌肉的勇士。希曼变身的过程很值得分析，王子举起象征阳具的神剑，说了一声"赐予我力量吧，我是希曼！"谁赐予他力量？剑——阳具——父权。获得了父权赐予的力量后，这个"我"就成了"他—男人"，就拥有了肌肉。而王子的坐骑——一头本有些娘娘腔的老虎，也随着王子的变身而变成一头雄威猛虎。从70年代到80年代的动作男星的形象变化，就好似希曼的变身一样，肌肉身躯用以帮助男人重新获得绝对的统治权，希曼的"宇宙巨人"身份原文为"Master of Universe"，也可译为"世界的主人"。

20世纪90年代以后关于身体坚不可摧的理解有所改变，肌肉被看成次要元素，意志和机智的重要性得以提升。其中最具代表的人物是布鲁斯·威利斯在"虎胆龙威"系列里扮演的约翰·麦克莱恩（John McClane）。"虎胆龙威"系列从1988年拍到2013年，影片片名"Die Hard"既含有男性气质中藐视死亡视死如归之意，又兼有硬汉坚不可摧、战无不胜、难以被敌人杀死的意涵。梅尔·吉布森（Mel Gibson）在"疯狂的麦克斯"（*Mad Max*）系列、"致命武器"（*Lethal Weapon*）系列里的角色，汤姆·克鲁斯（Tom Cruise）在"碟中谍"（*Mission：Impossible*）系列里的角色，甚至哈里森·福特（Harrison Ford）在《空军一号》（*Air Force One*，1997）里、尼古拉斯·凯奇（Nicolas Cage）在《空中监狱》（*Con Air*，1997）和《勇闯夺命岛》（*The Rock*，1996）里的角色，都有着时代共性，他们的身体不瘦弱，但也并不如80年代的动作明星那般魁梧强健。看似是弱化了男性气质，其实不然，施瓦辛格在《野蛮人柯南》里尚且需要人搭救，《虎胆龙威》里的约翰·麦克莱恩却不需要，麦克莱恩时常狼狈而邋遢地陷入险境，但他却可以跌跌撞撞活到最后，这才是真正的坚不可摧。90年代的硬汉们，仅仅因为他们是男人，不差的男性身体配之以男性的意志，便坚不可摧了，他们更能体现男性的"本质"。

21世纪的硬汉标准彻底淡化了对身体的要求，立场决定一切。

在漫画英雄的世界里，有一大批类似残疾人或就是残疾人的男性，他们同样坚不可摧，比如《X战警》（X-Men，2000）里的X教授——坐轮椅的下身瘫患者，《超胆侠》（Daredevil，2003或译《夜魔侠》）里的超胆侠——听声辨位的盲人，《神奇四侠》（Fantastic Four，2005）里全身石化的壮汉和全身软化的橡皮人等。我们可以看到由一群人组成的团队，如在《X战警》《神奇四侠》和《复仇者联盟》（The Avengers，2012）中，各种类型的超级英雄，强健的和灵巧的，男的和女的，共聚一堂，而领导者总是理性的代表、官方的代表、年长的男人——一个类似父亲的家伙——父权制的代理人。在千篇一律的故事里，由于正义永远战胜邪恶，所以只要立场正确便会坚不可摧。硬汉发展的最后一步，好似走完一个圆环又回到了起点，回到了最初的极其幼稚的童话般叙事中。不过变化已经发生，如今的大众文化叙事中，在屈从于父亲（父权）的儿子形象身旁，还站着一个与其分享权力的女儿形象。这个女儿形象是第二次浪潮的成果之一，但也标志着第二次浪潮的不彻底性，非父权制伦理仍然没能处在主流文化的统治位置，目前的胜利仅限于女性在父权体制内分得了更多的权益。

硬汉的身体是一件武器，正如梅尔·吉布森主演的喜剧动作片《致命武器》，这武器是致命的。施瓦辛格、史泰龙、龙格尔的肌肉身体是致命的，尚格·云顿、查克·诺瑞斯、史蒂文·西格的东方武术是致命的，超级英雄们的各种超能力是致命的。然而最致命的，是男性气质本身，是以布鲁斯·威利斯、尼古拉斯·凯奇等为代表的那一些与常人无异的男性。他们的残暴会突然爆发，而且配之以"正义"的理由。比如《8毫米》（8MM，1999）中尼古拉斯·凯奇饰演的侦探为无辜少女报仇时，用枪托连续击打凶犯头部直到其死亡，这是任何一个普通人都可以完成的私刑。粗粝的打斗最接近男性"本质"，男人，就好像奥利弗·斯通（Oliver Stone）导演的讽刺电影《天生杀人狂》（Natural Born Killers，1994）中所表现的那样，是天生的杀手。热衷杀戮的残暴性，与贪色无厌的性欲一起，一直被视作男性气质的两个重要方面，它在人类历史上的表现形式就是屠杀和强奸。而屠杀，对暴力的热衷，在更多情况下比性欲得到更多的赞赏，如《水浒传》中的所谓"好汉"，只有极少的几个是不吃人肉不滥杀无辜的，有能力杀人对"好汉"来说是某种"才能"，但好色却被谴责，"好汉"们大都有厌女症。残暴，只要配以"正义"的理由，就是"美德"。这和父权制的起源有关，父权制社会的产生与专事战争的军人阶层诞生脱不了干系，之后的掠夺、奴役等，都建立在军事基础上。掌握军队的人，就掌握最大的权力。而绝大部分军人是男人。男人中离权力核心最近的人，除了掌控军队的人，就是军队中的人。军人作为某种男性楷模，他们与死亡打的交道最多，不仅要用自己坚不可摧的幻觉来催眠自己以抗拒死亡恐惧，还要把自己训练成无视生命的杀人机器，用"正义"的光环为自己服从命令执行杀戮找到种种理由。20世纪80年代至今的种种硬汉们，其职业大都是军人、警察——国家暴力机关的暴力执行者，除此之外就是有合适理由实施"正当"的暴力行动的人。总之，硬汉们是暴力的代言者，他们解决问题的根本途径就是使用暴力。除了暴力，鲜有他途，斯皮尔伯格（Steven Spielberg）在"夺宝奇兵"（*Indiana Jones*）系列中所设计的神迹、奇迹或外星科技突发事件显然更离谱，虽否定了暴力，却愈加接近保守主义思维——否定人（子、民）的暴力，肯定神（父、国）的暴力。

（二）心灵

硬汉作为保守主义大反扑的先锋，不仅要在形象上重振男子雄风，更重要的是拥有一颗硬汉的心。硬汉的心灵分为两部分，一部分要求对敌人冷酷无情，另一部分要求对亲友忠诚亲密。除了寇特·罗素（Kurt Russell，又译"库尔特·拉塞尔"）在约翰·卡朋特（John Carpenter）导演的《纽约大逃亡》（*Escape from New York*，1981）和《洛杉矶大逃亡》（*Escape from L.A.*，1996）中塑造的

"蛇王"（"Snake" Plissken）一角只具备冷酷无情这一个特点，其他硬汉大都同时具有两点。

冷酷无情并不是天生的冷酷无情，冷酷无情这一特点建立在硬汉能分辨善恶的前提下。冷酷无情是"妇人之仁"的对立面，它强调着男性气质。在绝大多数将硬汉塑造成正义代表的作品中，对敌人的冷酷无情是伴随着一股激情而迸发出来的，并且，这种冷酷被描述为"不得不"为之的冷酷。比如20世纪70年代的影片《肮脏的哈利》中克林特·伊斯特伍德饰演的警察哈里和《精武门》中李小龙饰演的陈真，他们面对所谓的"敌人"时是不留情面的，必须置之于死地，而理由也是非常充分的，即他们的"敌人"只要活着就是人间祸害，必须肉体消灭。这种伦理在80年代末90年代初以后被文艺创作者进行了微调整，主流作品中的恶徒会咎由自取的死掉，而不是被英雄手刃，不过在B级片或宗教文化淡漠地区的文艺作品中则不遵守此原则。冷酷无情是一种相对于妇人之仁的品质，它要求硬汉做出正确的判断，避免让危险人物造成更大的破坏。硬汉总是比主流价值、社会大众更加的"嫉恶如仇"，在《肮脏的哈里》（Dirty Harry，1971，又译《辣手神探夺命枪》）和《黑豹神探》（Shaft，2000，又译《杀戮战警》）这样的影片中，法律无法"惩罚"恶人，刑警只得动用私刑来"伸张正义"。事实上，绝大多数动作片里的英雄都不能依靠基本道德和法律底线来"行侠仗义"，警察要么被描述为姗姗来迟，要么则作为一个腐败的群体而处处阻挠硬汉的行动。在《英雄本色》（1986）的结尾，李子雄饰演的反派走向警察准备投降，狄龙饰演的大哥则毫不犹豫地将其击毙，甘愿为这违法的最高"正义"付出再一次坐牢的代价。硬汉是大他者意志的执行者。他的冷酷在他自己看来是不存在的。他作为"正义"的手段而存在，要扫除一切害人虫，全无敌。这种形象的危险性也正在于此，他与历史上许多参与狂热事件的极端分子如纳粹党卫军或红卫兵相类似，而且行为也都是暴力的。更加可怕的是，硬汉往往宁可牺牲自己也要杀死对方，当然这些行动大都披着为了更多人的利益的外衣。如前所述，硬汉是军事文化的产物，他的心灵和身体一样，也有着这种类似军人的特质，许多角色干脆就被设计成退伍军人，如《出租车司机》（*Taxi Driver*，1976）、《第一滴血》（*First Blood*，1982）等片中的角色。不过这个"军人"不是服从上级指示的机器，而是被设计成服从更高一级伦理道德（某种信仰或某种原则）的男性楷模。

与冷酷无情相比，硬汉对友情和亲情的重视和忠诚看似不很明显，但实际上这才是关键所在。在许多时候，硬汉与敌人的冷酷程度是旗鼓相当的，唯一的不同只在于硬汉重视伦理道德，而这伦理，正是保守主义者强调的传统家庭价值。动作片里一种常见的情节，就是某个来自杀人不眨眼的组织的男人，为了过上"正常人"的生活而叛变，他和故事里的反派们的区别在于反派们坚决拒斥世俗伦理，拒绝家庭、爱情或一般社会生活。还有一些常见情节，如硬汉为了保护亲友而拼死斗争，硬汉为了给亲友报仇而作战到底，硬汉和亲友并肩携手战胜恶徒等。为国家而战已经过时了，这和越战造成的20世纪60年代反战文化潮有关，在《第一滴血2》、《野战排》（*Platoon*，1986）之类的影片中，即便是军人也得找到更高层的伦理（比如人道主义）来遵循，而不是爱国主义。

硬汉实际上就是符合父权制伦理期待的男人，他所扮演的角色，除了父亲，就是儿子，这里的父与子并不是血缘意义上的，而是一种权力关系，如海明威（Ernest Hemingway）《老人与海》（*The Old Man and the Sea*）中的老人与男孩。女人的作用，是帮助他找到自己的位置，在很多叙事中，女人仅仅用来使观众确信作品中的男人不是同性恋，男人间的情谊也不是爱情而是友情。这些我们都将在具体的文本分析中清楚地看到。

第二节　硬汉群像

硬汉们虽具有同样的本质，却以不同的面目示人。在这里，我们就来进行一个分类别的观察。

一　肌肉硬汉形象

说到 20 世纪 80 年代的肌肉硬汉代表，当然最著名的就是施瓦辛格和史泰龙，稍逊一筹的则有杜夫·龙格尔、查克·诺瑞斯、尚格·云顿等。其中最后两人可算入 90 年代初的另一股潮流，即以通晓东方武术的白人为主角的动作片，这一潮流的文化源头又可追溯到 1972 年由大卫·卡拉丁（David Carradine）主演的美国电视剧《功夫》（*Kung Fu*）和 80 年代的青少年动作片"龙威小子"（*The Karate Kid*）系列电影。以施瓦辛格、史泰龙和龙格尔为代表的肌肉硬汉形象，不同于习得东方武术的西方白人形象，他们是最纯粹的保守主义意识形态化身，拥有非凡身体的白人男性，遵循一套保守主义教条，依靠最本质的男性力量——男性身体——来战胜一切困难，无往不利，而不是靠后天习得的技术——尤其是非西方的技术——来征服世界。"亚尼克·大汉（Yannick Dahan）在一份好莱坞动作电影杂志（《*Positif*》）上总结了 1980 年代的这些影片的特征：一个神话般的英雄，一场正义与邪恶的战斗，一场战争的演说，由于危险而死亡的合理证明，一个可见的广告，一连串的动作，一个死亡的舞蹈场景……他们是大众化影片成功的典型角色，形成了一种演员造型：如肌肉型的，遭到肉体上的打击后，仍以一种不灭的意志生存……而且最后他们总是胜利者。"① 施瓦辛格以共和党身份

① ［法］樊尚·阿米埃尔、［法］帕斯卡尔·库泰：《美国电影的形式与观念》，徐晓媛译，文化艺术出版社 2005 年版，第 20 页。

赢得加州大选并执政，这不是偶然的，他演艺生涯中的作品绝大多数都包含强烈的保守主义倾向，尤以他早期的作品"野蛮人柯南"系列和"终结者"系列电影为代表。相比施瓦辛格的"始终如一"，史泰龙的演艺生涯则表现出某种向右翼"堕落"的曲线：《洛基》第一部和《第一滴血》第一部都是含有左翼倾向的，二者都有对当代社会的批判，《第一滴血》还十分尖锐地直戳越战老兵问题，然而这两个电影系列到后面几集都沦为了带有冷战思维的政治宣传利器，《洛基4》里大战苏联拳手，《第一滴血2》里重返越战战场对敌苏联指挥官。下面分别看一看由施瓦辛格和史泰龙塑造的银幕硬汉形象。

（一）施瓦辛格——从野蛮人到终结者，再到州长

施瓦辛格在2003年当选州长，这件事多少表明：大众将他的银幕形象与他本人有所混淆。施瓦辛格是保守主义文化的代言人，他的当选也是在小布什执政后保守主义抬头时期，尤其是"9·11事件"之后。或多或少，在《真实的谎言》（*True Lies*，1994）中大破中东恐怖分子，在《间接伤害》（*Collateral Damage*，2002）中为死于恐怖袭击的妻儿报仇的施瓦辛格，被民众半认真地看成了能够保护人民免遭伤害的英雄。可事实上，除了在银幕上维护正义之外，他还什么都没干过。2009年6月，为了挽回掉落的民意支持度，以及削减政府预算，施瓦辛格在面向民众的网络短片中持刀发表演说，正是意欲维持自己在大众心目中的英雄幻象。他的英雄幻象始于20世纪80年代初，直至2011年的私生子性丑闻为止。

施瓦辛格的文化形象始终与非人特性及超人特性相缠绕。1969年，他在自己主演的第一部电影《大力神在纽约》（*Hercules in New York*）中就扮演了希腊神话中的宙斯之子海格力斯。此后的十年中，他并无佳作问世。到了1982年，他在成名作《野蛮人柯南》（*Conan the Barbarian*）中饰演传奇小说中的蛮王柯南，柯南虽是人类，但他有超人的体格可以对抗魔法、巫术、妖魔等超自然力量。1984年，施瓦辛格在《终结者》（*The Terminator*）中饰演来自未来的机械杀

手。1987 年，他在《铁血战士》（*Predator*）中大战外星勇士。1988
年，《龙兄鼠弟》（*Twins*）里的施瓦辛格饰演集合了全人类最优良基
因的"龙兄"。1990 年，《全面回忆》（*Total Recall*）中，他扮演
2084 年潜入火星的救世英雄。1993 年，《幻影英雄》（*Last Action He-
ro*）中，他饰演从电影世界穿梭到现实中的无敌警察。1994 年，《小
家伙》（*Junior*）中，他饰演怀孕的男人。1997 年，《蝙蝠侠与罗宾》
（*Batman and Robin*）中，他饰演身体始终保持在超低温中的"急冻
人"。1999 年，《末日浩劫》（*End of Days*）中，他与魔鬼撒旦进行
直接对抗。2000 年，《第六日》（*The 6th Day*）中，他饰演克隆人。
很难想象，一个演员，在其演艺生涯中，用一半左右的时间，出演
了这么多非人类的和超人式的角色。施瓦辛格一生中最重要的角色，
当然，就是"终结者"系列中的机械人，在他不愿饰演终结者时，
片商仍在《终结者 2018》（*Terminator Salvation*，2009）中用数码手
段给机械人贴上了他的脸。州长卸任后他重返影坛，居然以近七十
岁高龄又演了《终结者：创世纪》（*Terminator Genisys*，2015）。《终
结者》的台译名是《魔鬼终结者》，此后台湾片商在他的大部分影
片译名中都加入了"魔鬼"二字，如《魔鬼总动员》（《全面回
忆》）、《魔鬼末日》（《末日浩劫》）、《魔鬼复制人》（《第六日》）
等。可见，在许多人心中，施瓦辛格已经和机械人形象相重合了。
这种重合只有在他的晚年沙滩照被曝光后才有所分裂。为什么施瓦
辛格会与如此多的非人类角色结缘，为什么他在影片中常被视作最
杰出人类基因的代表，原因只在于他的身体。施瓦辛格那充满超凡
肌肉的身躯，使得他被视作神明（在《大力神在纽约》和《野蛮人
柯南》中）、非人（在《终结者》和《第六日》中）或完美的人
（在《龙兄鼠弟》和《幻影英雄》中）。他的建立在肌肉群之上的男
性气质，是普通人无法企及的，因为他是健美运动员并曾获世界冠
军。由于他的身体，所以他自始至终一直有一顶半神的超人光环在
闪耀。

　　除了非人和超人的形象，施瓦辛格演艺生涯中的另一半，献给了警察和军人这两种身份，二者均属于国家暴力机器的一部分。这些人类角色与他的非人类角色交替出现，给民众造成这样一种印象：国家机器中的警察和军人，具有非人类或超人类的强大力量。这些以军人和警察为主角的动作影片无一不代表着共和党式的保守主义意识形态，尤其是它们始终围绕着家庭核心价值大做文章。《独闯龙潭》（*Commando*，1985）中施瓦辛格饰演的上校大开杀戒只为营救爱女，《边缘战士》（*Raw Deal*，1986）里杀人如麻是为家人报仇，《真实的谎言》的故事主线实为修补夫妻关系，《间接伤害》中则又一次为家人复仇。以上四部电影，除了在《边缘战士》里是施瓦辛格大战黑帮，其他三部影片均是对抗恐怖分子。《间接伤害》尤其耐人寻味，它成功预言了"9·11"的发生，在情节上还与该事件有多处"巧合"，在"9·11"真正发生后，这部电影不得不被推迟上映四个月。《间接伤害》的原剧本中，恐怖分子是阿拉伯人，只因为美国影片拍了太多的阿拉伯恐怖分子，这才将其改作哥伦比亚人。《间接伤害》的剧情可看作对阿富汗战争和伊拉克战争的呼唤，消防员的家人在恐怖袭击中丧生，然而政府却无作为，使得消防员独自深入虎穴。这种剧情多少是对克林顿时代温和外交政策的不满，小布什执政的共和党没让这样的剧情在现实中发生，他们发动了战争，作为政府的报复行动。施瓦辛格在银幕中宣扬的意识形态，与小布什政府发动战争的意识形态，是一致的，所以他后来代表共和党当选州长也相当自然。

　　虽然保守主义意识形态与父权制的紧密关系是众所周知的事实，但施瓦辛格的影片比一般电影更具父权制文化色彩。父子关系问题在他参演的第一部电影《大力神在纽约》中就是探讨的重点，海格力斯因与父亲宙斯闹矛盾而下凡出走，宙斯在他小老婆的挑拨下剥夺（阉割）了海格力斯的神力，结尾时海格力斯重又遵循众神之法（父权制）而获得神力，大团圆结局。《野蛮人柯南》则是彻头彻尾的经典式为父报仇故事，柯南复仇成功后，娶了公主，当上国王，影片最后一幕是他垂垂老矣，他成了一个父亲。在《幼儿园特警》（*Kindergarten Cop*，1990）里是教人学当"父亲"。在《小家伙》里，上演了宙斯生育雅典娜式的父亲怀胎生产。《终结者2》和《幻影英雄》中，他与缺失生父的男孩建立了父子式的关系。《末日浩劫》和《第六日》里，他陷于失去家庭的恐惧和困扰。在他那部不成功的喜剧片《圣诞老豆》（*Jingle All the Way*，1996）里，整个故事围绕一个父亲如何给儿子买到限量版圣诞礼物而进行。其他例证，此处不再一一详述，因为简直不胜枚举。下面我们对《野蛮人柯南》和《终结者》两个系列进行具体分析。

"野蛮人柯南"是美国廉价小说作家罗伯特·E. 霍华德（Robert E. Howard）于1932年在一系列魔幻小说中虚构的一个塞米利安（Cimmerians）战士。1982年，施瓦辛格用他非凡的肌肉身体为柯南形象制定了新的标准，由他主演的全新的柯南故事对原著进行了大幅改编，它也是目前为止拍摄水平最高的柯南电影。在这部影片里，斗争在剑与魔法之间展开。柯南依靠的是非常原始的力量，肌肉与铁器，而他的对手，则是一群通晓魔法的邪教教徒。剑，一直就是雄性生殖器的象征，而肌肉身躯则加强了勃起的印象。魔法，是由一个可化身为蟒蛇的混血男巫操纵的，蛇在西方文化中，一直是与女性相联系的邪恶象征。剑与魔法的对抗，就是阳具与他者的对抗。这个他者并不是女性或女性生殖器，而是泛指一切非阳具。女性——一个拥有皇家血统的公主，恰是阳具与非阳具争夺的目标。公主的人格是微不足道的，双方所争夺的，是她的皇家血统，她的贞操。为父报仇的故事主线更耐人寻味，柯南父亲的剑被邪教徒夺走，柯南在冒险中获得了一把古代帝王留下的神剑，他用这把剑战胜了操用他父亲遗剑的反派，最终重新获得了父亲的剑。这两把剑，是儿子与父亲的两个阳具，儿子用阳具战胜父亲的阳具后，才有资格继承父亲的阳具，之前父亲阳具的丢失，则是阉割，而只有被象征性阉割后，儿子才能获得自己的阳具。影片中处处贴合着父权制的文化思维，也正是这种贴合，配之以施瓦辛格为男性气质重振雄风的魁梧身躯，才能达到它的保守主义意识形态效果。1984 年，《野蛮人柯南》的续集《毁灭者柯南》（*Conan the Destroyer*）上映，影片的主线又是一个公主的贞操——她不得被玷污的皇家血统——必须留着的处女之身，保护这贞操的就是英俊魁梧的柯南。觊觎公主贞操的两个反派，一个是垂垂老朽的男巫，一个是半老徐娘的女巫，这两个人都与雄壮的男性气质无缘，所以编剧也不会让他们得逞。最后的魔怪，又一次是阳具的对立面，它是一个脸部像极了女阴，同时身上又具有阴茎特征的怪兽，父权制文化所要求的，就是摧毁阳具的对立面，于是柯南挥舞钢剑，了结了对手。这两部电影，处处体现出一种男子气的傲慢，有着对 20 世纪 70 年代种种左翼思潮的蔑视。比如在第一部影片中，一个君王、导师式的人物（父权的代表）询问手下、弟子们"人生中的最快乐的事是什么"，第一个年轻人回答说享受在草原上策马飞驰的自由，领导严厉否定了他的回答，改问柯南，柯南说："粉碎敌人，看他们跪地称臣，听他们女人的哭号声。"这个答案随即获得众人一致的夸赞。写下这些法西斯言辞却不怕评论指责的狂傲姿态，具有十足的雄性气魄。在第二部影片中，柯南路遇他在第一部中因醉酒而误伤的骆驼，他先是友好地道歉，谁知骆驼朝他吐了口水，柯南则毫不犹豫又一拳将其打晕。编导们显然是听到了舆论界对第一部中虐待动物情节的抗议，但编导们的态度是，死不悔改，变本加厉，傲慢至极，这也是 80 年代时传统男性气质面对各方指责却又要保存自己而不得不做出的反应。大量的陈旧意识在这两部影片中复活，总的来看，剑与魔法两个阵营的对抗，实际上就是父权制对抗非父权制，是保守主义反抗各种非右翼倾向。剑——阳具，魔法——他者，在两者的对抗中，柯南所代表的剑的一方也有使用魔法的巫师、具有雌雄同体特质的女战士、缺乏男子气概的娘娘腔盗贼等人，反之，敌方的部下中也有大量男战士。这所代表的是两种统治形式之间的对抗：阳具可以

统治他者，但他者不能统治阳具。他者统治阳具就是灾难，巫师干
预朝政，王国危在旦夕。也就是说，野蛮人柯南的世界里只承认一
种秩序，由国王（只能是用剑的人）统治万民的秩序，这种影片中
的秩序直接对应着现实中的父权制。

　　《野蛮人柯南》是以野蛮的古代为背景的电影，它包含父权制思
想并不稀奇，大家也都很好理解。可是"终结者"系列，以当代和
未来为背景，说"终结者"系列充满保守主义思想，可能会引起一
些疑问。事实上，科幻只是处于符号能指层的一张皮，"终结者"的
基础故事直接套用了《圣经·新约》：不久世界将毁灭（基督教的
末日说），有一个救世主（弥赛亚——耶稣）将诞生，引导人类战
胜机械敌人（魔鬼和异教徒）。在《终结者》第一部中，未来机械
杀手穿越时空来追杀救世主之母，而当时萨拉·康纳（Sarah Con-
nor）还没有怀孕，这就好像处女怀胎的圣母玛利亚一般。《终结者
2》（Terminator 2：Judgment Day，1991）的副标题直接为"审判
日"，它与宗教的联系是显而易见的。从目前所拍摄的五部电影和一
部电视剧来看，家庭核心价值和传统伦理关系始终受到编导的重视，
第一部是父母间（夫妻间）的关系，第二部是母子，第三部是子媳
（夫妻），第四部是倒置的父子（由于时空穿越，儿子比父亲年龄
大，故而担任父亲式的角色），第五部是一个另类的核心家庭，具有
独立剧情的电视剧则把母子、叔侄、兄弟、兄妹等熔于一炉。

　　第一部"终结者"电影与其他作品不同，机械人被描述为彻底
的机械，其他几部中正义一方的机械人竟也都被人类的伦理道德所
征服，具有某种人类"情感"，这种虚构是宣扬保守主义传统道德威
力的一套有效手段。父权制伦理不仅适用于人，还适用于机械——
非人，那么它岂不就是适用于万物的亘古真理了！施瓦辛格出演了
四部终结者电影，除了第一部中他饰演反派，另外三部他都是绝对
主角的正面人物。在这四部影片中，正反双方的对抗，与野蛮人柯
南中一样，是在阳具和非阳具他者之间展开的。第一部中施瓦辛格

这个充满雄性气质的机械人之所以代表着非阳具,是因为他的对立面——那个瘦弱的男性人类,进行了性交,并成功使"圣母"受孕,而施瓦辛格所扮演的机械人是没有性功能的。在第二和第三部中,施瓦辛格的对手换成了两个与他不同的机械人,一个是可以随意改换形貌的无性人代表,一个是性感的女性代表,在这种对立关系中,施瓦辛格的肌肉男机械人就成了阳具的代表。第五集最耐人寻味,施瓦辛格在片中被女主角称为"老爹",所做之事可视为爷爷联合自己的女儿女婿一起教训孙子。孙子背离了人伦,虽是半人半机械,却在道德立场上比纯机械的爷爷走得更远,所以他必须死。

前三部"终结者"影片有基本相同的剧情套路,两个来自未来的人,一个要消灭救世主,另一个要保护,在一段斗争后,两人都牺牲,救世主则幸存。即便不吹毛求疵地追究细节,这样一个故事大纲与远古神话无异,而且意识相当古老。这个故事俗套在电视剧和第四部中一被打破,作品的受欢迎程度立刻锐减。"终结者"系列的成功并不在于什么机器人和时空穿梭这些科幻元素,而在于它的保守主义立场及顺应主流意识形态。詹姆斯·卡梅隆(James Cameron)的每部作品,皆是如此,除了前两部"终结者"电影外,《真实的谎言》《泰坦尼克号》《阿凡达》这些全球最卖座电影,无不是用最先进科技外壳包装最保守的意识内核。而施瓦辛格,通过野蛮人柯南和终结者这两个极端保守主义银幕形象,一步步走上了保守主义政客之路,他娶肯尼迪家族女性为妻,当选州长,这和野蛮人柯南娶公主并当上国王的剧情是何其相似啊!

(二)史泰龙——洛基和兰博

与施瓦辛格的绝对保守主义立场不同,史泰龙所扮演的角色一直代表温和右翼或被收编的左翼立场。这是一种更大的悲哀,它反映出某种"历史终结"的前兆,也就是自由主义或其他左翼的最终结局只能是被右翼保守主义吸收。史泰龙一生中两个经典角色洛基与兰博,起初都是反主流文化的平民英雄,但最终无一幸免地沦为保守主义的宣传工具，洛基成了新时代"美国梦"的幻影，而兰博则是里根时代"回到越南"电影中的最杰出战士。

　　史泰龙的角色，通常不具有施瓦辛格角色中那种自始至终的责任感，他多是在迫不得已的情况下才暂时地为官方及其意识形态服务。比如在1985年上映的两部影片《第一滴血2》和《洛基4》里，爱国主义并不为主角所坚定信仰，但他最后都在私人情感的驱动下完成了爱国主义事业——重返越南战场和击败苏联拳手，严格说均为"假公济私"。结合这些影片的历史背景，可以看到里根时代新式保守主义文化的高明之处——你不必信我，你只需信你自己，在冥冥之中你便会为我所用，因为我代表真理。《第一滴血2》和《洛基4》里，主角并不是在与某种敌方意识形态做斗争，而是与信奉那种意识形态的人，巧的是，在影片中，那种意识形态培养出的人没一个好东西，他们表现得毫无人性可言。在这里，保守主义将自己等同于人性，与他们不同的，就等于没人性，《洛基4》里由龙格尔饰演的苏联拳手，完全等于机械人，是一台没有大脑的机器。《洛基4》中有一段不断切换史泰龙和龙格尔训练画面的蒙太奇，龙格尔在高度科技化的场所和仪器辅助下训练，史泰龙则用最原始天然的土办法，这里分明是要凸显出两种体制在制造英雄方法上的差异，为大决战中人（美国拳王洛基）战胜非人（苏联机械式拳王）作情感铺垫。然而《洛基4》的催情方法是相当虚伪的，在苏联解体后的今天，我们都知道苏联从没有像影片中那样训练出哪怕一个拳王，影片中的机械化训练方式根本就是科学幻想，并且它成了日后体育类电影中的一个俗套，比如《少林足球》（2001）中的反派运动员也进行类似的训练。

　　《洛基4》只能算是"洛基"系列电影中的一个杂音，洛基这一角色主要体现的还是个人努力终获成功的美国梦，宣传的是一种个人主义式的自我挑战和突破。《第一滴血2》则不同，它直接扭转了"第一滴血"系列的走向，从这部影片开始，兰博彻底变成了一个专门去外国执行杀戮任务的雇佣兵，就连史泰龙另起炉灶的"敢死队"

系列也继承了这一传统。但这并不是史泰龙开启的传统，《第一滴血2》只是 20 世纪 80 年代中期"回到越南"类动作片中的一个集大成者，早在 1983 年，吉恩·哈克曼（Gene Hackman）主演的《长驱直入》（*Uncommon Valor*）就已经大获成功。1984 年，另一个 80 年代动作英雄查克·诺瑞斯的《越战先锋》（*Missing in Action*）也已经上映，诺瑞斯出演的此类影片远比史泰龙多，除了 1984—1988 年间的三部"越战先锋"电影外，还有 1986 年的《突袭贝鲁特》（*The Delta Force*）和 1990 年的《突袭哥伦比亚》（*Delta Force* 2：*Operation Stranglehold*）。如果说华人功夫片的最大俗套是中国人打老外，那么欧美动作片的最大俗套则是随心所欲地去国外（尤其是第三世界国家）杀人放火。这已经形成一个动作片中的亚类型，洪金宝自导自演的港片《东方秃鹰》（1987）也基于同样的故事架构，而且连人物都设置成美籍华人，可见军事干预第三世界国家可谓美国人的特权。关于这一点，现实比影片更甚。在爆发 80 年代末的一系列政治胜利前，美国人已经在文艺作品中预演了这一胜利，《第一滴血2》就是其中最杰出的作品。

"第一滴血"系列的主角兰博，人人都知道他是反社会主义的战争偶像，再强调这一点，基本上是废话，影片中已经写明了的。我们应该看到的是，他如何将男性气质与保守主义立场结合起来。苏珊·杰弗兹（Susan Jeffords）在《美国重振雄风：性别与越战》（*The Remasculinization of America*：*Gender and the Vietnam War*）一书中指出：越战失败是对美国保守主义男性文化的当头一棒，大量越南题材的电影和文学之所以要勇敢面对这一问题，就是要重建被击溃了的男权心理。"美国是用这些电影形象来弥补它在其他领域的失败。"① 道格拉斯·凯尔纳（Douglas Kellner）在《媒体文化》

① ［法］樊尚·阿米埃尔、［法］帕斯卡尔·库泰：《美国电影的形式与观念》，徐晓媛译，文化艺术出版社 2005 年版，第 21 页。

（*Media Culture*）一书中写道："史泰龙既演洛基又演兰博正是一种症候，当时的经济衰退正驱使满天下的洛基们从军，成了为里根干涉主义外交政策而战的兰博们……洛基—兰博综合症所展示的是被置于保守的社会化和意识形态深处的原生态男权主义。洛基和兰博们能获得承认和自我确认的唯一途径，就是借助暴力和进攻性的自我展示。"① 他还分析道：兰博蓄长发而亲近自然的形象具有 20 世纪 60 年代左翼青年特征，他被里根主义政治行动收编，这反映出里根主义是一种"革命性的保守主义，它有一种强烈的成分，其中包含了激进的保守派的平民主义、个人主义和行动主义等"②。请注意凯尔纳提到的保守主义意识形态深处的原生态男权主义，史泰龙一直以来所演绎的，正是这种原生态的"自然"男性气质。施瓦辛格的男性气质是非凡的、极端的、遥不可及的，所以他常扮演非人，史泰龙演的则是凡人——平民洛基和军人兰博，任何一个男人都可能具有他那样的男性气质，并且，按照 20 世纪 80 年代的保守主义的看法，是男人，就应该像他那样。兰博和洛基的选择，被表现为人的选择，男人的选择。是人，是男人，就应该那样做，如果不，则如影片中的反派一样，是无人性、反人性的。这一模式直到 21 世纪的《第一滴血 4》（*Rambo*，2008）和《敢死队》（*The Expendables*，2010）中依然被继承，史泰龙的角色在一番犹豫后，在干与不干之间，做出了"人性的"选择，为了"拯救"更多的人，以"人道"的名义，去把那些外国兵杀光。

史泰龙从来不像施瓦辛格那样，是正统保守主义的代言人，而是如洛基和兰博一样，被收编的仆从。这个仆从以遵循自然的男性荷尔蒙指挥的理由，不情愿似的为保守主义服务。所以，父权制伦理在史泰龙的影片中十分不突出，只作为特例存在："洛基"系列中

---

① ［美］道格拉斯·凯尔纳：《媒体文化》，丁宁译，商务印书馆 2004 年版，第 111 页。

② 同上书，第 113 页。

涉及了婚姻问题，1987 年的《飞越巅峰》（*Over the Top*）表现父子情谊，1992 年的《母子威龙》（*Stop！Or My Mom Will Shoot*）则刻画母子关系。史泰龙的银幕形象多是独行侠或受伤的男人，具有比施瓦辛格角色更强的雄性野蛮气质，这在"第一滴血"系列及 20 世纪 90 年代的两部科幻片《越空狂龙》（*Demolition Man*，1993）和《特警判官》（*Judge Dredd*，1995）中最为突出。他的影片并不完全符合主流意识形态要求，所以常具有些许 B 级片气质，例如《敢死队》就不能算主流大片，至多是 B 级片中的佼佼者而已。这也许也是他在各方面的成就均不及施瓦辛格的真正原因。但史泰龙的电影，尤其是 20 世纪 80 年代的电影，依然为我们展现出保守主义如何巧妙地将自己伪装成自然的男性气质和人性。

（三）卡通肌肉硬汉

20 世纪 80 年代起，不论在欧美还是东亚，卡通领域出现了一批肌肉男子形象。当然，这是整个 80 年代肌肉文化的一部分。这种文化影响了整整一代人，美国健身运动员克里斯·贝尔（Chris Bell）在他自编自导的纪录片《更大，更强，更快》（*Bigger，Stronger，Faster*，2008）中全面反思了 80 年代的肌肉文化，对包括表演型摔跤、施瓦辛格动作电影、运动员的身材标准等都进行了批判。卡通肌肉人只是 80 年代兴起的肌肉男人中的一种，以儿童为主要受众的一种。

卡通片主要面向儿童，卡通肌肉男人比真人肌肉壮汉更加适合作为儿童偶像，因为他们的完美性——丝毫不存在半分缺憾。20 世纪 80 年代，所有的传统漫画英雄都拥有了更强壮的身躯，这在很大程度上是因为施瓦辛格等现实中的健美壮汉展示了超出人们固有印象的肌肉身体。现实中的肌肉已经比人们过去所想象的更加夸张。这一方面是因为系统的健美方法在 70 年代中后期逐渐确立和成熟，另一方面，如施瓦辛格、史泰龙等人事后承认的，类固醇（一种兴奋剂）在健美界和体育界被非法地广泛使用。是药物科技，而不是人的意志或关于重振雄风的口号，使得 80 年代的肌肉硬汉横空出世。但真相得等到 90 年代或更迟才被人们认识到。80 年代，全世界都沉浸在雄风无限的肌肉幻境中，为这种前所未有的男性肉体所折服。卡通肌肉英雄，是对银幕动作英雄和体育明星的补充，因为电影检查制度的关系，施瓦辛格和史泰龙的电影主要面向成人，包括表演型摔跤在内的体育运动也无法激起低龄观众的兴趣，《希曼》这样的卡通肌肉人（包括 1986 年的卡通版《兰博》），就作为补充，为青少年树立榜样。

《希曼》这套动画片，自始至终都企图影响儿童教育儿童。每一集的结尾处，都安排了一段对剧情进行总结和阐释的"说教"，把故事所含寓意明明白白地讲出来，生怕儿童不理解。前文已经分析过，希曼——He-Man——他—男人，这一形象没有一寸不浸染着父权文化男性气质的汁液，从他手中的剑（阳具），到他的父权继承人身份（王子）等。具体到肌肉身体这一问题上，我们还需要看到，希曼是动漫史上变身最诡异的超级英雄，比超人更甚。超人变身前和变身后的微小区别，一直遭到诟病，变身前他戴眼镜梳分头，变身后仅仅卸了眼镜梳了背头就没人认得出他。相比蝙蝠侠、蜘蛛侠、绿巨人等，超人卸下眼镜就能隐蔽自己身份，简直离谱。然而，希曼连眼镜和发型都不变，他仅仅是脱了衣服，拿了把剑，就完成了"变身"，而且没人认得出他。注意变身过程，他举起剑（阳具），外衣就消失了，露出肌肉，脱了件衣服他就由王子"亚当"变成了宇宙巨人"希曼"。"亚当"这个名字的原拥有者，我们知道，是在三大教原典中均吃了女人（夏娃）的亏的。亚当通过阳具获得了宇宙（上帝——父——父权）的力量，变身成为"希曼"——真正的男人，一个叠加着强调了两次阳性的名字。这一变身，在视觉上，呈现出的仅仅是裸露。这样一来，裸露肌肉的过程，等于从娘娘腔（女性气质）变化为男子汉（男性气质）的过程，肌肉身体就等同于男性气质，等同于"力量"，等同于权力。我们把名字、身体和剧情三位一体地联系起来，可以看到一个等式：希曼（He-Man，"他—男人"）＝举着剑的肌肉身体（象征阳具的男性气质）＝无限的力量（宇宙巨人）。希曼实际上就是耶稣故事的科幻改写，《宇宙巨人希曼》的英文原名直译应为《希曼与宇宙之主》，宇宙与希曼与剑的关系是圣父—圣子—圣灵的三位一体，希曼的王子身份等于耶稣的木匠之子身份。那个极端脸谱化的反派——死人模样的骷髅王——等于圣经中的魔鬼，这就不必多言了，他们根本就长得像亲戚。

裸露肌肉的变身，在同时代的日本动漫作品《北斗神拳》中也有展现。主角健次郎处于爆发状态时，会全身肌肉隆起，以至于将上身衣衫撑爆。撑爆衣衫的情节可追溯到斯蒂文生（Robert Louis Stevenson）的小说《化身博士》（*Strange Case of Dr Jekyll and Mr Hyde*）及其漫画仿品《绿巨人》（*Hulk*）。但《北斗神拳》中的撑爆衣衫情节有所不同，健次郎并没有变成更巨大的怪物，他只是鼓劲努起了肌肉。肌肉——生理男性气质，在一瞬间被暴怒——情感男性气质所驱动，像一种超能力一样被开启。鸟山明的"龙珠"系列动漫，在中后期也引入了类似的规则，那就是超级赛亚人的变身，变身后的赛亚人头发变黄直立，肌肉隆起。《龙珠》在早期，接受的是香港功夫片的规则和东方阴柔男性气质，一些欧美式的肌肉人在早期故事中遭到嘲笑和捉弄。但是它终究无法逆时代大潮而动，20世纪80年代末开始连载的《龙珠Z》逐渐沦为肌肉动作漫画，各种夸张的肌肉造型层出不穷，作者似乎生怕现实中有人能达到那样的肌肉程度似的不停增强人物的强壮程度。头发变成金黄，可看作作者对东方人种男性气质缺乏的焦虑和对西方男性气质的向往，人物在这一瞬间，由黄种人变成了白种人，头发直立，则隐喻勃起，人物变成了一个阳具，全身的肌肉无处不表明此为勃起状态。《龙珠Z》的这一变身发明，之后被东西方动漫作品广为借鉴，可知其设计切中当代文化之要害。80年代，日本漫画最出名的就是所谓"热血"风格，它的最大特征就是在强烈情感驱动下的男性气质，无视理智和现实地狂热大胆地行动着。男主角深陷险境时，往往通过唯心主义的情感大爆发而获得神力，实现战斗大逆转。这种热血动漫，时至今日，仍是日本动漫的最主流作品，然而细细看之，可发现它和军国主义时代神风敢死队的精神应说毫无二致，究其源头，武士道是也。

我们可以看到，不论在西方还是东方，卡通作品中的肌肉硬汉成了古老父权文化的最佳载体，在反击女性主义、重振男子雄风的同时，甚至更加退步地向儿童灌输古老价值观。20 世纪 80 年代的文化产品就是这样，新瓶装旧酒地把最古老的意识形态用最时髦的包装纸包起来。随着这些卡通片的胜利，保守主义意识形态收复了许多失地。硬汉的回归，就是保守主义的回归，就是右翼的回归，就是父权的回归。

（四）"蛇王"——一个特例

寇特·罗素饰演的"蛇王"，是其他所有银幕硬汉形象的反例，包括他自己其他电影中的角色。"蛇王"是一个独眼暴徒的绰号，他在 1981 年的《纽约大逃亡》和 1996 年的《洛杉矶大逃亡》中，两次在政府的威胁下去执行亡命任务，并且两次的结局都是他独自逃亡和任务失败。蛇王完全无视任何组织的命令，也不遵循任何公德，比无政府主义者更无视秩序。并且，他和影片中反派（几乎为除他之外的所有人）的最根本区别，也就在于他无视规则，反派们，不论是政府人员还是黑帮恶徒，都有着组织形式与行事法则。蛇王是彻底的自私自利的个人主义者，其他类似的或模仿的英雄都做不到他这样彻底。

在《纽约大逃亡》和《洛杉矶大逃亡》中，蛇王没爱上任何一个女人，他没有建立在利益关系之外的朋友，他的行动也不是出于任何崇高的理由。他两次执行任务都只因为美国政府在他身上施以了慢性谋杀的装置，他不在指定时间内完成任务就会丧命。他的自私自利在第二部影片结尾达到极致，他完全无视全人类"福祉"，为了保住自己性命，宁可使全球陷入永恒的电力枯竭，退回到前现代状态。而在无尽的黑暗中，他独自划亮一根火柴，点燃口中的香烟，不忘自乐。其他起初被迫受雇于政府的英雄，如兰博和"极限特工"（*XXX*）系列的主角们，在后期的故事中多会主动（部分地）接受官方意识形态，并视"维护正义"为己任，由被迫转为主动。蛇王完全没有这种特征。蛇王所有行动的唯一动力就是一个"活"字，连爱情都沾不上边。当然，他也会粗暴地主动与女人交欢，但那被表现为纯粹的本能。蛇王是迄今为止，影史上最极端最纯粹的男性气质化身，但也因为这样，他是非主流的。主流意识形态所要求的所呼唤的，是施瓦辛格和史泰龙电影里那种坚持某些传统道德底线的硬汉，是为某种崇高之物而战的英雄。蛇王，含有对经典式硬汉的反讽。

除了《纽约大逃亡》，寇特·罗素与约翰·卡朋特在20世纪80年代还合作过一部科幻片，就是1984年的《外星恋》（*Starman*）。把《外星恋》里的外星人与蛇王加以比较，可发现一大共通点，就是他们都不适应地球人的道德。联系起约翰·卡朋特在1982年拍摄的人与人之间互相猜忌残杀的《怪形》（*The Thing*），可以明显地看出卡朋特对所谓"美好的人性"的怀疑。高举"道德"旗帜的人，在卡朋特的影片中显得虚伪，他们常常就是恶的源头。反而遵循欲望的自然状态的生命，即便谈不上美好，也并不多么丑恶。蛇王和外星人一样，不善言辞，在第一部影片中他表现出对政府死活的无所谓，第二部中他又对现代文明的毁灭无所谓。他只关心自己的命。高墙内外，黑帮暴徒和政府人员都是恶棍，蛇王也是恶棍，但他的优点是不辩解。这一形象为人们提供了一种没有被父权制文化完全捕捉到的男性气质，当然，它也不是女性主义的，它就是雄性荷尔蒙本身。脱离父权制道德的纯粹雄性荷尔蒙代言者，实际上是很难塑造的，因为稍微向反面多走一步，就成了女性主义或者其他反面意识形态代言人，而多数硬汉形象则一定服务于父权文化。但是蛇王难以被归类，他像是一个男性精神病患者自恋的手淫狂欢，一个生于人类文明世界外的求生动物。

寇特·罗素在《兵人》（*Soldier*，1998）里塑造的极端型硬汉，在身体方面显得比蛇王更具男性气质，但《兵人》主线剧情是对他极端男性气质的治疗和修正。兵人从小失去了父母，被未来世界的集权主义政府教育培养成冷血士兵，影片后半段他流浪至一个具有保守主义道德的世外桃源，并为这片保持了传统家庭价值的地域而战。《兵人》上映于1998年，它多少是对寇特·罗素蛇王角色的否定，也是主流文化要求看到的对蛇王这类"恶棍"的修正。

寇特·罗素并不具有施瓦辛格和史泰龙那样的超级硬汉肌肉身体，但蛇王却演绎出极端恐怖的男性气质。可见，身体并不是男性气质的全部，它更多地依赖于道德伦理，通过种种行为方式和处世姿态来确认。并且，男性气质并不全是符合父权制文化要求的，不符合要求的男性气质对保守主义来说并无任何益处可言。被驯服的男性气质才受欢迎，也可以说屈从于父权之法的儿子才是好男儿，所以，伦理原则才是第一位的，即使没有突出的杰出的硬汉身体，高举父权道德大旗的男性，依然可为英雄。

二 伦理原则高于男性气质

在我们展开这一节的论述前，我们先看一组名单，那就是20世纪80年代、90年代和2000—2010年这三个十年中最卖座影片的名单。

20世纪80年代全球十大卖座片为：

1. 《ET外星人》（*E. T. the Extra-Terrestrial*，1982）
2. 《星球大战3：绝地大反攻》（*Star Wars Episode Ⅵ：Return of the Jedi*，1983）

3.《星球大战2：帝国反击战》（*Star Wars Episode V：The Empire Strikes Back*，1980）

4.《蝙蝠侠》（*Batman*，1989）

5.《夺宝奇兵1之法柜奇兵》（*Raiders of the Lost Ark*，1981）

6.《捉鬼敢死队》（*Ghostbusters*，1984）

7.《比弗利山警探》（*Beverly Hills Cop*，1984）

8.《回到未来》（*Back to the Future*，1985）

9.《夺宝奇兵3之圣战奇兵》（*Indiana Jones and the Last Crusade*，1989）

10.《夺宝奇兵2之魔域奇兵》（*Indiana Jones and the Temple of Doom*，1984）

20世纪90年代全球十大卖座片为：

1.《泰坦尼克号》（*Titanic*，1997）

2.《星球大战前传1：幽灵的威胁》（*Star Wars Episode I：The Phantom Menace*，1999）

3.《侏罗纪公园》（*Jurassic Park*，1993）

4.《独立日》（*Independence Day*，1996）

5.《狮子王》（*The Lion King*，1994）

6.《阿甘正传》（*Forrest Gump*，1994）

7.《第六感》（*The Sixth Sense*，1999）

8.《侏罗纪公园2：失落的世界》（*The Lost World：Jurassic Park*，1997）

9.《黑衣人》（*Men in Black*，1997）

10.《绝世天劫》（*Armageddon*，1998）

2000—2010 年全球十大卖座片为：

1. 《阿凡达》（*Avatar*，2009）

2. 《指环王 3：国王归来》（*The Lord of the Rings：The Return of the King*，2003）

3. 《加勒比海盗 2：聚魂棺》 （*Pirates of the Caribbean：Dead Man's Chest*，2006）

4. 《蝙蝠侠：黑暗骑士》（*The Dark Knight*，2008）

5. 《哈利·波特和魔法石》 （*Harry Potter and the Philosopher's Stone*，2001）

6. 《加勒比海盗 3：世界的尽头》（*Pirates of the Caribbean：At World's End*，2007）

7. 《哈利·波特和凤凰社》（*Harry Potter and the Order of the Phoenix*，2007）

8. 《哈利·波特和混血王子》 （*Harry Potter and the Half-Blood Prince*，2009）

9. 《指环王 2：双塔奇兵》（*The Lord of the Rings：The Two Towers*，2002）

10. 《怪物史莱克 2》（*Shrek 2*，2004）

我们可以看到，20 世纪 80 年代以来复兴的肌肉硬汉形象并不属于最受欢迎的行列，施瓦辛格、史泰龙的电影无一进入前十的行列。施瓦辛格影片的最好成绩是 20 世纪 90 年代卖座片第十一位《终结者 2：审判日》。当然，我们还可以看到，女性题材没有丝毫优势，男性英雄仍统治电影市场，但这些男性，并不是肌肉男或糙爷们。"星球大战"系列的主角是年轻的绝地武士，他不依靠枪支和肌肉，而是用激光剑和原力——一种类似于中国气功的精神力量——来战斗。"夺宝奇兵"系列和"侏罗纪公园"系列的主角是身体健康并有运动天分的大学教授（知识分子）。《指环王》系列的主角是不善打斗、身材矮小的霍比特人。"加勒比海盗"的第一主角是一个涂眼影的娘娘腔男人。除了《蝙蝠侠》的主角仍具有强烈男性气质外，其他最受欢迎影片都体现出一种温和的男性气质——夹杂了阴柔的阳刚。这些影片对男性气质的削弱，非但没有减少它们的保守主义意识形态含量，相反，它们更加是保守主义的，而且越保守主义越受欢迎，比如"星球大战"系列和"夺宝奇兵"系列，它们以对《圣经》故事的模仿和改写竟纵横全球三十余年。所以，尽管保守主义文化复兴时召唤出了男性气质极强的肌肉硬汉，但它最有效最得力的代言者，是遵循伦理原则的新型硬汉。

（一）家庭、爱情、父子关系

我们需要看到，主流意识形态真正肯定的男性类型，是那些强调传统家庭价值、弘扬基督教式一夫一妻制专一爱情并且肯定了父权制下父子传承关系的男子。男性气质，有些时候能与这些相结合，如在施瓦辛格主演的电影里，有些时候却与这些毫不沾边，如在寇特·罗素饰演的"蛇王"身上。所以 20 世纪 80 年代以来最受欢迎的男子所具有的，是符合父权制伦理的内在的隐形的心灵上男性气质，它类似传统文化中所说的"君子""绅士""男子汉"等。然而，我们知道，这种家庭、爱情和父子关系，既不是亘古不变的，也不是全球划一的，它只是在当前这个时代随着西方文明在全球化过程中取得统治地位，而暂时地显示出了某种"普适性"。正是这种看似真理的"普适性"，使得保守主义意识形态在 20 世纪 80 年代以后席卷全球，取得了各方面的胜利。

我们先来看看最经久不衰的"星球大战"系列电影。罗纳德·里根在 1983 年提出与影片同名的"星球大战"计划，并通过这一计划给了苏联最后一击，这不是偶然的。选择这个名称并不是仅仅因为影片大受欢迎，更是因为影片的剧情就是对现实的隐喻。《星球大战》远古银河系世界中的反方势力"帝国"和正方势力"共和国"，反方士兵"克隆人军团"和正方士兵"共和国游击队",反方武器的颜色红色和正方武器的颜色蓝色,反方纪律严明的军事化管理和正方自由松散的组织形式……所有这些,无一不充满着冷战色彩,均有具体所指。而"星球大战"系列中的混乱与秩序,全都与亲缘关系紧密相连。最受赞誉的《星球大战2:帝国反击战》为影史写下了一个经典段落,即大反派黑武士对男主角卢克说:"我是你父亲。"并紧接着挥剑砍断儿子的手(一次象征性的阉割)。在头三部"星球大战"影片①中,银河系政治、军事、社会的混乱状态与男主角卢克不明自己亲缘关系的状态互为隐喻,前两集卢克找到了父亲(包括象征性父亲师傅和生父黑武士),最后一集他则接续了母亲血缘一脉,并与亲妹妹相认,更重要的是在最后一集中,黑武士在最后一刻悔过,二人修复、重建了父子关系。银河系秩序的重建与卢克家庭关系的重建是同步的。并且卢克一直在修补由他父亲破坏的绝地武士中的师徒关系(父子关系的一种变体)。在1999年开始上映的三部前传作品中,我们看到黑武士(他没有生父,和耶稣一样是处女怀胎所生)的"堕落"始于其母亲的意外死亡,之后他与公主的婚姻关系也走向终点,整个银河系陷入混战和帝国独裁的黑暗时代,也就是说,整个宇宙的危难全由一个家庭的破碎而引起的。齐泽克指出,"星球大战"系列电影中的"新右派道德观",意在"要求观众回归童真,以此对抗六七十年代的玩世不恭"②。且不论乔治·卢卡斯(George Lucas)编写的剧本多么离谱和不可信,这样一个将《圣经》元素和新保守主义相混合的系列文化产品竟然称霸世界四十年,足见其挠到了社会大众们集体无意识的痒穴。

"夺宝奇兵"系列电影的保守主义色彩,比《星球大战》更强。除了新千年出品的第四部,前三部并无冷战色彩,而是陷在"二战"

---

① 前传三部曲问世后被命名为第四、第五、第六部。

② [斯洛文尼亚]斯拉沃热·齐泽克:《幻想的瘟疫》,胡雨谭等译,江苏人民出版社2006年版,第90—91页。

时代的反纳粹情结中。考虑到斯皮尔伯格的犹太人身份，这种设置我们从感情上可以理解。每一部的结尾，都有一次末日审判式的神迹，是由神（第四部里为外星人）而不是人来行使善恶奖惩。这里的原教旨主义色彩已然无与伦比了。而随着故事的进行，导演所设想的圆满结局状态，也无一例外地走向了家庭重建（尤其是父子关系重建），这在第三和第四部中被完成了两次。一边是十字军东征时代的传说被印证，一边是现代的家庭关系重建，大家可以很容易地看到其中的意识形态关联。

家庭、爱情和父子关系的重建，其中的终点是父子关系重建，起点为家庭破碎，爱情是媒介。我们可以看到，20 世纪 80 年代最卖座影片《ET 外星人》，故事始于父母离异，男孩后来的孤僻和忧郁都因此造成，外星人所修复的就是家庭离异对儿童造成的心理创伤。20 世纪 90 年代最卖座影片《泰坦尼克号》，女主角也身处一个没落的单亲家庭，所有的冲突都围绕她是否要与一个她不爱的人建立一个家庭而展开，所肯定的，是有爱才能有婚姻的基督教伦理。2000 以后最受欢迎的几个电影系列，无不始于家庭破碎，《哈利·波特》开始于父母双亡，《蜘蛛侠》开始于父母双亡的男孩目击叔叔死亡，《加勒比海盗》开始于男子传承失踪父亲的血统和女子背叛家庭外出逃婚，《蝙蝠侠》始于父母双亡，《狮子王》始于父亲被杀……等等。家庭破碎会造成心灵创伤，这也许是一个现实。但是以修复家庭破碎的方法重建父权制伦理关系，则是保守主义的思路了。事实证明，这种最通俗最传统的家庭价值是最受欢迎的。而保守主义意识形态对破碎家庭的定义，我们必须指出，除却父母双亡的家庭被描述为破碎家庭外，只有缺少男性主人的家庭才被表现成破碎家庭，缺少母亲则不是特别重要，母亲不是必需品。唯一必要的女人，是妻子（或爱人），在大量通俗叙事里，失去爱人的英雄会陷入一段低潮期或彻底堕落，这一不正常状态通过找到妻子的替代品而被治愈。

不是只有左翼意识形态才有乌托邦，传统家庭价值正是右翼意识形态的乌托邦。所有这些影片和其他文艺作品中的家庭、爱情和父子关系，看上去都是可以轻易达到的，然而现实根本不是这样。不论美国的现实还是其他地区的现实，实际存在的伦理状况既复杂又距理想甚远。传统家庭这个保守主义乌托邦，显然比均贫富的大同世界更吸引人，它似乎是每一个人都唾手可得的，而且被表现成天伦之乐的极致。《窈窕奶爸》（*Mrs. Doubtfire*，1993）这样的离奇电影并不能降低离婚率；《虎胆龙威》前两部中男主角的不离婚努力甚至在后面的续集中都被宣告失败；给 007 拍个受了情伤的《皇家赌场》（*Casino Royale*，2006）也洗不掉他的风流本性；《阿凡达》离谱到去母系社会去寻基督教式人道主义，现实中也只能是一场空。但它终究是有用的，就像关于未来乌托邦的承诺有用一样，对这种传统父权制伦理的坚持，也就是保守主义在 20 世纪 80 年代以后无往不利的一大法宝。

（二）"虎胆龙威"——坚不可摧的家庭价值

自 1988 年到 2013 年，布鲁斯·威利斯连续主演了五部"虎胆龙威"电影，他用一个非传统警察的形象肩负起维护美国传统家庭价值的重任。这个系列从第一部开始就与罗德里克·索普（Roderick Thorp）的原著《世无定事》（*Nothing Lasts Forever*，1979）拉开了距离，不仅改换了标题，连男主角乔·利兰（Joe Leland）都被换成了约翰·麦克莱恩。影片中借角色的对话明示观众，"约翰·麦克莱恩"这个名字是对 20 世纪 30 至 60 年代那个西部片男明星约翰·韦恩的致敬。这个永不言败、特立独行的握着手枪的角色，就是 20 世纪中叶第二次浪潮爆发前那种美国真男人的还魂。

"你是个出现在错误的时间和错误的地点的错误的家伙。"错误的时间（wrong time）——20 世纪 80 年代，错误的地点（wrong place）——现代美国，错误的家伙（wrong guy）——老派硬汉。《虎胆龙威》第一部里的这句台词颇有深意。更有深意的是影片在角色设置上对小说原著的创新改造。编剧杰布·斯图尔特（Jeb Stuart）

常津津乐道他编写的故事开头：他有天晚上回家很晚，跟妻子吵了一架。他知道妻子要求他顾家没错，但他的固执令他没有在出门时道歉。行驶在高速路上的他差点出了车祸，使他忽然意识到自己正着手的剧本应是关于一个 35 岁的男人该向妻子道歉的故事。这部电影之所以远比小说原著成功，原因可能正在与它是个插有警匪动作情结的家庭伦理戏，而不仅仅是要讲劫持摩天大厦的故事。

《虎胆龙威》第一部作为整个系列的源头和基础，拥有着极其耐人寻味的一个开篇：驰骋商界的女强人妻子独自闯荡洛杉矶，受雇于威胁着美国经济霸权的日本企业，身边围着一位充满时尚感的商业精英追求者。这是女性主义运动里所倡导的那种新女性，她为了实现个人的成功，把一儿一女留在远方，将旧式的家庭妇女责任抛在了脑后，甚至在公司的员工名册里去掉了自己丈夫的姓氏。男主角约翰·麦克莱恩在一出场就与身边环境格格不入，环境带来的疏离感处处告诉观众：这个人来自别处——并不简单地是从纽约到洛杉矶的空间距离，也包含从过去到现在的时间距离——他是个老派的男人。他们一见面就吵了起来，由头是二人对家庭价值的理解不同。然后那些自称"恐怖分子"的劫匪们出现了，与其说他们的功能是延宕了主角夫妻和解的时间，不如说他们是来调停家庭矛盾的。劫匪们的功能是干掉了那些威胁到美国价值的不配做男人的男人们——女主角的日本上司和缺乏男子气的废物同事，并凸显出男主角约翰·麦克莱恩才是美国男人的典范——他们用自己一遍遍的失败来使女主角重新爱上约翰·麦克莱恩，用己方对金钱的贪婪来反差出对方夫妻间爱情的无价。在影片的结尾处，劫后余生的男主角向别人介绍他的妻子时，女主角主动搭话将自己的姓氏改回了夫姓。"你好，荷莉。你找了个好男人。你要好好照顾她。"那人说道。

"虎胆龙威"系列起源于传统家庭价值对于女性主义第二次浪潮的焦虑式回应，它怀旧地想唤回那种老派硬汉形象，让他充当模范的丈夫和父亲。除了第三部是在修复美国的族裔关系，约翰·麦克莱恩在二十五年里主要的努力是做一个好丈夫（第一部和第二部）及做一个好父亲（第四部和第五部）。那些丧失理想的、唯利是图的"恐怖分子"，或家庭破碎，或无视伦理，扮演着约翰·麦克莱恩这位真汉子的对立面，极力以自己的反例告诉观众什么才是范例。当第三部和第四部的两个反派男头目选择了具有男性气质的打女为伴侣，当第五部里的反派父女档对阵男主角的正统父子档时，对传统性别观的僭越和在家庭价值上的缺陷早已经注定了他们的失败。即便是家庭伦理感最弱的第三部，结尾处仍是约翰·麦克莱恩拨通了妻子的电话，意图修复婚姻。第五部结尾他对儿子说的话简洁明了地道出了主旨："小约翰·麦克莱恩，你可别忘了，我是你的父亲，对你的父亲多点尊重吧。"没错，对父权多点尊重吧，这就是这个系列影片用二十五年的时间试图说服观众的。

（三）新世纪漫画英雄

前面我们已经看到，在巩固男性气质和传统性别关系的保守主义复兴过程中，肌肉身体的重要性逐渐被伦理原则所取代。这一事实表明，身体形象对于性别气质来说，逐渐沦为次要的陪衬品。究其原因，一是与第二次浪潮后由性别气质标准的不断改变而造成的不确定性、不稳定性有关，二是医学手段的进步和发达导致身体形态改变成为十分容易的事。在这样一个大的时代背景下，在 21 世纪初，漫画英雄成为最核心的硬汉类型。

所谓"漫画英雄"，它对应的英文概念为"superhero"，直译应为"超级英雄"，但是究其文化内涵，"漫画英雄"这一中文概念也许更为合适。不论是否有漫画底本，所有可以称之为"超级英雄"的角色类型都是漫画（comic）化和漫画式的，并且其鼻祖和起源均为《超人》（Superman）这一漫画。而且，在英文中，"comic book hero"这一说法同样存在，为"superhero"的另一表达形式。

漫画英雄这种角色类型，广泛存在于欧美与日本大众文化中，但是在华人文化中并不常见。日本的所谓"特摄"片中的主角们，如国人所熟知的《奥特曼》（*Ultraman*）、《恐龙特级克塞号》（恐竜戦隊コセイドン，1978）等，也属于漫画英雄的一种类型，是日本本土化的漫画英雄。在华人大众文化中，尽管也有许多漫画作品，但突出的漫画英雄却不多，因为武侠文化在华人漫画作品中占绝对统治地位，没有给华人的漫画英雄发明留下空间。徐克的《黑侠》（1996）可以看作中国漫画英雄最成功和最著名的代表，但是考虑到徐克的美国留学背景，以及"黑侠"系列对美国电视剧《青蜂侠》的360度大抄袭，黑侠只能被视作一个特例。还有一些港片如杨丽菁主演的《超级女警》（1992）和陈木胜导演的《全城戒备》（2010）等，在模仿美式漫画英雄电影时处处显出水土不服的症状。另一些香港漫画改编的电影如《财叔之横扫千军》（1991）和《风云》（1998）等，其漫画原作和影视翻拍版都只是武侠题材的作品，主要角色并不符合漫画英雄的标准。在连印度都热衷于拍摄漫画英雄电影的今日，中国没有产生什么像样的漫画英雄，究其原因，大概有三点：一是这一类型与传统武侠有过多重合处，中国人对它没有迫切需求；二是这一类型影视的特效制作成本高，我国电影的制作规模负担不起；三是这一类型作品多为当代题材，人民警察已经替漫画英雄们抓光一切坏人了，当代中国不需要他们。

21世纪漫画英雄文化的复兴，是在2000年的《X战警》和2002年的《蜘蛛侠》上映后。此前的1997年，《蝙蝠侠与罗宾》票房惨败，几乎给这一没落的影片类型画上了句号。《X战警》重新点燃了漫画英雄电影翻拍的风潮，此后的十年中，漫画英雄电影成为每年暑期档最重量级的票房炸弹之一，制作成本也不断上涨。"X战警"系列带来的最大改变，是这一类型影视在风格上的写实化，之后由克里斯托弗·诺兰（Christopher Nolan）导演的新版"蝙蝠侠"系列电影也告别了蒂姆·伯顿（Tim Burton）时代的卡通化风格。漫威影业十年来的"复仇者"（*The Avengers*）系列电影《钢铁侠》（*Iron Man*，2008）、《美国队长》（*Captain America：The First Avenger*，

2011）等，更是偶有抹除现实与幻想界限的野心，力图使作品看上去像是真的发生过的"历史"一般。写实化是对 21 世纪漫画英雄新风潮的最重要要求之一，没能摆脱旧作阴影的电影《超人归来》（*Superman Returns*，2006）就不很成功，相反，几乎另起炉灶的电视剧《超人前传》（*Smallville*，2001—2010）却更受欢迎。

　　漫画英雄这一角色类型，具有这样的特征，即身体、能力与伦理选择这三者的分离。在 20 世纪 80 年代的肌肉硬汉类型身上，这三者是紧密结合的。到了 90 年代，在由哈里森·福特饰演的一系列角色——如《亡命天涯》（*The Fugitive*，1993）里的医生和《空军一号》里的美国总统——身上，身体与能力已经分离，一个没有多少肌肉的人同样可以依靠智慧取胜，但能力与伦理并未分离。到了 21 世纪，漫画英雄们与恶棍的唯一区别只剩下伦理选择。《X 战警》系列从始至终都在探讨这一问题。影片中的正派和反派在超能力上是不相上下的，他们甚至属于同一人种，他们的分歧仅在于如何改良世界。在新时代的漫画英雄电影里，这种在两个能力相当或相同者之间展开的斗争已成为一个惯例，《美国队长》里队长与红骷髅注射的是同一种血清，《钢铁侠》里决战时双方都身着钢铁战衣，《雷神》（*Thor*，2011）里托尔与洛基为一对兄弟……。在各种超能力包装下，真正的超能力，被秘密地表现为伦理选择。在能力相等或稍逊时，英雄能战胜恶棍，这完全是为了凸显英雄的道德立场具有不可战胜性。

　　伦理选择作为一种新的"超能力"，它的不可战胜性在三部关于漫画英雄的非漫画英雄电影里达到了极致，它们是《保卫者》（*Defendor*，2009）、《海扁王》（*Kick-Ass*，2010）和《超级英雄》（*Super*，2010）。这三部电影的共同点在于主角都是完全没有超能力的普通人，他们都在一种精神病妄想狂式行侠仗义欲望的驱使下，模仿超级英雄的所作所为，最后在其偏执狂似的对道德原则的坚守中战胜了穷凶极恶的敌人。难道其他漫画英雄类作品对观众的暗示还显得不够吗？这三部影片公开号召观众去"当"英雄，而且图绘了一幅不需要任何超能力便可拯救世界的幻想画。

除了把身体、能力和伦理选择相分离外，漫画英雄并不比20世纪90年代的平民英雄和80年代的肌肉猛男有任何革命性的变化。我们看到绝大多数漫画英雄都严格遵守父权制伦理，既不是同性恋①，也不是浪荡子②。而且它确实代表一种男性文化，不仅在于作品中的女人都符合男性审美，还在于《神奇女侠》（*Wonder Woman*，2017）之前的所有女性漫画英雄电影无一例外的失败了，如《猫女》（*Catwoman*，2004）、《魔力女战士》（*Æon Flux*，2005）、《艾丽卡》（*Elektra*，2005）等。漫画英雄文化的风靡，使得男性气质与父权制道德完全等同起来，使得保守主义意识形态灌输成为更加容易的事，它制造一种幻象，即只要遵循父权制道德，就一定可以获得父权制向男性允诺的一切——能力（权力）、地位和女人。

（四）漫威十年里的伦理焦虑

与DC漫画英雄电影里蝙蝠侠一遍遍目睹父母被杀、超人一遍遍聆听父亲大他者的教诲及《蝙蝠侠大战超人》中二人离谱地因母亲同名而化干戈为玉帛不同，漫威电影宇宙十年里的伦理说教意味从表面上看去要淡得多。

2008年上映的《钢铁侠》是一个具有迷惑性的起点，我们一开始看到的是一个玩世不恭的浪荡子，在删减片段里他甚至与两名女性同时共度良宵。可是随着整个漫威宇宙的故事推进，这个几度垂死的男人开始重新思考人生的意义，他把他父亲的遗产方舟反应炉安装在了心脏的旁边以维持生命，他逐渐浪子回头地承担起他父亲曾经承担过的责任，他向女友求婚以准备进入主流意识形态的家庭生活，并在少年蜘蛛侠面前扮演起类似父亲的角色。复仇者联盟组

---

① 特例为日本动画片《老虎和兔子》（*TIGER & BUNNY*，2011）。

② 特例为美国电影《汉考克》（*Hancock*，2008）。

建前的四部独立电影，其保守意识远高于观众的想象，钢铁侠、绿巨人、美国队长和雷神，分别为大资本家、知识精英、美国军方和王室贵族——全是统治阶级的代表，看似多元、包容，实则守旧、固执。貌似宏大的宇宙设计，自始至终都没有跳脱冷战时代的妄想和政治正确的暧昧。2008—2018 年的十年间，漫威宇宙最最陈腐的便是关于父亲身份的伦理焦虑。

象征性阳具的获得和如何做父亲的问题在过去的十年中始终缠绕在漫威宇宙的每一条枝节上。父辈或已逝去或正倒下，但他们的教诲和遗产却总要被英雄们传承。钢铁侠胸前的反应炉、雷神手中的锤子、美国队长的盾牌、蚁人的战服、星爵的能力、黑豹的身份……在这个假装很有想象力的虚构世界里，所谓的超级英雄，就是那些继承了父亲的象征性阳具的男人们。这个贤父传孝子的菲勒斯并不是简单的道具或技能，而是伦理和信念，是意识形态。为了让观众看清这一点，英雄们总是与具有相同超能力的对手较量，且他们总能获胜。反派常常是那些反抗父权的革命者——异端，他们违抗了父辈们的意志，在不被许可的情况下去争取权力——他们自己的 superpower。然而只有得到了大他者授权的人，才是英雄。雷神之所以能战胜想当女王的亲姐姐，大概因为他继承了父亲的独眼——缺陷，象征性阉割——根据弗洛伊德的理论，没有阳具的女性因无法被象征性阉割而不能发展出完善的超我，于是具有心灵上的缺陷。那些不合格的父亲们，不是反派的爹［《钢铁侠 2》（*Iron Man 2*），2010；《黑豹》（*Black Panther*），2018］，就是当爹的反派，是邪恶的头号大敌［《蜘蛛侠：英雄归来》（*Spider-Man：Homecoming*），2017；《银河护卫队 2》（*Guardians of the Galaxy Vol.2*），2017］。那些走马灯似的在银幕上来去匆匆的少数族裔角色和女性角色，无法改变漫威用十年时间在教人们怎么当爹、如何尽孝的事实。《复仇者联盟 3：无限战争》（*Avengers：Infinity War*，2018）拍得上天入地，其实质却只是一众传承父业的孝子贤孙与杀害养女的恶劣爸爸之间的战斗。是什么样的人才会天真地以为整个浩瀚宇宙都遵循着双性繁殖的异性恋父权制伦理呢？这究竟是艺术的科幻，还是现实的魔幻？

第　四　章

酷儿文化的兴起

第一节　同性恋运动与酷儿理论

一　名词的发明

"同性恋""酷儿"和"变性"等名词，不论在英语、汉语还是其他语言中，都是新近出现的概念。

学术术语"同性恋"，即英文 homosexuality 一词，最早是在1869 年由匈牙利医生卡罗利·班科特（Karoly Benkert）创造的。尽管它诞生于 19 世纪，但直到 20 世纪 30 年代，这个概念才代替了"性变态"（sexual inversion）一词被广泛使用。这一概念的使用，标志着学界和主流社会逐渐将同性恋视作一种心理事实，而不是"非正常"的性行为。这里的"非正常"性行为，多指 sodomy 或 buggery，这两个词的意译为"鸡奸"和"兽奸"，然其词源分别为"索多玛"和"保加利亚人"，结合西欧的历史文化，可以看出其浓郁的基督教色彩。学术语言中的男同性恋和女同性恋分别为 male sexuality 和 female sexuality，但是自 20 世纪 70 年代末以来，同性恋人群自己更爱用 gay 来称男同性恋，用 lesbian 称女同性恋，前者有时可以兼指后者。① 这两个概念，用 gay 指男同性恋可追溯到 13 世纪，此词的本意为快乐的，lesbian 则可追溯到公元前 600 年的女诗人萨福，因她居住在 Lesbos 岛上。② 中文里的"同性恋"一词，有些笼统，包含了许多种不同的西方名词，不过其表意还是比较准确的，且化繁为简。近年也有学者主张用中文"同性爱"一词代替"同性恋"，不仅因为"爱"比"恋"显得更精神化，近魂远肉（"恋"字有时会让人想到"癖"），还因为"同性爱"为 1926 年 homosexuality 的中文首译，比"同性恋"更早。③ 鉴于"同性恋"一词流传更广，基本上算是当下的通用术语，所以本书采用"同性恋"而不取"同性爱"。

"双性恋"，英文 bisexuality，最早出现于 1804 年，起初意为"双性的"，在医学上的雌雄同体和植物学的雌雄同株研究中使用，如今用来指性取向和性活动对象不限于一种性别的情况，与之对立的概念为"单性恋"（monosexuality）。④ 据研究，大部分人（尤其是同性恋者）实际上为双性恋者，即便没有双性的性行为实践，多数人对异性和同性的兴趣都有明显重叠。⑤ 性学家金赛设计有一个异性恋—同性恋等级量表，共 7 个等级，处于第 6 级上的为绝对同性恋者，处于第 0 级上的为绝对异性恋者，中间五个等级表示不同程度的"双性恋"倾向。这个表的发明，说明不少人的异性恋或同性恋取向并非表面上看上去那么明确而绝对。

---

① ［美］贺兰特·凯查杜里安：《性学观止》，胡颖翀等译，世界图书出版公司 2009 年版，第 378—379 页。

② ［美］珍妮特·S. 海德、［美］约翰·D. 德拉马特：《人类的性存在（第 8 版）》，贺岭峰等译，上海社会科学院出版社 2005 年版，第 417 页。

③ 张北川：《同性爱相关理论与中国现实》，载高燕凝主编《同性恋健康干预》，复旦大学出版社 2006 年版，第 37 页。

④ ［美］梅尔·斯托：《双性恋》，载［美］谢丽斯·克拉玛雷等编《路特里奇国际妇女百科全书》，国际妇女百科全书课题组译，高等教育出版社 2007 年版，第 68 页。

⑤ ［美］贺兰特·凯查杜里安：《性学观止》，胡颖翀等译，世界图书出版公司 2009 年版，第 379 页。

　　女同性恋、男同性恋和双性恋，这三者均属于性取向，所以常被用 LGB 这一由 lesbian、gay 和 bisexuality 缩写而成的词来表示。然而最常用的缩写组合为 LGBT，这最后的 T，是 trans 的缩写。trans又是 transgender 的缩写，这个概念有两种最常见的中文译法，一为"跨性别"，一为"变性"，本书采用前一种。

　　"跨性别"，transgender，在 20 世纪 90 年代中期开始被广泛使用，它不用于 LGB，它不是一种性别取向，而是一种性别身份（或称"性别角色"）认同。它包含各种变性（transexual）、雌雄同体（intersex，俗称"阴阳人"）、易装（transvestite）和其他跨性别欲望或活动。以是否做改变生理性别的变性手术为标尺，可将跨性别者分为三大类型，手术前（preop）、手术后（postop）和不做手术（no-op）。它与男性身份、女性身份处于同一个话语层面，均属于性别身份认同，跨性别者既可以是同性恋也可以是异性恋，既可以是双性恋也可以是单性恋。它之所以常与 LGB 连用，写作 LGBT，因为他们同属于性/性别问题上的少数人群。

　　LGBTQ（或 GLBTQ）和 LGBTI 是两种流传不那么广泛的缩写词，前者中的 Q 是"酷儿"（queer）或性问题存疑人士（questioning）的缩写，后者中的 I 是"阴阳人"（intersex）的缩写。这两个提法之所以不够流行，是因为"酷儿"概念本身更加广泛，可包含LGBT，而阴阳人不仅人数较少，而且如前所述，常常被包含进 T（跨性别）中。

　　"酷儿"（中文亦有译为"怪异"的），英文 queer 一词，原是主流社会对同性恋者的一种蔑称，在 20 世纪 90 年代初期，随着酷儿理论（queer theory）的出现，这个词具有了正面意义。据李银河博士说："'酷儿'这一概念指的是在文化中所有的非常态（nonstraight）的表达方式。这一范畴既包括男同性恋、女同性恋和双性恋的立场，也包括所有其他潜在的、不可归类的非常态立场。"① 这里的"非常态"nonstraight，对应的反义词是 straight，中文俗称"直人"，指的是性别气质特征、性别角色认同都"正常"的异性恋者，也就是说除去直人以外的所有"弯人"，均可称作"酷儿"。

二　运动的发生

（一）1980 年以前的同性恋解放运动

同性恋运动在一些国家和地区从未发生过，它主要发生在欧美发达资本主义国家。造成这一状况的原因有许多，但我们不能忽略经济发达与城市发展的大背景，同性恋运动代表人物之一盖伊·奥克汉姆（Guy Hocquenghem）曾说："到 18 世纪初有一种城市现代文化逐步形成，这就是同性恋。那时，伦敦出现了反常性行为的秘密俱乐部，有他们自己的活动地点，有自己的行规……一直要到 19 世纪末，这种性倒错的行为方式才被其他人士所认识，才第一次被医生、法学家、政治人物所接受，性关系的异端从此成为社会现象。总之，同性恋的产生，源于现代都市的发展和性心理知识的出现。"② 读这段话的中国读者可能会产生疑问，古代不早就有中国的"断袖"、日本的"众道"和古希腊的同性性行为了嘛，怎么同性恋会是现代都市发展的结果呢？前文已述，"同性恋"（homosexuality）概念诞生于 19 世纪末并直到 1930 年才广为人知，我们需要认识到，20 世纪以来的同性恋文化是一种新兴的文化，它不能完全等同于古代的同性恋与同性性行为，尤其是男男性行为（MSM—men who have sex with men）。

同性恋运动的第一个高峰是 20 世纪 20 年代，以德国的柏林、英国的伦敦和法国的巴黎为中心。柏林之所以会成为 20 年代的同性

① 李银河编译：《酷儿理论》，文化艺术出版社 2003 年版，第 1 页。
② ［法］让·勒比图：《不该被遗忘的人们："二战"时期欧洲的同性恋者》，邵济源译，中国人民大学出版社 2007 年版，第 8 页。

恋运动重镇，是因为德国的同性恋文化在 19 世纪 90 年代就已生根发芽，至 1920 年时已成气候。德国同性恋者自 1890 年就致力于引起公众关注，主张废除德国刑法中惩罚男男性行为的条款。德国学者马格努斯·希尔施费尔德（Magnus Hirschfeld）在 1897 年就创建了人道主义科学委员会（Scientific Humanitarian Committee），多年来一直致力于同性恋权利斗争和同性恋理论建设，1921—1932 年，希尔施费尔德相继发起了五次世界性的同性恋大会，组建类似共产国际的世界性改革联盟（World League for Sexual Reform）。德国的同性恋杂志和同性恋酒吧也不断增加，尤其同性恋酒吧增长迅猛，柏林在 1900 年有 30 家同性恋酒吧，到 1933 年已增至 130 家，比巴黎现在的还多。① 德国的同性恋组织数量在当时也相当可观。英国的同性恋运动总体上是对德国运动的模仿，但它却具有软弱性和改良主义特点。英国同性恋运动的代表人物是空想社会主义者爱德华·卡彭特（Edward Carpenter），他的性改良主义从属于其关于全人类解放的空想社会主义宏大叙事，他于 1914 年被任命为英国当时唯一的同性恋运动组织英国性心理学会（BSSP）主席。BSSP 没有进行激进斗争，它的唯一成就是"在困难的环境中讨论同性恋问题，领导持续的行动"，或者说，它的存在本身就是一种成就。② 法国的同性恋运动不结成组织，是个人主义的，它与普鲁斯特（Marcel Proust）、纪德（André Gide）这样一些作家的名字紧密相连，也与巴黎声色之都的地位密不可分。

第一次同性恋运动会在 20 世纪 20 年代爆发大致有三大原因。一是 19 世纪末以来主流社会持续地对同性恋者的恐惧、歧视和打压，它具体表现为一系列小报丑闻、刑法迫害和反同性恋游行。这

① ［法］让·勒比图：《不该被遗忘的人们："二战"时期欧洲的同性恋者》，邵济源译，中国人民大学出版社 2007 年版，第 8 页。

② ［法］弗朗洛斯·塔玛涅：《欧洲同性恋史》，周莽译，商务印书馆 2009 年版，第 113—114 页。

种镇压激起了反抗，德国和英国的同性恋者之所以组织起来，就是因为受到压迫，相反，法国的法律和舆论相对宽容，所以法国的同性恋运动是个人主义的无组织的。二是第一次世界大战造成的冲击，据说"一战"大大促进了同性恋情感的发展。"战争使男人们在极度危险中靠近，所以也是同性恋友谊发展的适宜土壤。基于此，战争是使同性恋变得平常的一个有力因素。战争审美很大程度上依靠同性爱慕，通过展现雄性美、强调雄性特色来重新创造一个理想的男性社会。"不仅对男性，战争也向女性同性恋者提供了意想不到的天地，使她们获得不依附男性的工作机会，有了不嫁人生子也能独立生活的可能。"一战"还改变了公众偏见中同性恋者即是娘娘腔的偏见。"因此，第一次世界大战使一些阶层中男性和女性隐藏的同性恋情感得见天日，驳斥了认为同性恋即堕落的偏见。"① 三是战后的享乐主义文化大发展。"一战"对全体人类造成的心灵冲击相当严重，"一种幸存者道德替代了主导的伦理价值，享受高于牺牲精神"②，战后西欧文化笼罩在一种肉体享乐的颓废主义氛围中。不管怎么说，20 世纪 20 年代的同性恋文化与大都市夜生活及男性卖淫行为有着极其重要的联系，这一时期的同性恋文化发展与性纵欲难解难分。

随着 20 世纪 30 年代的到来，尤其是 1933 年纳粹掌权以后，20 年代的第一次同性恋运动宣告结束。希特勒掌权后在德国对同性恋者实施了残暴的镇压，其中最残忍的莫过于准许通过生殖器阉割来"教育""治疗"同性恋者。③ 英国和法国的情况没有纳粹德国那般极端，但同性恋也遭到了压制，20 世纪 20 年代的黄金时代宣告结束。

---

① ［法］弗朗洛斯·塔玛涅：《欧洲同性恋史》，周莽译，商务印书馆 2009 年版，第 28—32 页。

② 同上书，第 33 页。

③ 同上书，第 490 页。

同性恋运动的第二个高峰是在 20 世纪 60 至 70 年代，它汇入了当时的左翼思潮，并且和女性主义第二次浪潮、黑人民权运动并肩同行。这一次的同性恋运动有着鲜明的人权运动色彩，它的诉求主要集中在反歧视和要求平等公民权上，这一点与当时的女性和有色人种是相同的。这一次美国引领了解放潮流，60 年代有相当多的同性恋组织在美国相继成立，而 1969 年发生在纽约的"石墙"酒吧暴乱则相当于同性恋运动史上的"五月风暴"。1969 年 6 月底，纽约格林威治镇的同性恋者因遭到警察骚扰而发起了暴乱，这是历史上第一次公开的、群体性的同性恋反抗。"石墙"酒吧暴乱发生的时间是一个拐点，1968 年法国"五月风暴"中的同性恋游行，1968—1969 年西德和东德相继修改法律允许成年男子间自愿的性行为，1970 年英国同性恋解放阵线（Gay Liberation Front）成立等，这些重大事件在短时间内连续发生。在此之后，经过整个 70 年代的斗争，同性恋者的地位、权利以及被接受程度都大大提高了。

（二）1980 年以来的危机与分裂

20 世纪 80 年代的保守主义复兴迎头打击了同性恋文化的发展势头，而艾滋病的出现为保守主义打击同性恋提供了重要支持。据盖洛普民意调查（Gallop Poll），1977 年赞成同性恋关系合法化的受访者高达 43%，而到了 1986 年却降低为 33%，而认为同性间性关系不应该合法化的人数比例则从 43% 上升到 54%。[1] 不只是外界的压力增强，艾滋病也使同性恋者对自己的行为有所"收敛"，1987 年的一项调查显示，自从社会公众对艾滋病有所警惕后，男同性恋者的性活动减少了 78%。[2] 在同性恋问题上，保守主义与自由主义的斗争也愈发激烈，截至 1986 年，美国有 36 个州允许成年人私下的同性间性行为，另有 24 个州仍然坚持同性间性行为属于非法。1982

---

① ［美］贺兰特·凯查杜里安：《性学观止》，胡颖翀等译，世界图书出版公司 2009 年版，第 711 页。

② 同上书，第 386 页。

年美国发生了一起因男性间性行为而逮捕一名男同性恋的案件，1986 年联邦最高法院以 5：4 的比例认定禁止鸡奸的法律合乎美国宪法，而民意调查显示 51% 的美国人支持联邦最高法院的决议。这是 80 年代保守主义在反同性恋战役上的一次重大胜利，也是同性恋运动的一个严重挫折。保守主义在 80 年代最成功之处，就是把艾滋病包装成为一种因道德缺陷而引发的绝症，这一致命的传染病变作保守主义对抗性解放和同性恋解放潮流的撒手锏，并且这一策略卓有成效。

　　与女性主义在 20 世纪 80 年代的分裂一样，同性恋运动在 80 年代也经历了分裂，所谓的分裂实际上就是共同行动体的分解。宏观来看，人权运动的联合体分裂了，女性主义运动、同性恋运动与黑人民权运动逐渐各自为政，它们不再团结，也（暂时）不需要团结了。同性恋运动内部，也细化为更多的团体，男同性恋、女同性恋与双性恋等慢慢走向相对独立。分裂的原因是其内部无法彻底消除的矛盾：比如女同性恋主义（Lesbianism）分子与女性主义运动中的异性恋妇女存在矛盾，并且其最激进的观点甚至反对与男性的性行为①；而双性恋者在 80 年代受到了异性恋与同性恋者的双重歧视，他们被与性滥交及感情不负责任画上等号，并被视作扩大艾滋病传播的罪魁之一，这些压制反而引发 90 年代的双性恋"复兴"②；而男同性恋因其深层的男权意识和男性统治起源，也始终与女同性恋及女性主义处在一种紧张的关系中，它并不能百分百地做到与女性"合作"。同时我们发现，几乎不可能存在消除一切隔阂的共同体，种族、性别与阶级等因素无时不在分化临时组成的各种同盟。在 70

---

　　① ［美］伦蒂·布里斯通：《女性主义：女同性恋》，载［美］谢丽斯·克拉玛雷等编《路特里奇国际妇女百科全书》，国际妇女百科全书课题组译，高等教育出版社 2007 年版，第 381 页。

　　② ［美］梅尔·斯托：《双性恋》，载［美］谢丽斯·克拉玛雷等编《路特里奇国际妇女百科全书》，国际妇女百科全书课题组译，高等教育出版社 2007 年版，第 68 页。

年代有人提出"同性恋自豪"（Gay Pride）这一说法的时候，Gay 一词还能包含所有同性恋，而到了今日，LGBT、GLBT 和 LGBTQ 等同时出现的时候，实际上我们看到的是更平等也更脆弱的同盟关系。LGBT 和 GLBT 两种写法毫无区别，但男同性恋者和女同性恋者却要在使用上改变 G 和 L 孰先孰后的顺序，从此细微处，我们即能看到隐藏的不满，而从 B 和 T 永远排在最后，可以看出双性恋与跨性别者在这一同盟中毫无主导力的"弱势"地位。而 90 年代兴起的酷儿理论，更是试图使同性恋运动从人权运动转向理论革命，它在似乎更包容地"联合"起所有处在异性恋霸权对立面的人的同时，却和传统同性恋理论对立起来。

总的来说，20 世纪 80 年代以来，整个世界对酷儿人群的接受程度是在步步为营地不断推进的，然而它主要是由人们观念中的包容性增强而导致的，而这种包容性的增强又要归功于许多自由主义观念的普及。80 年代以来的多元化，意味着 60—70 年代那种声势浩大的庞大联盟的不再可能，也意味着整个社会的更加包容，但被包容的，都是能被包容的。各方都做出了妥协。所以，在代表着异性恋审美极致的肌肉硬汉与色情女星风靡世界的 80 年代，处在其对立面的中性气质歌手与同性恋题材电影等也都几乎同时崛起，争鸣不已。

第二节　融入主流文化的酷儿们

一　流行乐坛的中性风与同性恋

20 世纪 80 年代以来，流行音乐文化中一个巨大的变化，就是音乐、表演以及艺人着装的中性化，尤其是男性音乐人发展出一种妖媚式的风格。与此同时，一些音乐家或早或晚地公布了他们的同性恋身份，而这一举动并未对其事业造成什么影响。

2005 年，随着中国大陆电视选秀节目《超级女声》中相继出现为数不少的中性装扮（尤指男性化）的女歌手，国内网民掀起一轮又一轮的贬斥、嘲弄热潮，只因为某些女歌手的形象不符合大众审美中的性别刻板印象，便横加指责，肆意攻击。在接下来的几年中，男性选秀节目中相貌过于清秀，具有些许女性特质的男选手也遭到了嘲讽。这一现实反映出我国民众在文艺接受和性别观念上的极落后状态，因为早在 1979—1981 年，西方就已经有过一次具有强烈颠覆性的音乐文化风潮——发源自英国的"新浪漫主义"（New Romanticism）运动，这次风潮成就了一大批在风格（尤其是装扮）上妖艳、妩媚的男性音乐家，其中包括世界级巨星杜兰杜兰（Duran Duran）乐队、乔治男孩（Boy George）等。而在新浪漫主义风潮前的 20 世纪 70 年代，迷惑摇滚（Glam Rock，或称"华丽摇滚"Glitter Rock）早就酝酿已久，大卫·波依（David Bowie）等人在表演时已经开始穿着夸张的衣服，头戴假发，面部化妆浓艳。新浪漫主义运动后，80 年代的流行金属音乐表演也深受影响，男性音乐家留着长长的烫过的卷发，身着花哨的紧身衣裤，而高音演唱往往尖利如女声。更不用说流行音乐之王迈克尔·杰克逊（Michael Jackson）在1982—1991 年发行了他事业巅峰期的三张唱片，他的形象也是众所周知的超性别和跨种族。整个 80 年代的流行乐坛几乎笼罩在这种中性风格之下，它跨越了各种音乐风格，具有女性气质的发型、化妆与着装，以及男性唱腔中近似女声的假声，都是 80 年代流行音乐的标志。这种时尚在 90 年代初随着 grunge（垃圾摇滚）文化的兴起而行至末路，但在一些非西方国家，如日本和韩国，它被通过华丽摇滚的东方变种"视觉系"（VR）音乐而保存下来。

在所有性别气质模糊的音乐家中，乔治男孩尤其值得一提，他的人生与作品都好似对现有性别秩序的强烈反讽。他自小被母亲按照对待女孩的方法养大，成年后在举止和穿着上都具有女性气质，然而他却给自己起艺名为"乔治男孩"。"乔治男孩"这个名字实际上是强调了两次男性特质，"乔治"已然是男人的名字，可这还不够，还要再用"男孩"强调一次。而这个名字和他本人形象一对比，则趣味横生，他究竟是怕别人无法从外貌上认出他是男性呢，还是以这种反差进行恶作剧呢？又或者是性暗示？我们都知道"男孩"这个词对同性恋娈童者意味着什么。我们可以把乔治男孩在20世纪80年代的一系列行动视为其对主流社会的挑衅，他的艺名，他的乐队"文化俱乐部"（Culture Club）的名字，以及乐队前三张专辑的名字《接吻更聪明》（Kissing to Be Clever，带有性暗示）、《数字色彩》（Color by Numbers，暗指代表同性恋文化的彩虹）和《火屋中的觉醒》（Waking Up with the House on Fire，像动员口号）。文化俱乐部乐队第一首成功的单曲——同时也是他们最著名的和最流行的歌曲——《你真的想要伤害我吗?》（Do You Really Want to Hurt Me?）在1982年登上了包括英国单曲榜在内的几十个国家的周冠军宝座，这首歌的歌词具有双重含义，一方面可以被看作唱给爱人的情歌，另一方面也可被视为同性恋者、易装者向社会大众的发问："你们真的想伤害我么？你们真的想把我弄哭？"这首歌的MV（音乐录像）也拍得相当有象征意义，故事从一场法庭上的审判开始，作女性打扮的乔治男孩站在被告区用歌曲为自己辩护，他身后站着黑人女性为他伴唱，仿若他的盟友（此段既隐指女性主义运动、黑人民权运动与同性恋运动的同盟关系，又暗语女性和黑人皆已获得解放，唯剩下同性恋仍受社会排斥），陪审团席位上是一群涂画黑脸的舞者（这一形象取自美国曾使白人演员涂黑脸假扮黑人演出的典故），而肥胖的白人老年法官正愤怒地敲着锤子（这个老年白人男性法官是顽固保守主义者的化身）。我们看不出被告所犯何罪，而观众席上的民众显然对他充满同情。画面突然一转，被告穿越到了1936年的一家夜总会里，他以易装者形象载歌载舞，却引来观众（其中包括女扮男装以出席社交场合的女性易装者）的惊恐与不满，随后被保安人员拖出门去。之后被告又穿越到了1957年的一家游泳馆，他中性气质的歌舞同样引起民众不安，当游泳馆保安准备抓捕他时，他凭空消失了。回到法庭，我们大概可以猜出，被告所犯的罪就是在公共场合易装，就是其性别气质的不稳定，法官宣判被告有罪，他被警察押往监狱。这里又出现了一个小小的性暗示，我们都知道监狱对男同性恋者意味着什么。夜深人静时，被告看到那三个伴唱的黑人女性用舞蹈的魔力打开的牢门，他随她们走出去，发现乐队其他成员正在楼梯口弹奏乐器，歌曲结束时乔治男孩的目光停留在了那三个黑人女性的身上。整支 MV 简直就是篇反"同性恋恐惧"（homophobia）的宣言，象征符号无处不在，乔治男孩不断望向黑人女性，也是在呼吁大众对同性恋者、易装者的宽容程度能如对女性和黑人等同。2005 年，这首歌重新混音版在法国发行，MV 由法国著名男同性恋史迪威·布雷（Steevy Boulay）主演，讲述了一个同性恋者生活在社会的同性恋恐惧阴影下不得不伪装自己的故事。然而今非昔比，乔治男孩在 20 世纪 80 年代的抗争是极具进步性的，他用作品发起的反讽是卓有成效的，但是在新世纪，乔治男孩过去的作品对现在的他本人构成了最大的反讽。2007 年，乔治男孩对一名男妓进行了非法禁锢和虐待，他因此在 2009 年被判入狱 15 个月。如今，不是恐同者在伤害作为同性恋者的他，而是他在伤害其他同性恋者，他成名曲《*Do You Really Want to Hurt Me?*》中的著名疑问，已经有了答案，答案是他真的想要伤害别人。乔治男孩入狱前曾大哭，理由是他害怕入狱后被其他囚犯强奸，不过他入狱后什么也没发生，可见其对恐同者的恐惧远甚于恐同者对他的恐惧。时过境迁，社会对同性恋的接受程度已大大提高了，然而同性恋者如乔治男孩却并未完全认清这点。《*Do You Really Want to Hurt Me?*》实际上含有同性恋者对"同性恋恐惧"的过分担忧，虽然他们在 20 世纪 80 年代也许担忧得有理。

除了乔治男孩这样的易装者，流行乐坛更多的男同性恋歌手是以男性气质示人的，包括埃尔顿·约翰（Elton John）、乔治·迈克尔（George Michael）、瑞奇·马丁（Ricky Martin）、米卡（Mika）、亚当·兰伯特（Adam Lambert）、西城男孩组合（Westlife）成员马克·菲海利（Mark Feehily）、超级男孩组合（N'Sync）成员兰斯·巴斯（Lance Bass）、男孩地带组合（Boyzone）成员史蒂芬·盖特利（Stephen Gately）、野人花园组合（Savage Garden）主唱达伦·海耶斯（Darren Hayes）等。以上所举的都是有世界级影响力的男同性恋歌手，其中1998年世界杯主题曲演唱者瑞奇·马丁，对中国民众来说，其名可谓如雷贯耳。这里提到这些巨星意在指出：音乐界的同性恋者是相当多的，而他们中的大多数若是不主动"出柜"，我们并不能认出他们的同性恋者身份，故而可见民间所谓男同性恋即为"娘娘腔"的偏见是彻底错误的。

迈克尔·杰克逊这个例子与上述几例不同，他的形象是超越种族与性别的，而他的性取向问题和他身上的诸多秘密一样，始终笼罩在迷雾中。他的娈童案风波，虽已随着他的死亡而撤诉，但也反映出大众对他的某种猜测。看他的形象，他所展示出的是不断用整容手术来加强的中性气质，他一生中只有一次在公共场合展示过胡须，却被人怀疑是临时种植的假胡子。看他的舞蹈，动作中充满了大量露骨的性暗示，尤其是他摸胯腰臀的著名动作，既表演性交，又表现性快感。然而和他的音乐相反，他的私生活似乎与性爱绝缘，公众可看到的他对女性的兴趣极其有限，另一方面，他却购置了让大量儿童在其中免费游玩的游乐场豪宅，加之后来在诉讼调查中发现的他存有儿童用品的密室，很难让人不联想他可能娈童。撇开私生活不谈，我们看到这样一个从唱腔到形象都中性化的人，成为了唱片业有史以来最成功的偶像，他是超级巨星时代的超级巨星，以后也不大可能被别人超越。那么为什么会有如此多的人接受他？原因可能是迈克尔·杰克逊的独一无二的超常性，有笑话说他是外星人，作为回应他以肯定式的姿态在外星人题材电影《黑衣人2》（*Men in Black II*, 2002）中出镜并扮演自己。大众根本没有把他看作一个和自己有可能相比较的人，这不仅是因为他看似克服引力的舞步，还因为他身上发生了奇迹似的"人种变化"。尽管他死后的尸检证明其皮肤变白源于病变，但他五官轮廓的整容手术确实是其主动在向白人和女人形象靠拢。他的超性别形象被广泛接受，因为他的超种族形象已然被接受，还因为他在婚恋伦理上从未表现出同性恋倾向。还是前面说过的，伦理比气质重要。气质引起的不安，实际上是大众对伦理不安。大众看到一个长得像女性的男人，就希望他不要打扮得像女性；看到他打扮得像女性，就希望他不是同性恋；如果得知他是同性恋，那最后仍希望他是个像普通异性恋者那样去爱别人的同性恋者。迈克尔·杰克逊只是五官经过整容愈发像女性而已，他的异性恋婚姻以及他关爱子女的好父亲形象都是符合主流意识形态期待的。迈克尔·杰克逊的中性气质获得大众接受，可以说明一些问题，但是说明不了太多，因为他的成功不可复制。

二　主流影视作品中的酷儿形象

20 世纪 80 年代以后，主流影视作品中的酷儿形象（以同性恋者为主）开始增加。尽管描写酷儿的电影在 80 年代以前就已经有了不少，且其中不乏名片，如 1970 年的《乐队男孩》（*The Boys in the Band*）、1971 年的《死于威尼斯》（*Death in Venice*）、1975 年的《洛基恐怖秀》（*The Rocky Horror Picture Show*）、1976 年的《塞巴斯蒂安》（*Sebastiane*）等，德国著名导演莱纳·维尔纳·法斯宾德（Rainer Werner Fassbinder）在 70 年代至 80 年代初也执导过多部涉及同性恋的电影，如《佩特拉的苦泪》（*Bitteren Tränen der Petra von Kant，Die*，1972）、《狐及其友》（*Faustrecht der Freiheit*，1975）、《一年十三个月》（*In einem Jahr mit* 13 *Monden*，1978）、《水手奎莱尔》（*Querelle-Ein Pakt mit dem Teufel*，1982）等，但总的来说，70 年代酷儿以正面形象示人的电影多为艺术片，主流影视作品中的酷儿仍然以负面形象出现。比如在李小龙电影《精武门》和《猛龙过江》中两次出现的汉奸翻译一角（魏平澳饰演），以娘娘腔男人形象出现，这种性别气质是与其所作所为（汉奸行径）被有意地拼合在一起的。无独有偶，1945 年时萨特（Jean Paul Sartre）也曾将同性恋与附敌分子（或者我们可以称之为"法奸"）形象联系起来，他甚至"观察"到同性恋者不仅投降得更彻底，而且还是反犹太分子和法西斯拥护者。① 除了叛徒，我国港台地区的新派武侠作品中，楚原导演的《楚留香》（1977）中的阴阳人大反派、邵氏功夫片中反复出现的缩阴回阳者"白眉"以及金庸原著不断被翻拍的《笑傲江湖》中的东方不败等，无不体现出大众文化对酷儿的偏见，性向和性别身份不符合"常理"者，总被安排成恶魔式的人物。可见，长期以来，同性恋者、其他酷儿及中性气质，在大众意识中都与邪恶、阴毒、叛变等负面品质捆绑在一起。直到 70 年代中期，萨特本人才自我纠正了这些错误观念。智慧绝伦如萨特者对同性恋者的态度的转变尚且如此缓慢而艰难，主流社会对同性恋者及其他酷儿的态度转变自然更慢。

20 世纪 80 年代以后同性恋题材影视数量大幅增加，酷儿形象屡屡在主流作品中出现，当代许多一线明星都扮演过这类角色。带有偏见的负面酷儿形象，逐渐被正面的酷儿形象所取代。第一届哥本哈根同性恋电影节和第一届意大利都灵国际同志电影节均在 1986 年开幕，此后世界各地都出现了类似的同性恋电影节或酷儿电影节，就连古老东方的中国与印度，都在 21 世纪初相继举办了酷儿电影节。在美国著名男同性恋网站 After Elton 于 2010 年举办的网友票选"最受欢迎 50 大男同性恋电影"榜单中，只有《洛基恐怖秀》《乐队男孩》两部影片摄于 20 世纪 70 年代，其余 48 部电影均为 80 年代以后的作品，前三甲分别为《断背山》（*Brokeback Mountain*）、《米尔克》（*Milk*）和《欲盖弄潮》（*Shelter*），这三部电影分别代表

① ［法］让·勒比图：《不该被遗忘的人们："二战"时期欧洲的同性恋者》，邵济源译，中国人民大学出版社 2007 年版，第 179—180 页。

了当代男同性恋者的爱情观、政治诉求和性别审美。① 在电视剧方面，英国电视 4 台（Channel 4）在 1999 年推出了男同性恋情感生活电视剧《同志亦凡人》（*Queer As Folk*），一年后，美国 Showtime 电视台在 2000 年购买版权并翻拍了美国版，后一版本共拍摄了五季 83 集，取得了更广泛的成功。之后 Showtime 在 2004 年又以类似模式制作了女同性恋题材电视剧《拉字至上》（*the L Word*），号称史上第一部女同性恋剧集。美国"同性恋反诋毁联盟"GLAAD（Gay & Lesbian Alliance Against Defamation）自 1985 年成立以来，对影视业的影响力不断扩大，他们 1989 年创办的 GLAAD 传媒奖（GLAAD Media Awards）会表彰对推动酷儿人群平等公正事业做出贡献的杰出人物，同时，他们每一年还会发表一份美国电视剧年度报告，统计过去一年中美国电视剧中 LGBT 角色的增减，以及评判各家电视台对待同性恋态度的进步与退步。总之，从整体趋势看，20 世纪 80 年代以后影视创作者对酷儿人群的态度是愈加宽容与包容。

（一）同性恋者

20 世纪 80 年代以后的影视作品，在表现同性恋者时，对之前影视作品中被丑化的同性恋者形象有这样几个修正：第一，也是最重要的，是从各方面将他们表现为与异性恋者相同或相似的正常人；第二，是修正主流民众观念中那种对同性恋者的性别气质错乱的错误印象（如男同性恋是娘娘腔，女同性恋是男人婆）；第三，是重新表现同性恋者的性与爱，将其与滥交、滥情等指责分离开来，代之以主流意识形态的爱情观。

对于第一点，影视作品的做法是对异性恋题材影视情节或场景的模仿或挪用。比如在 1993 年的电影《费城故事》（*Philadelphia*）中，黑人律师受邀参加他的男同性恋委托人的家庭聚会，起先仍怀

---

① Dennis Ayers. *Top 50 Favorite Gay Films*. （http：//www. afterelton. com/movies/2010/9/favorite-gay-films）

有些偏见的他有些担心参加的是传言中的"男同性恋性爱派对"，但抵达后发现这个家庭聚会与普通民众所举办的聚会没有丝毫不同，参加者文明而有礼貌。这样一个场景完全遵照人们印象中异性恋者的家庭聚会那般拍摄，凸显出影片所要表现的"人"的共性。又如2008年的传记片《米尔克》，20世纪70年代的同性恋人权斗士米尔克，被刻画得和其他历史人物如圣雄甘地（Gandhi）、马丁·路德·金（Martin Luther King，Jr.）、马尔科姆·艾克斯（Malcom X）相近似，这部影片的艺术表现手法完全可以照搬到另一部与同性恋无关的作品中去。同样，2003年的《女魔头》（Monster），在不更改故事大纲的情况下，把主角换成异性恋者也完全可行。当然，不能换的理由在于《女魔头》根据真实故事改编。是的，这种强调同性恋者与异性恋者之"人"的共性的作品，许多都是"改编自真实故事"，用艺术把相似表现出来还不够，还要强调这种相似是"真实"的。这种模仿和挪用的艺术表现手法，本身就体现着创作者的观念与态度，看似突出而实则降低了性取向在作品中的重要性，性取向和作品中那些可以替换的情节、可以更改的风格一样，都变成用来装点那个抽象的大写"人"的包装纸。

第二点比较好处理，因为实际生活中的同性恋本就不等于跨性别，只需较为写实地增加代表正面形象的同性恋角色就可以了。像《断背山》、《亚历山大大帝》（Alexander，2004）这样的电影中，我们看不到同性恋者在性别气质上有什么异常，而这两部影片中的男同性恋者同时也俘获了异性恋爱人，严格说来应算作双性恋者。但同性恋者仍具有特别的性别气质，《米尔克》一片中的男主角西恩·潘和男配角詹姆斯·弗兰科对此演绎得十分出色，西恩·潘更因此获得了2009年奥斯卡最佳男主角奖。就《米尔克》中西恩·潘、《女魔头》中的克里斯蒂娜·里奇、《亚历山大大帝》中的杰瑞德·莱托等人的表演而言，同性恋者的气质中具有一种孩童般的天真，角色的眼神中总充满了期待和好奇。当然，我们也可以认为这些作品中的同性恋气质是经过了美化的，和那些被丑化了的同性恋气质一样不完全真实。

第三点是绝大多数有关同性恋的影视作品始终在坚持不懈地作的一种努力，简单说来就是把源于基督教文明的西方式一夫一妻制专一爱情（和家庭）模式套用到同性恋关系上。同性间爱情关系被千方百计地描绘成仅仅是性别一项与异性间爱情不同，其他皆相等。在《如果墙壁会说话2》（*If These Walls Could Talk 2*，2000）中，第一段故事展示了一对白头偕老的女同性恋伴侣，她们如合法结婚的异性恋夫妻一样相伴终身，而最后一段故事则关于一对女同性恋爱侣想如异性恋夫妻般生养子女。在《假凤虚凰》（*The Birdcage*，1996）、《孩子们都很好》（*The Kids Are All Right*，2010）等片中，编导们着力将同性恋双亲家庭表现为与异性恋双亲相同的良好成长环境，并有意无意地指出子女并不会因为"父母"是同性恋者而一定成长为同性恋者。

同性恋题材影视作品的这种变化趋势，显示出同性恋者为了赢得主流社会的接受而努力进行着的"妥协"，他们把与异性恋的所有差异削减为性取向这一项的差异，而保守主义的家庭价值竟然也被他们所接受（甚至更加强调）。为了追求与异性恋者的平等，为了获得与异性恋者相等的权益，同性恋者反复强调"我和你一样"。然而，现实世界中的实情要比影视作品中的状况复杂得多，即便那些"根据真实故事"改编的故事，也都是按照某种理念和目的重新创作的。

（二）跨性别者

跨性别是个相对宽泛的概念，所以需要对其进行区分。20世纪80年代以来影视作品中出现的跨性别者，大致可以分为这样几种类型：一为易装表演者，二为易装者，三为变性者，四为中性者（或无性者）。

先说易装表演者，易装表演是表演艺术中一支古老的传统，参

与易装表演的人，不论男扮女装还是女扮男装，许多人并不认同其
舞台角色的性别，易装行为仅仅是表演。比如京剧大师梅兰芳，比
如赵本山及其弟子小沈阳，比如《雌雄莫辨》（*Victor/Victoria*，
1988）中朱丽·安德鲁斯（Julie Andrews）饰演的假扮男扮女装男
演员的女演员，再如《窈窕奶爸》中罗宾·威廉姆斯（Robin Wil-
liams）饰演的假扮老妇保姆的离异父亲。但也有一些演员同时是同
性恋者或异装（癖）者，比如《霸王别姬》里张国荣饰演的程蝶
衣，又如《假凤虚凰》里的"妈妈"。观众对于前者是包容的，一
方面视其为"艺术"（对戏曲和歌舞剧），另一方面又可视其为笑料
（对喜剧表演或影视中的此类喜剧桥段），总之只要其易装只停留在
表演的层面上，主流观众基本都会接受。而第二种，对于保守主义
者来说，就会引起反感，究其原因，是这些角色不仅进行易装表演，
他们在舞台下仍有跨性别或者同性恋的欲望或者行为。也就是说，
长久以来，对主流民众来说，易装表演都具有可接受性、"合理性"，
像《新白娘子传奇》这样由两个女人演绎的异性恋爱情故事，在我
国很长一段时间内都是供阖家观赏并对儿童施以传统文化教育的热
播剧目，而同时同性恋在 2000 年以前一直被我国官方认定为一种精
神疾病，这种矛盾的现实曾一点也不矛盾地存在过。

　　易装者的被接受程度远低于易装表演者，美国电影《男孩不哭》
（*Boys Don't Cry*，1999）就讲述了一个易装者被保守主义暴徒伤害致
死的真实故事，女演员希拉里·斯万克（Hilary Swank）凭此片夺得
奥斯卡影后。但是《男孩不哭》并不典型，因为该角色被塑造成一
个计划攒钱变性的女人，也就是说她的易装仅仅是暂时的，她的最
终目标是变性。而她的女友，我们从影片结束前的一段字幕得知，
她在女主角死后嫁为人妇，也就是说影片试图告诉我们她不是同性
恋。这是一段发生在"男"与女之间的爱情，只不过那个男人的身
体暂时还是一个女人而已。如果说通俗影视作品中易装表演者角色
被限定在艺术家和滑稽人物这两种之中的话，那么易装者则被限定

为滑稽人物和犯罪分子这两种角色。也许是出于对易装者的恐惧，影视作品中的性犯罪者常被设计成易装（癖）者，这在布莱恩·德·帕尔玛的惊悚名作《剃刀边缘》（*Dressed to Kill*，1980）中最为著名，香港三级片《夺命哥罗方》（1994）、大陆首部性骚扰题材电视剧《女人不再沉默》（2003）也都如此设置。这种视易装者为性犯罪者的偏见，基本没有什么现实依据，更多的是反映出主流民众对这一行为的恐惧，很难想象爱穿异性服装的癖好和连环奸杀的恶性之间有什么必然的逻辑关系，但影视作品中此类角色却延绵不穷。

不论易装还是易装表演，在今天，仍然难逃被谩骂和被嘲笑这两种命运。在西方社会，同性恋人权运动使得社会上公开的明显的同性恋歧视基本绝迹，但易装角色反复出现在喜剧片和惊悚片中，仍说明易装行为既是笑料，又令人恐惧。而在我国，2000年以来网络上对各种男扮女装的"伪娘"及喜作中性装扮的女子的攻击谩骂几乎毫无节制可言。国内这种对易装者的"过度"厌恶是有些奇怪的，因为我国自古就充满了关于女扮男装易装者的故事（如花木兰、祝英台等），还把梅兰芳捧作艺术大师，就在20世纪90年代，还有过一阵女扮男装的古装反串戏热潮，包括林青霞、叶童在内的一批女演员都塑造过男性角色。最近我国的这股反跨性别风潮，也许有着更深层的原因，基于当代中国社会生活的复杂性，我们暂时还无法理清事情的来龙去脉。

变性者的被接受程度较易装者为高，部分原因是因为变性者看上去比易装者更接近"自然"的男人或女人，变性者已经跨越了性别的中间状态或模糊状态。《我爱厨房》（1997）、《穿越美国》（*Transamerica*，2005）等片中的变性者都获得了子女的理解，《鬼迷心窍》（1994）、《桃色》（2004）等片则把男变女变性人描述为比"自然"女性更具女性魅力的人物，虽然我国变性舞蹈家金星在泰国电影《冬荫功》（*Tom Yum Goong*，2005）中饰演了变性人大反派，但总的来说变性者只要完成了变的全过程，彻底转换了性别身份，他们被塑造为负面角色的概率远低于易装者。变性演员河莉秀、变性导演拉娜·沃卓斯基（Lana Wachowski，原名拉里 Larry）都获得了大部分民众的接受。前面所说的《男孩不哭》一片，其故事中的易装者也是打算变性的易装者，所以能赢得观众的同情。一个喜欢穿女装的异性恋男人，既然他不是同性恋也不打算变性，那么在大部分民众心中他的确是不太"正常"，伊恩·麦克尤恩（Ian McEwan）的小说《阿姆斯特丹》（Amsterdam）中的核心"丑闻"就是围绕此展开的。

中性者含人妖、阉人、阴阳人等。人妖因与东南亚性产业有关，所以常被加以色情化和喜剧化，如《宿醉2》（The Hangover Part II，2011）中的人妖性工作者。阉人、阴阳人及其他性器官可疑者，与易装者一样，极其频繁地被塑造为反派，尤其在香港和日本的 B 级动作电影里。比较特殊的一个例子是徐克制作的电影《东方不败》，林青霞塑造的东方不败一角在西方批评家眼里兼具父权和母权两种威力，超越象征性阉割和性别差异，是一个前俄狄浦斯情结的无法辨认性别的"卑贱体"（在克里斯蒂娃《恐怖的权力：论卑贱》的意义上使用此词）。① 这一重塑与金庸无关，完全是徐克的新发明。金庸笔下的东方不败在原著及其他改编作品里亦都扮演终极反派角色，且金庸所创作的几乎所有中性人（各类太监）、变性人（辟邪剑谱练习者）都站在主角的对立面，可以说其性别观念相当陈腐。而有留美背景的徐克，在其大量作品中都表现出一定的"女性主义"色彩（是不是正宗的女性主义尚有商榷余地），他热衷于具有男性气质的女性形象，在《刀马旦》（1986）、《东方不败》（1992）、《新龙门客栈》（1992）乃至近年的《狄仁杰之通天帝国》（2010）、《龙门飞甲》（2011）中，男装女子形象反复出现。林青霞的东方不败一角，也许是神来之笔，他的意义已经超出了徐克原本的创作意图，

_____

① ［英］里昂·汉特：《功夫偶像》，余琼译，北京大学出版社 2010 年版，第 172—174 页。

而这很可能是徐克的新理念与金庸的旧理念在互相碰撞时无法融合
而产生的意外效果。

（三）同性暧昧

除了明确的同性恋题材作品，近年来的影视作品中还出现了同
性恋与异性恋的中间地带———一种不明确的同性间亲密情感，可称
之为同性暧昧。

这种同性暧昧的产生原因，更多的源于观众审美的变化。由于
大量的同性恋题材作品用日常化的手法展示了同性恋关系，使得许
多原本非同性恋的同性间关系看上去就好像是同性恋关系。比如同
性间的身体接触、形影不离的同性伙伴、同性间"过分"的友情等。
当人们反复观看了大量表现同性恋爱情的作品后，再回眸历史，许
多同性友谊都"具有"了同性恋嫌疑。这种观众审美的巨变在新千
年后飞速加剧，不仅 20 世纪 80、90 年代的男性流行音乐团体成了
具有同性恋气质的笑料（部分原因是不断有这种组合的同性恋成员
"出柜"），而且美国人还发明了"no homo"（非同性恋）这一新的
英语口语词组，用来对正常的同性间关系加以修饰。① 而当代喜剧片
的一个频繁出现的笑料，就是一对非同性恋关系的同性朋友，在某
种巧合下被别人误认为是同性恋情侣，他们尴尬的处境和难为情的
解释即是笑点，这种喜剧桥段常出现于如《尖峰时刻 2》（*Rush Hour
2*，2001）、《抢钱袋鼠》（*Kangaroo Jack*，2003）、《飞龙再生》（*The
Medallion*，2003）、《变形金刚 3：月黑之时》（*Transformers：Dark of
the Moon*，2011）这样的主流商业片中。

观众审美的变化，又与"翻案"式的历史故事重述有关。自
1976 年的《塞巴斯蒂安》起，大量历史上的同性间关系被改写成同
性恋关系。这种改编的高峰，也许算得上是 2004 年奥利佛·斯通导

① Fall Ark：《英语习语小讲座：No homo》（http：//jandan. net/2011/02/04/no-ho-
mo. html）。

演的《亚历山大大帝》，这一改编不仅将亚历山大设置成同性恋者
（准确说应为双性恋者，但希腊民众抵制该片时的攻击对象是"同性
恋"），还用故事中的故事隐含地将特洛伊战争中阿喀琉斯与帕特洛
克罗斯间的朋友关系改述为同性恋关系。在东方的日本，除了一直
被日本人设定为女性的《西游记》中的唐僧，《三国演义》里的刘
备在 1999 年的歌舞伎作品《新·三国志》中也被设定为女性（演员
为男性）。这种更改，为刘备提供了与关羽、诸葛亮谈（异性恋）
恋爱的可能，实际上反映出当代人回看原著时对过于亲密的同性间
感情的（带有恐同嫌疑的）不安，相较于视其为有同性恋嫌疑的同
性关系，不如直接改写为异性恋关系。当然，也有直接将关羽与刘
备、刘备与诸葛亮的关系描述为同性恋的，在 2003 年开始播放的日
本动画片《一骑当千》（漫画于 2001 年开始连载）中，刘备、关
羽、张飞、诸葛亮等都"转世"为女儿身，并且在关羽、刘备和诸
葛亮间还发生了一段女同性恋三角恋情。这些看似荒诞无稽的改编，
实际上反映出接受了大量同性恋文化信息的当代人如何看待旧时代
的同性间亲密情谊，不论结义、君臣还是友谊，只因为当时的作者
未如今日美国人般标明"no homo"，便全成了"同志"的"基情"。

　　以上两种情况，分别是被误解成同性恋和主动改写为同性恋，
当下的最新潮流是捕捉同性暧昧——恋爱与友谊的中间地带。这一
中间地带，有时可能是因创作者观念陈旧而无意间造成的，比如李
仁港的作品《鸿门宴》（2011），其中张良与范增的情谊应为英雄惺
惺相惜，但是由于"过分"的身体接触和"肉麻"的对话，反倒显
得好似同性恋感情。这一情况的产生，与李仁港坚守张彻时代的男
性审美有关。同年电影《关云长》（2011）中关羽与曹操间的暧昧
关系，就不是一种"被"误解，而是主动要求观众"误解"。这从
片方提供的预告片中以二人暧昧的情感为卖点①，并特意以此为悬念

---

① 《关云长》预告片 2（http：//movie. mtime. com/123753/trailer/31245. html）。

营销影片①便可看出。与国产影视相比，西方作品中的同性暧昧更加
模糊。如在以上提到的国产作品中，从文本上看，创作者明确告诉
观众这不是同性恋，但是它被表现得处处仿若同性恋；而在西方作
品如电影《青蜂侠》（*The Green Hornet*，2011）和电视剧《生活大爆
炸》（*The Big Bang Theory*，2007 年开播）中，人物间存在不存在同
性恋情谊始终值得怀疑，尽管这些被怀疑的人物也开口否定，但这
些否定多出现于喜剧场景并造成喜剧效果，因而否定得并不坚决。
更进一步，在日本动漫作品中，同性恋情感在同性暧昧中偏向于肯
定，以至于《老虎和兔子》（*TIGER & BUNNY*，2011）在国内有个
（或许更流行的）译名叫《基友英雄传》。

文艺作品中的同性暧昧实际上描述出了现实中隐藏身份的同性
恋者或双性恋者的状态，所以说它并不仅仅是个审美趣味的问题，
它还是有一定现实依据的。它的出现，不可避免。同性恋文化的发
展，以及其对主流文化影响力的增强，使得创作者试图生产出同时
讨好各方观众的作品，尤其要兼顾到同性恋文化爱好者。

三　爱好同性恋文化的异性恋者

随着主流文艺中同性恋题材作品的增加，出现了以欣赏同性恋
作品为审美爱好的人群，这些人可分为男同性恋文艺爱好者和女同
性恋文艺爱好者两大类。

男同性恋文艺作品爱好者，女性可称为"腐女"（日文"腐女子"
或"腐女"），男性可称为"腐男"（日文"腐男子"或"腐兄"），英
文不分性别地可称作 Yaoi fandom 或 BL fandom。BL 是 Boys' Love 的缩
写，常被翻译为"男男爱"，指男同性恋间的爱情。这类作品有时还
被称作"耽美"，"耽美"这个词既指风格，又指题材。虽然有些腐女

————————

① 《关云长》软广告视频"萌帝马科长聊双雄"（http：//movie. mtime. com/123753/
trailer/32211. html）。

和腐男也观赏男同性恋色情片——俗称"GV"，正名应为 gay pornography——但是冠以"腐""耽美"或"BL"的男同性恋题材作品多是强调精神性的理想化爱情的，和主流异性恋通俗小说一样，肉体性爱在其中的比重和地位都远低于精神恋爱。与之相类的女同性恋作品被称为"百合"，英文为 Yuri 或 GL。不论在男同性恋作品还是女同性恋作品中，跨性别者都扮演了重要角色，男性易装者在漫画和 Cosplay 表演中最为多见，他们被称作"伪娘"（日文"男の娘"），隆过胸却保留阴茎的男变女不完全变性者则常出现于色情动漫中，相比之下，女性易装者"假小子"Tomboy 出现率稍低。

虽然同性恋题材的作品早已有之，但这种审美情趣的大爆发是在 2000 年之后，以 ACG（动画、漫画、电子游戏）文化为中心，向外扩散，以网络为主要传播平台，汇流滋生。与同性恋实践相比，这种同性恋文艺欣赏更称得上是一种"亚文化"，因为同性恋本身只是一种性取向，它的种种恋爱实践对同性恋者来说都是自然的必需的，而同性恋文艺欣赏却实在地形成了一整套文化语汇和审美趣味，它的参与者皆是主动加入的爱好者，而不是不得不如此的同性恋者。至于这种亚文化为什么会在 2000 年之后爆发，除了 20 世纪 70 年代以来主流社会对同性恋者的接受程度不断提高，以及同性恋题材文艺作品的增加外，互联网的普及也许扮演了更为关键的角色。

大部分腐女和百合男都是异性恋者，因为他们所欣赏的作品中的同性恋行为是发生在异性间的，腐男与百合女中有一定数量的同性恋者，但"腐"或"百合"只代表审美取向，它与欣赏者本人的性取向是相分离的。至于为什么会出现欣赏同性恋文艺的异性恋者，我不太想从心理学角度入手去分析是何原因造成了腐女或百合爱好者的"不正常"审美取向，我认为性别文化变革的大背景才是更深层的原因。

第一，在同性恋 ACG 作品中发生的无视性别的爱情，与西方文明自古所强调的灵肉分离观念密不可分，灵魂（意志或主体性）的绝对统治地位不断扩张，使得肉身在性与情爱中的作用被忽略乃至无视。注意，这种文化产品的最重要阵地是在 ACG 中，不仅是剧情虚构的，而且是连形象都是虚构的，它所描述的同性恋是与现实中的同性恋实践有巨大差异的，是被极大美化和浪漫化了的。真实的肉身在其中没有踪迹，我们只听得到配音演员的声音，而声音正是逻各斯中心主义的核心，逻各斯中心主义的别名即为语音中心主义。声优（配音演员）赋予角色以灵魂，画面仅是表象。而且，这些作品中对性取向的质疑远低于现实中同性恋所遭受的，也就是说在这种虚幻的卡通或文学世界里，同性恋关系的合法性是一种预设。当灵魂（声音）进入一个脱离肉体（真实影像）的卡通化世界（ACG）里时，性取向问题被完全抹除，灵魂可以自由地恋爱。这点在 GL 文化中最为突出，在《一骑当千》、《迦南》（CANAAN）这样的作品中，角色不能以真实世界中的同性恋或双性恋来定义，各种爱恋或倾慕干脆都是直接无视角色性别的。不错，角色具有性别，但它只体现在他们的卡通形象上，他们的行动和感情几乎与性别毫无关系。这些作品在风格和内容上能走到今天这一步，则也依靠了女性主义及同性恋运动等自 20 世纪 70 年代以来的不断推动，女性主义及同性恋运动同样与西方的灵肉分离且灵魂高于肉体观念有关。

第二，围绕同性恋文艺作品中性行为方式所展开的审美，反映出近年来阴茎—阴道性交在性别文化中的绝对统治地位有所削弱。这当然与女性主义者倡导女性在阴道性交之外发掘身体其他部位的性享乐有关，但更主要的是性解放的余波。性的繁殖功能，同恋爱的性别限制一样，在同性恋 ACG 作品中荡然无存了。而在生殖器接触外的许多性接触，尤其是广义性接触，如接吻、牵手、抚摸等，在同性恋 ACG 中被表现得具有极强快感。虽然对这些广义性接触的表现，在风格上，与异性恋偶像剧或通俗文艺类似，但是其意义已然不同，异性恋作品中的广义性接触始终笼罩在阴茎—阴道性交的阴影下，被设置为正式阴茎—阴道性交的前奏或准备，而同性恋

ACG 作品中的广义性接触在很大程度上已经等同于性行为本身了。由于性解放在观念与实践上对人们的冲击，同性恋文艺中的"非正常"性行为不仅不会被认为是不合理的，而且具有很强的真实性，尽管其对快感程度的表现仍有所夸张。

第三，腐女文化的产生，是女性地位相对提高的结果。在传统的男性想象中，女同性恋和女易装者一直是男性的审美（意淫）对象，描述女同性恋性行为的色情作品，只是普通色情作品中的一种而已，女易装者在中国古代的才子佳人作品中也只是佳人中的一种。腐女文化正是实现了一个翻转，将男同性恋作品、男同性恋色情作品和男易装者（伪娘）作为审美对象，完全是对男性色情化想象中的女同性恋想象进行一番替换式模仿。这是趋于男女平等的进步。

性解放和性行为多元化代表着性与生殖的分离，易装者和中性风格代表着性别气质与性别的分离，同性恋和双性恋代表着性取向与性别的分离，对同性恋文艺作品的审美爱好则代表了性别审美与性取向、性别及其他的分离。但在这一切分离中，仍有个顽固之物，始终屹立不倒，它就是父权制伦理。

第三节 酷儿文化与父权制伦理

在过去的三十余年里，我们目睹了酷儿人群逐渐被主流社会接受容纳的过程，虽然完全的彻底的接受尚未达到，但从世界范围内看，酷儿人群的被接受程度已今非昔比。然而，在这股性别消解的潮流之中，我们仍然看到了其向父权制妥协的一面，那就是它对父权制伦理的吸收和复制。

我们看到过去几十年里同性恋运动的最大成就之一是同性恋婚姻在部分国家和地区的合法化。然而我们在欢呼的同时，可能忽略了一个问题，就是现今合法的同性恋婚姻关系是基督教式一夫一妻制婚姻关系。一夫一妻制，看似是一个文明进步的产物，是一个现代产物，然而所谓的"现代化"其实就是西化，一夫一妻制是基督教文明的产物。拥护一夫一妻制的五大理由为：一、《圣经》规定；二、无论是否信仰《圣经》，这种婚姻都已成为"我们"的社会"传统"的一部分；三、相信爱情是一对一的专一的爱情；四、反淫乱，杜绝性传播疾病；五、认为这种"传统"家庭结构有利于使子女幸福。① 我国在引入一夫一妻制时，主要着眼点在"进步"和女性解放上。和一夫多妻制相比，一夫一妻制的确有女性解放色彩，也堪称进步。可是在同性恋婚姻中，根本不存在性别差异和性别压迫，也就无关于女性解放的所谓"进步"。更大的矛盾在于，《圣经》是明确反同性恋的，可同性恋婚姻却遵循《圣经》中的一夫一妻制模式，甚至在婚礼形式上都照抄了基督教式异性恋婚礼，有神父有宣誓等。从理论层面看，所有这些对传统的继承，都是没有必要的。

除了对偶夫妻关系，我们还看到同性恋夫妻借腹或借精生育、同性恋夫妻领养儿童的事例。没错，这是他们可以争取的权利。然而，他们为什么要争取这种权利？并且，为了争取这种权利，他们与保守主义分子辩论时总是强调在同性恋家庭成长起来的孩子能够享有如异性恋家庭一样"健康"的成长环境。那么，在这样一个与异性恋传统家庭结构相同的同性恋家庭里，唯一不同的只是一个家长的性别而已，家庭关系和家庭价值被几乎原封不动地复制了过来。

有人可能会用"天性"来解释目前这种同性恋婚姻和同性恋家庭，认为一对一恋爱（婚姻）和养育后代是人类共有的天性，同性恋也不例外。可是，这所谓的"天性"，不仅在历史上不是一成不变

---

① ［美］雅克·蒂洛、［美］基思·克拉斯曼：《伦理学与生活》，程立显等译，世界图书出版公司2009年版，第290页。

的，而且在今天的许多国家和地区仍存在例外。一夫多妻或一妻多夫，不仅历史上有，今天仍然有。父亲身份不仅曾经没有，今天在某些母系社会仍然没有。目前的同性恋婚姻模式，与其说是合理的现代的，不如说是西式的基督教式的。造成这种情况的最主要原因是，到目前为止，同性恋运动主要发生在西方国家，基督教式的婚姻和家庭作为传统文化被同性恋婚姻和家庭继承了下来。随着同性恋运动在其他地区的进展，同性恋婚姻模式也会发生变化，比如当前我国民间秘密存在的两男两女四人同性恋形式婚姻（俗称"形婚"），不论好坏，都是一种具有地域特征的不同于西方的同性婚姻家庭模式。

一对一式爱情关系，比传统家庭关系更深入人心。这种爱情观不完全属于父权制伦理，但是，不论就历史还是现实而言，它都是对基督教式一夫一妻制的重要辅助。劳伦斯·勒纳（Laurence Lerner）在《爱情与婚姻：文学及社会文本》（*Love and Marriage：Literature and Its Social Context*）一书中梳理了现代爱情观与西方文学史的渊源关系，不论如今被我们广为接受的这种不容置疑的神圣"爱情"看上去多么自然多么理所当然，它都是被历史地建构起来的，是座被大量虚构的文学作品一点点堆积起来的巨峰。

同性恋者们之所以要强调他们的爱情关系也符合"普遍"的"爱情""规律"，就是希望最大程度地得到主流社会的接纳。这种爱情观与两种保守主义观念紧密相连，一种是对性自由的限制，它的源头是中世纪禁欲主义，另一种就是基督教式婚姻。我们看到大多数同性恋者在这些问题上甚至不如性解放运动中的自由主义者走得远。所以，现实就是，把性别革命的全部希望寄托在酷儿人群身上，是不现实的。

在酷儿文化和主流社会的相互妥协中，最终，主流社会接纳（吞并）了酷儿文化。能被接受的酷儿们，实际上仅限于遵循主流价值观的酷儿们，而这种主流价值观正是那铁打不动的父权制伦理。

与激进女性主义、酷儿理论等倡导的颠覆父权制文化、结束异性恋霸权的总目标不同，同性恋运动还是更多地着眼于现实权益，并不具有更进一步重塑人类文明的野心。

第 五 章

技术革新与性别抽离

技术革新对性与性别的影响，自古有之。但是 20 世纪 80 年代以后，这种影响力达到了前所未有的强度。至于其原因，大致如此：性革命、女性主义第二次浪潮及同性恋运动基本结束，人们的性观念与性别观念被大大改变了。而艾滋病传播、保守主义复兴与人们已经改变了的性观念及性别观念的矛盾冲突，激发人们去寻找一种既保守又开放的替代品。最终，伴随着时代变迁的媒介更迭与技术革新，科技提供了解决熔合性解放与性保守这一悖论的可能。也就是说，历史上的技术革新之所以未对性与性别造成巨大影响，是因为性与性别观念并没有发生巨大的变革。而当今时代，技术革新能对性与性别造成影响，实际上源于技术对性与性别观念的适应。然而这种适应又不是被动的，它把性与性别新观念中许多停留在设想阶段的东西，变成了现实，比如改变性爱方式和改变性别身份。所有能被改变的，都失去了其看似所具有的与主体的身心联系紧密、不可分割的牢固性，于是，技术革新把性与性别从主体身上（不完全地）抽离了。

第一节　性的抽离

自从人类洞悉了性爱与生殖的非必然关系后，性就已经被从生殖活动中抽离出来，变成一种享乐活动。之后，非生殖器间的性活动将性抽离出性器官，同性间性活动将性抽离出性别，等等。而20世纪80年代至今所发生的事，使得性需要被重新审视和定义。

一　性对象的抽离

从传统的性爱观念看来，真正的性行为含有主体间性，所以只有人与人之间的性活动才被予以承认，人与兽，由于没有征得兽的同意，所以是非法的，强奸也一样，基于被强奸者的非自愿性，一些女性主义者称"强奸不是性爱"（rape is not sex）。至于手淫，尽管人们不再谴责和禁止，但它仍被看作一种与性幻想相似的"由于自身的原因，将其作为一种工具或替代物进行放纵的行为"①。然而，根据齐泽克的想法，（也许）手淫不是性交的替代物，而是相反，性交是手淫的替代物。②并且，他还认为人类的性的"零形式"（原初之性）就是"在性遐想中手淫"③。我们也可以按照相同的思路进行思考，也许，那些看似是"真正的"性对象替代物的性人偶、性玩具、性图像，实际上就是性对象。20世纪80年代以后发生的，就是这些"替代物"逐渐成为性对象本身的过程。这一变化也可称为抽离，即传统性对象的抽离，如今，任何人、事、物都可成为性对象。

在现今流行的性学书籍里，性对象抽离并未得到承认，它常被割裂分散在三个章节里，一是自身性行为（或称"自慰"，autoeroticism），包括性幻想和手淫，它被认为是真实性对象的替代物；二是伴侣间使用工具的性游戏；三是性欲倒错中的恋动物癖、恋物癖等。

---

① ［美］贺兰特·凯查杜里安：《性学观止》，胡颖翀等译，世界图书出版公司2009年版，第343页。
② ［斯洛文尼亚］斯拉沃热·齐泽克：《有人说过集权主义吗?》，宋文伟等译，江苏人民出版社2005年版，第195页。
③ ［斯洛文尼亚］斯拉沃热·齐泽克：《幻想的瘟疫》，胡雨谭等译，江苏人民出版社2006年版，第77页。

我们从中能看到一种非人（非主体）性对象的不合法性。当一个人在自慰时，其脑中的虚拟性欲对象（性幻想）和用以激发肉体快感的性交对象（性工具）都得不到承认，只能被认定为是"替代物"。这些"替代物"参与到伴侣间性行为中时，则更不可能得到承认，因为伴侣们互为性对象。而当某人切实以非人为性对象时，则此人被认定为性欲倒错，是有心理疾病的，有性癖。

事实上，性对象的抽离其实是完全符合性及性欲的原理的一件事。即便持否定观点的人也不得不承认，"通常的性对象（即肉体的一些部分）与恋物之间的界限是模糊的。例如许多男人的性欲会被女人的内衣所诱发，设计那样的内衣常出于这个目的。除了生殖器外，大多数人对异性肉体的不同部分都有爱癖。异性爱男性常迷恋于女人的胸部和大腿；许多女性则偏爱男人瘦削的臀部和宽肩……对那些特征的偏爱是性爱好文化类型中的一个正常组成部分……当然如果一个男人对女人胸部的兴趣超过这位女性本身，那么人们便能将他当作恋物癖者看待了"①。在贺兰特·凯查杜里安的这段叙述中，我们可以看到性对象与恋物的区分一是在于普遍性，二是在于程度，即只要某一恋物癖（对内衣、人体某部分）属于绝大部分人，并且其程度弱于对某一合法的性对象（某人），则它就被认定为性爱好文化类型的"正常组成部分"。从中我们也可以读出，这二者没有本质（或实质）区别，这一区别仅仅是历史的和文化的。既然一些历史上曾经不合法的性对象（如同性性对象等）如今已然被接受，那么，现在未被承认的性对象，也有可能在未来的某个时刻得到认可。这一变化的历史过程，就是性对象的抽离。

性对象的抽离，在 20 世纪 80 年代以后，主要表现为性对象的非人化。非人的性对象，在历史上自古有之，恋物癖、恋动物癖皆

①　［美］贺兰特·凯查杜里安：《性学观止》，胡颖翀等译，世界图书出版公司 2009 年版，第 416 页。

以非人为性对象。旧时这都属于某些人的个案问题，然而当代的发展与此不同，有一种鼓励以非人为性对象的文化趋势。一方面是商业利益使然，另一方面保守主义也乐见这种不同于"滥交"的性解放。非人的性对象又可分为两种，一种是人形，另一种是器具。

人形包括性爱人偶（俗称"充气娃娃"，但许多并不充气）、色情影像等。色情的问题我们之前已经有过详细探讨，事实上它对性对象的抽离产生了巨大的推动作用。真人色情作品培养了观看者一种对人的影像（而不是人本身）的性欲望方式，久而久之，接受者对色情作品影像风格和色情作品中人形的兴趣大大超过了对实体人的兴趣，真正的性对象被替换为色情片中的人形。这就是近年来（西方自20世纪80年代，我国自20世纪90年代末以来）性爱自拍愈发流行的原因，大小艳照门事件层出不穷，正是因为在拍摄者眼里实际的性对象远不及被拍摄了的性对象，只有被拍摄了的，才是他们的性对象。色情卡通作品则更甚，凭空绘制的人形成为性对象，这些卡通人物通过抱枕、手办等形式与主体进行肉体接触，20世纪末至今，已然出现大批狂热的卡通人物迷恋者，一些甚至无法再对现实中的活人产生欲望。这样看来，性爱人偶的出现和流行，也就可以理解了。性爱人偶具有色情女星般的形象（某些号称经授权后完全复制自色情女星的身体），它的身体具有卡通特质，不存在人体的诸多缺点，并且它揭示出一个事实，性对象可以不是人而是"人体"。当然，性爱人偶也可以是"人"，它具有活人所不具有的各种优点，比如百依百顺、不发牢骚，这在2007年的美国电影《充气娃娃之恋》（*Lars and the Real Girl*）中得到了充分描述。《充气娃娃之恋》，这部惊天地泣鬼神的人与人偶恋爱电影，其英文名直译竟为"拉尔斯和真正的女孩"，也就是在说：那个人造的人偶，才是"真正"的女孩。"真正"，在此处，或意指男人理想中的"真"，这也并不稀奇，其源头可追溯到皮格马利翁（Pygmalion）神话，雕塑师爱上了自己塑造的"完美""女人"——一个雕像，这故事的现代版是 1987 年的电影《神气活现》（*Mannequin*）及其 1991 年的姊妹篇《木头美人》（*Mannequin：On the Move*），其东方武侠版是《天龙八部》中段誉爱上"神仙姐姐"玉像。

尽管性爱人偶也有"性交"（性器刺激）功能，但它主要还是充当人形，与之相反，性器具虽然也部分地模拟人体器官的形貌，它的主要优势则是提供肉体所达不到的性刺激。至今，大部分人仍认为性器具主要用于自慰和伴侣间性游戏，是真实性器官的替代品。然而，如果它仅是替补，仅是自慰用品，那么它为什么会出现在伴侣间性游戏中？答案是它能够提供另外的性体验，不同于人体所提供的。那么，在性器具与性交主体的互动中，它其实就是提供特殊性体验的性对象。使用性器具实施性行为，已经成为色情片中的重头戏之一，有些色情片甚至从头至尾只有色情女星与性爱器械的"性交"。在网络色情直播里，性器具在单人直播间一直扮演着性对象的角色。

性对象的非人化，意味着任何东西都有理由成为性对象，当任何东西都是性对象时，性对象则被消解，变得无足轻重，因为只要有性（性欲望和性行为），就自然有了性对象。性为自身创造和提供对象，性本身就"是"性对象，性对象由性中产生，而不是传统上所认为的找到了性对象才能有性。

二　性本身的抽离

性对象的抽离仅仅意味着任何人事物都可成为性行为的对象，而性本身的抽离，则让人反思何为性行为。性本身的抽离，主要表现在性行为的虚拟化和非生殖器性行为上。

虚拟化的性行为，即虚拟性交（virtual sex），主要包括赛博性爱（cyber sex，又译"网上性爱""网络性交"等）、电话性爱（phone sex）和手机短信性爱（sexting）。它是发生在两个或多个主体之间的，但是，即便有时伴有自慰，也很难从严格的意义上说他们真的发生了性行为。在没有语音与视像的虚拟性爱活动中，维系性关系并达成性行为的唯一途径是文字，主体间无法获悉对方的任何真实信息，这种性交的互动完全是性幻想的互相满足。在成人网络游戏中，玩家可以用自己控制的角色与其他玩家的角色性交，这种虚拟性交的乐趣就在于主体可以从自己日常生活中不得不接受的自我身份中暂时地解放出来。这一解放必须与现实世界彻底隔离，被保护在真空中，它一旦被暴露出来，就只能破灭。比如，当电话性爱接待员的真实样貌被曝光时，当人们看到他们是毫无姿色的中老年人时，电话性爱的诱惑力就完全丧失，它也便无法进行了。尽管虚拟性爱根本不是真实的性，但人们对它的重视程度似乎更甚于无对象的真实性行为，在美剧《生活大爆炸》的一集中，霍华德的女友伯纳黛特看见他控制的网络游戏角色与其他玩家的角色在网游中性交，引发了一次感情危机，即便控制另一角色的玩家实际上是个男人。虚拟性交，虽然虚拟，但它仍是发生在人与人之间的，它多多少少摆脱不了伦理因素，所以它比自慰式的真实性行为更容易受到道德家的谴责。

　　非生殖器的性行为，许多是传统性交的衍生物，比如舔舐肛门、吸吮乳头、亲吻身体，乃至在性虐游戏中的捆绑、鞭笞等。这些行为传统上被称为"前戏"（foreplay），如今更多地被性研究者称作"非性交的性游戏"（noncoital sex play）或"性愉悦"（sex pleasuring）。① 对这些活动属于性活动的肯定，使得"性"（sex）这一概念的外延变得愈加模糊，几乎已经无法从行为上判断什么是性及什么不是性了。潘绥铭在《中国性革命纵论》一书中认为，从理论上说，任何有黏膜的器官都可以带来性快感，七窍在原则上都可以用于性生活，并强调不管你自己喜欢还是不喜欢，它们在客观上都是性感受器。那么，一个

① ［美］贺兰特·凯查杜里安：《性学观止》，胡颖翀等译，世界图书出版公司2009年版，第350页。

人挖自己鼻孔，是不是等于在手淫？一个女人在网络性爱直播中表演对一条塑料棒进行"口交"，这不属于性行为吗？从那个女人的角度来说，她从这一行为中，获得的口腔感官体验与吸吮一个真实的阴茎差别甚微。我们知道，中国古代的太监也逛妓院，他也能从"性行为"中获得快感和满足，然而他没有生殖器，这一历史事实也许对我们理解当下的非生殖器性行为有所帮助。

英国生物人类学家德斯蒙德·莫利斯（Desmond Morris）早在20世纪60年代末期就看到了科技革新将对人类性行为模式产生的巨大冲击。他在《人类动物园》（The Human Zoo）一书中将现代都市人的性行为定义为"超级性行为"（super-sex），认为当代人类"把大多数的性功能推向极端，远远超过了其他动物"，"技术进步将使我们的性行为发生深刻的变化"，"效果更好的避孕、性病的减少和膨胀的人口构成了三重压力，这会使非生育功能的性行为戏剧性地增加"[1]。自20世纪60年代的"第二次避孕革命"始，至20世纪80年代的医药辅助生育建议终，性和生殖的分离活动基本完成，性被抽离出生殖活动。与生殖活动的分离，是与生殖器分离的前奏；与生殖器分离，便更容易与实在的肉体分离；与肉体都分离了，性对象的选择当然也就更加自由。当有关性的这一切都变得不再那么重要时，与性别有关的种种也就愈发无足轻重了，于是，性别的抽离也就同时发生了。

第二节 性别的抽离

"传统文化在男性气质与女性气质上的二分法也已经发生了动摇。作为一种高科技的娱乐设施，因特网的隐匿性和网络身份的随

---

① ［英］德斯蒙德·莫利斯：《人类动物园》，何道宽译，复旦大学出版社2010年版，第112—114页。

意性使这样一种令人不安的情况成为可能：现在，任何一个拥有电脑的 11 岁儿童都有能力随意伪装自己的年龄、性别和人种，而在过去这些只有在《化身博士》之类的电影中才能实现。"①

　　现实中发生的性别抽离，促生了理论上的性别表演（gender performativity，或译"性属述行"），而不是相反。酷儿理论等，是人的观念为了适应已经改变了的现实而相应出现的。科技在这场现实变革中扮演的角色，很可能，比目前人们意识到的更重要。变性如果仅仅停留在理论层面，仅仅是一个设想的话，民众对它的认识和接受程度都将远不及目睹真实的成功的变性实例。人们能意识到性别不是天生的不是自然的，而是文化的，是可以表演的，是因为人们看到了性别可以改变的事实，是因为人们发现了性别身份的不牢靠性。

　　性别的抽离，在 20 世纪 80 年代至今的现实世界中，主要表现在性别的可改变性、性别的可虚拟性和性别气质的可造性这三个方面。

　　变性手术使得当代人能够按照自己的意愿（部分地）改变生理性别。染色体的性别差异目前仍无法改变，变性手术所能改变的是人的一部分第一性征和第二性征。不可小看这并不完全的性征改变，变性手术是当代医学界和心理学界公认的治疗性别认同障碍的最佳手段。当一个人困扰于自己的性别自我认同与生理性别不符时，变性手术是目前最好的治疗方法。变性手术实例对社会大众性别观念所造成的冲击，比任何关于性别改造的空谈都要巨大。它用一件件事实向大众灌输着这样一种认识：在现在这个时代，人的性别是真的可以改变的。它代表着一种解放，主体从生理性别中的解放，灵魂的性别从肉体的性别中的解放。目前，这种解放的障碍已经不是

---

① ［美］里奥·布劳迪：《从骑士精神到恐怖主义——战争和男性气质的变迁》，杨述伊等译，东方出版社 2007 年版，第 3 页。

医学技术，而是钱。

　　网络技术为人们提供了虚拟身份，其中包含有虚拟性别身份。这是一种使人能在赛博空间获得性别身份解脱的技术，虽然并不是所有人都使用这一功能。网络世界中所实现的，是性别的自由，即便是虚拟的自由，也比变性便宜、舒适、容易得多。并不是只有变性别欲者在网络世界中扮演另一性别，许多异性恋者都有过在网络中扮演异性的经验。这一事实值得玩味，它反映出性别认同没有障碍的"正常人"实际上也存在潜在的变性别欲，但它的强烈程度还不足以使其采取易装或变性手术等行动，异性恋者"正常人"身上隐性的较弱的变性别欲足以通过网络性别角色扮演得到满足和释放。网络虚拟性别的另一重要特点是，即便用户要在网络世界扮演与现实中的自己性别相同的虚拟角色，其步骤和手段并不与扮演异性角色有很大差异，也许难度略有增加，但从操作上讲并无实质不同。在用户信息界面选择"男""女"或"保密"，都只需要点一下"确认"。在网络游戏中扮演男性角色和女性角色，角色的设置步骤是相同的，游戏难度也不会因选择不同而产生差异。所以，虚拟性别身份，不论同性还是异性，都是从零开始的。不仅如此，网络还允许虚拟的无性别状态，为网络中的虚拟身份选择性别的"保密"选项时，实际上并非隐藏用户真实性别，而是将其悬置，以一种无关于性别的虚拟身份进行网络活动。

　　当性别可以改变可以虚拟时，维持、"保护"性别的行动也便被激发出来了，加强性别气质无疑是维护"天生"的"自然"的性别身份的重要手段，正如我们在前文中所看到的保守主义用硬汉文化对性别解放运动进行反击。于是，充斥在媒体中的各种教导化妆、着装、身体、仪态的信息，各种用以加强（实为制造）性别气质的技术如香水调制、服装设计、整容手术、健美秘诀，都反映出与其理念相反的一个事实——性别气质并不是天生的，它要通过一系列努力才能获得。既然它是可以获得的，那么它就是任何人都可以获得的。女人可以隆胸，男人也能；男人可以使用类固醇增强肌肉，女人也能；一本书可以教会女人如何表现得有女人味，它同样可以教会男人；一瓶充满雄性味道的男士香水可以喷在男人身上，它同样可以喷在女人身上。我们越热衷于制造性别气质，性别气质就越是人造的（而不是天生的、必然的）。

当性别可以改变、可以虚拟，性别气质也可以更改、虚构和制造时，性别抽离就进入了性别主体的初始状态。对"正常人"和酷儿都一样，性别先被抽离了，其后才被获得，这也正是酷儿理论所指出的。不过，酷儿理论是否也完全适用于更古老的人类历史，在没有细致的历史考察前，让我们暂且存疑。

在性与性别都被从主体身上抽离后，还剩下些什么？我们注意到，作为性与性别的可塑性的伦理基础并未发生根本性变化。正是这万变中的不变，反映出父权伦理的牢固性。可变的性与性别，与不变的父权制伦理相比，太不重要了。

第 六 章

削弱的阳刚与增强的女力

性别调和是对性别巩固和性别消解的中和，女性主义运动取得了一些胜利，但最后的赢家仍是父权制。在不改变父权制核心结构的前提下，主流意识形态对性别气质的标准和性别伦理的尺度进行了有限的调节，这一调节主要是对第二次浪潮以来女性主义要求作了回应，表现出已然克服掉父权制文化缺点的伪和谐状态。

第一节　削弱的阳刚

一　影视作品中男性气质的改变

在狮门电影公司 2011 年出品的电影《勇士》（*Warrior*）中，一对亲兄弟在 MMA（Mixed Martial Arts）搏击比赛中对决。弟弟的职业是海军陆战队队员，哥哥的职业是中学教师，弟弟拥有更强的肌肉和凌厉凶猛的拳法，哥哥拥有更坚定的意志和灵活难缠的牵制技巧。结局是哥哥赢得了比赛，而兄弟俩化解了从前的矛盾，互相搀扶着走下拳台。这两个角色的男性气质，是略有不同的，弟弟所具有的男性气质，是标准的 20 世纪 80 年代肌肉硬汉式的，然而在这部 2011 年的影片中，他输给了男性气质稍弱的哥哥，军人输给了教师。实际上，影片中的哥哥一角才更接近父权制，他有妻子，并且和被弟弟所憎恶的父亲保持着良好关系，教师也是个带有强烈父权色彩的职业——"一日为师，终身为父"。最后哥哥不仅打赢了弟弟，还用爱修复了兄弟关系，使得被放逐到父权制伦理关系之外的弟弟重新回到他的家庭成员位置之上。哥哥的教师加斗士形象，源头可以追溯到《夺宝奇兵》中的印第安纳·琼斯教授，20 世纪 80 年代以后的男性银幕英雄，比起代言保守主义的肌肉男，更加流行的其实是男性气质稍弱但更加遵守父权制伦理原则的男性形象，这一点我们在第三章第二节中的"伦理原则高于男性气质"小节已有过论述。问题是，如果仅仅是要维持父权制伦理，完全可以将伦理与气质相结合，像在施瓦辛格主演的《野蛮人柯南》中一样，为什么要给父权制伦理配上"营养不良"的男性气质呢？为什么在《加勒比海盗》里，甚至让杰克船长这样的娘娘腔占据中心位置？为什么 2011 年的翻拍版《野蛮人柯南》无法重现 1982 年版的成功，而口碑与票房双失？答案是：时代已然改变，为了保全父权制伦理，男性气质也必须改变，这是弃车保帅。

（一）身体的弱化

在灵魂与肉体之间，银幕英雄的灵魂被更加看重。什么样的灵魂？好的灵魂，这个好自然是按照道德标准评判出的，按照父权制伦理的道德标准。肌肉对英雄而言，不是最重要的，只要你是个"好人"，故事的创作者会为你配备一具合适的身体。《机械战警》（*RoboCop*，1987）中的墨菲警官被匪徒摧残得肢体破碎了，然后他获得了坚不可摧的机械身体。美国队长本是个连入伍体格标准都达不到的虚弱男人，但注射血清后变身高大健儿。绿巨人、钢铁侠、蜘蛛侠等漫画英雄，他们的超人身躯都是后天获得的，并且敌人也可以获得。即便非漫画英雄，《佐罗的面具》（*The Mask of Zor-ro*，1998）中的年轻佐罗也是在老佐罗的训练下才拥有高超武艺的。这是种拜师学艺的故事俗套，只要你心地善良，就能得到高人的真传，并以更短的时间学会更强的武艺，最终战胜那些可能苦练了大半辈子的心术不正的恶徒。在主流影视的叙事中，好的肉体是一个会自动与好的灵魂相匹配的附加物，只要有灵魂，就会有好的肉体，只要有道德，就能有肌肉。没有肌肉也不要紧，功夫熊猫照样能打败雪豹。

充满男性气质的身体，是可以抛弃的。成龙不需要像李小龙那样坚不可摧，他狼狈不堪也照样能战胜对手。洪金宝是个胖子，也一样和各种凶猛硬派的男子较量。面对耍弄危险刀剑的外国人，印第安纳·琼斯拔出手枪毙了他。在 2008 年的《无敌浩克》（*The Incredible Hulk*）中，绿巨人能战胜身躯更加强壮的"憎恨"，这并不稀奇，只因对方是俄罗斯间谍，在美国电影里，美国人总能战胜外国人，连《致命武器 4》（*Lethal Weapon* 4，1998）里的中年男人梅尔·吉布森都能打败武艺高强的李连杰。在我国五六十年代的影视作品和宣传画中，正面角色总是拥有更健康的身体，反派人物的身躯是病态的不堪一击的。然而在当代的影视作品中，敌人的身体更强更优秀。当最强的身体败给稍弱的身体时，就意味着胜败的决定因素不在于身体，所以《蝙蝠侠与罗宾》中施瓦辛格会败给乔治·克鲁尼（George Clooney），所以《非常小特务 3》（*Spy Kids* 3 – D：*Game Over*，2003）中史泰龙会败给两个儿童。身体是可以被抛弃的，只留下道德立场便够了。

（二）性格的调整

我国在 20 世纪 70 年代末 80 年代初曾流行过高仓健的电影，当时高仓健式的沉默寡言的男性气质一度风靡全国。然而实际上，当时我国民众通过《幸福的黄手帕》（幸福の黄色いハンカチ，1977）、《远山的呼唤》（遥かなる山の呼び声，1980）等影片接触到的高仓健银幕形象，已然是经过了重大改变的高仓健形象，高仓健职业生涯中出演最多的角色类型是黑社会成员，他在 20 世纪 60—70 年代参演的黑社会题材电影约占其一生中拍摄电影总量的八成。高仓健银幕形象的转型，除了个人因素使然外，也是顺应整个时代变化的结果。早年那种暴烈、凶狠的男性形象，转变为沉静、阴郁的男性形象。时代呼唤一种更平易近人的男性气质。

　　20 世纪 80 年代以来，在许多翻拍片、重拍片中，男性气质都发生了改变，人物性格被按照第二次浪潮后的社会文化环境重新塑造。比如李连杰的《精武英雄》（1994）和甄子丹的《精武门》（1995）电视剧及《精武风云·陈真》（2010）电影，都对陈真的人物性格进行了调整，与李小龙塑造的原版陈真相比，后来的陈真与原版陈真的最大差异就在于对待女性和对待外国人的态度上更加平和、理性。李连杰的陈真和甄子丹的陈真都与日本女人发展出爱情关系，这在李小龙的陈真身上是完全不可能发生的。

　　第二次浪潮后银幕男性形象的性格调整，主要就是要讨好一部分女性主义者，至少不那么明显地表现大男子主义。所以高仓健在《幸福的黄手帕》中浪子回头，陈真也不再患有民族主义厌女症，20 世纪 90 年代以后的皮尔斯·布鲁斯南（Pierce Brosnan）版 007 也不再随便玩女人，2006 年《皇家赌场》中丹尼尔·克雷格（Daniel Craig）版 007 甚至还被女人玩了。我们可以明显看到时代的变化，不论东方还是西方，影视作品中主要男性角色的性格都发生了改变，比较典型的例证是 80 年代曾一度流行过文弱小生形象，如《回到未来》、《十八岁之狼》（Teen Wolf, 1985）中的迈克尔·J. 福克斯（Michael J. Fox），如《小生怕怕》（1982）、《阴阳错》（1983）中的谭咏麟。而 80 年代中后期开始走红的罗宾·威廉姆斯、比尔·默瑞（Bill Murray）、比利·克里斯托（Billy Crystal）等喜剧男明星，则展示出一种充满智慧与幽默感的男性气质，它也可以很流行、很成功。那种过分的、过时的、传统大男子主义男性性格，到了 21 世纪，只有在中国电视剧《激情燃烧的岁月》（2001）或《亮剑》（2005）中才能看到。

二　男性时尚的更迭

（一）20 世纪 80 年代的"新男人"

进入 20 世纪 80 年代，男性时尚发生较大的变化。在此之前，男性从未有过像与女性时尚那样的时尚，在此之后，"时尚"这一词的意义对男人和女人来说，基本相等了。

在20世纪80年代初期，"新男人"形象问题是在关于男性的大讨论中反复出现的主题①，而所谓的"新男人"，实际上是混入了一部分传统观念中的女性气质的男性形象。肖恩·尼克松为"新男人"的"流行"列出四个关键传播途径：电视广告、新闻广告、男服装店和男性杂志。② 按照这种理解，"新男人"的出现主要归功于时尚工业的发展，是消费文化的产物。自恋的、沉湎于消费（主要为服装消费）、注重外貌的、对生活充满乐观精神的、时髦的男人，就是"新男人"。在今天的我们看来，这些似乎是当代男性的普遍的正常的状态，但在20世纪80年代，这样的男性形象被质疑为性别气质的混乱，并引起公众的关注和学者的讨论。直到80年代末，还有人坚持抵制这一潮流，例如一个名叫波里·汤因比的记者在《卫报》上撰文称这种类型的男人只是大众的虚构，生活中不大可能存在。③ 今天我们再看汤因比的言论，已然觉得荒诞不经，因为"新男人"不仅在生活中存在，而且还为数不少，男性时尚也已经发展壮大，今非昔比。

乔安妮·恩特维斯特尔（Joanne Entwistle）在《时髦的身体》(*The Fashioned Body*：*Fashion*，*Dress and Mordern Social Theory*) 一书中认为：1980—1990"这十年被视为男性时尚历史的一个重要时期，体现了对传统意义上男性观念的突破，产生了新的、对男性身体更富有性别特征的表达"④。"新男人"正是这十年时尚发展的产物，这无可争议，但究竟是什么造就了"新男人"仍难有定论。弗兰

① ［英］弗兰克·莫特：《消费文化：20世纪后期男性气质和社会空间》，余宁平译，南京大学出版社2001年版，第17页。

② ［英］乔安妮·恩特维斯特尔：《时髦的身体》，郜元宝等译，广西师范大学出版社2005年版，第221页。

③ 同上书，第222页。

④ 同上书，第221页。

克·莫特（Frank Mort）在《消费文化》（*Cultures of Consumption*）一书中，全面考察了 20 世纪 80 年代初的历史背景，他把根本原因归结于市场扩张，"新男人"是时尚工业开辟男性消费者市场的产物，它是被卖给男性的新生活方式。莫特在书中提到了性别政治，但由于女性主义者对"新男人"褒贬不一，所以性别政治的作用莫特并不重视。然而，本书更加看重 80 年代的性别文化背景（而不是消费文化背景）在"新男人"产生过程中发生的作用，并认为"新男人"实际为性别调和的产物。

首先，"新男人"现象是对女性主义要求的回应。1986 年，《智族》（*GQ*）杂志和《时尚先生》杂志的编辑们不约而同地把"新男人"的出现归功于女性主义运动，并一致表示，"他们的杂志从 20 世纪 70 年代末开始网销应归功于一个应女权主义要求而生的新人格的出现"①。"新男人"，new man，中文有另一个译法是"新好男人"。"新好男人"，应算是意译，因为"新男人"的确在诸多方面称得上"好"，更讨女性喜欢。"新男人"的外在形象，是对过去的男性审美眼光下的女性外在形象的模仿，这也就是它遭到"女性化"指责的原因。"新男人"，就是男人也要打扮漂亮去讨好女人，男人的身体也可供女人进行色情审美，为了实现这一目标，男人也要像女人那样去进行服饰消费，去保持身材，去化妆打扮等。这一逆转的激进程度，不亚于 20 世纪 70 年代初琳达·诺克林（Linda Nochlin）拍摄戏仿 19 世纪女性裸体摄影作品《买苹果》（*Achetez des Pommes*）的男性裸照《买香蕉》（*Buy My Bananas*，1972）。1972 年，诺克林撰文称："从 19 世纪一直到今天，男性的身体被用作满足女性之情色需求与梦想的泉源这样的想法——还不是公开可见的意象——一直闻所未闻，这倒不必然是因为某种艺术界的'男性沙

---

① ［英］弗兰克·莫特：《消费文化：20 世纪后期男性气质和社会空间》，余宁平译，南京大学出版社 2001 年版，第 56 页。

文主义'的结果,而是在整个社会中,男性与女性之间存在的整体情势所致。"① 当时谁能想到,不过是十余年时间,自 1986 年起,在英国的主流报纸《太阳报》(The Sun)上,"光着上身,不拉外裤拉链的'第七页男孩'就同出名的美人,即大名鼎鼎的'第三页女孩'们争夺观众的注意力。该报称,这种充满现代性感的男人的身体,是专供现代派喜欢生活中的乐趣的女士欣赏的"②。20 世纪 70 年代女性主义者对男性的一些期盼,在 80 年代的"新男人"身上实现了。

其次,"新男人"并没有满足女性主义者的全部要求。不错,"新男人"形象是主流意识形态向女性主义伸出的友好的橄榄枝,是一个和解的要约,可这种和解是有限度的,保留了底线的。英国男性杂志《面孔》(The Face)编辑茱莉·帕奇尔(Julie Burchill)在 20 世纪 80 年代多次攻击女性主义,她仅表示自己的道德观从女性主义中有所获益而已,她称自己的政治观是混合型的与社会大众相近的。③《面孔》的另一位编辑罗伯特·埃尔姆斯(Robert Elms),则毫不掩饰自己对男子汉气概的欣赏与坚持,他和帕奇尔一样为右翼人士所欣赏。在"新男人"产生过程中发挥过巨大推动作用的男性杂志,如《面孔》、《竞技场》(Arena)、《智族》、《时尚先生》、《闪电战》(Blitz)等,并不具有什么女性主义立场,他们参与塑造的"新男人"形象之所以会有讨好女性主义者之处,乃在于 20 世纪 80 年代的社会民众已然被女性主义部分地改变了。从本质上说,"新男人"根本就不是要讨好女性主义,而是要讨好社会大众。第二次浪潮后,大众受到了女性主义的影响,传统的男性已然无法适应

① [美]琳达·诺克林:《女性,艺术与权力》,游惠贞译,广西师范大学出版社 2005 年版,第 177 页。

② [英]弗兰克·莫特:《消费文化:20 世纪后期男性气质和社会空间》,余宁平译,南京大学出版社 2001 年版,第 19 页。

③ 同上书,第 51 页。

时代的要求，"新男人"形象才应运而生。而大众意识形态既不是极左，又不是极右的，它是左与右的混合体，其中女性主义与父权文化盘枝交错，性别巩固与性别消解兼而有之，所以，"新男人"形象是性别调和的产物。

（二）20世纪90年代的"新坏小子"

男性时尚的第二次变化发生在20世纪90年代，男性气质类型从"新男人"过渡到"新坏小子"（new lad）。根据克里斯蒂娜·纳尔逊的描述，"新坏小子"形象是吸收了劳工阶级属性的20世纪90年代男性中产阶级形象，它反对理智，蔑视情感，热衷于酗酒和暴力，以前女性主义（pre-feminist）的性别歧视姿态，视女性为性对象和另一种生物。① 这种文化被称为"坏小子文化"（Lad culture），又名"男孩文化"（laddish culture）或"坏小子主义"（laddism）。

"新坏小子"概念诞生于1993年，由肖恩·奥哈甘（Sean O'Hagan）在《竞技场》杂志上提出。奥哈甘在文章中试图宣告"新男人"的死亡，而男性气质的最新版本则将是放荡不羁的"新坏小子"，他称"新坏小子"是"一个男人能达到的最理想境界"。② 1994年，一本名为《整装待发》（Loaded）的男性杂志出刊，不同于创办于20世纪80年代的那些男性杂志，它顺应并加剧了新坏小子的时代潮流，最终改变了整个男性杂志市场的面貌。"据该杂志以前的编辑迪姆·索斯维尔所说，《整装待发》是作为新好男人这一形象的解药出现的。"③ 同年，大名鼎鼎的《男人装》（FHM，台湾版中文名为《男人帮》）杂志诞生。1995年，同类型杂志《风度》（Maxim）创刊。这些杂志的共同特点，包括其刊登性感女性名流软色情照片的封面，远离政治和时事的关于异性恋男性享乐生活的文

---

① Kristina Nelson, *Narcissism in High Fidelit*, NY: iUniverse, 2004, p. 19.
② ［英］彼得·杰克逊：《追寻男性杂志的意义》，陈阳等译，天津人民出版社2007年版，第92页。
③ 同上。

章，以及围绕其创造的"新坏小子"形象的消费文化宣传。这种新型男性杂志文化凶猛袭来，势不可当，终于在 1997 年迫使它们的"新好男人"前辈低头效仿，《竞技场》《智族》《时尚先生》等纷纷推出更接近于新生对手的"低端市场"版，"一度使新坏小子形象成为了一种文化霸权"①。

　　20 世纪 90 年代男性时尚的转变，实为对 80 年代男性时尚的一种否定性继承。80 年代的应女性主义要求做出调整的"新男人"，引发了关于男性气质的焦虑，制造了性别气质的"危机"，"新坏小子"是对这一危机的回应。对主流民众来说，"尽管新好男人形象作为一个文化建构已经被广泛承认，但是放荡不羁的男性形象却被普遍认为是更'诚实'和'自然'的"。"到 1990 年代末为止，放荡不羁的男性气质变成了一种理所当然的男性气质形式，以至于它被广泛认为是'自然的'，这就和其他的一些男性气质形式形成了对照，如新好男人形象，而后者被广泛认为只是一种媒体的建构。"②以女性主义的观点，这种关于男性的"自然"当然是虚假透顶，但是它的成功，恰恰证明了女性主义第二次浪潮的失败。第二次浪潮对主流社会意识形态的影响力，到 90 年代已然丧失无几了。尽管"新坏小子"否定了"新好男人"，但实际上它和"新好男人"一样，响应了时代的号召，也是性别调和的产物。"新男人"部分对应了女性主义第二次浪潮的要求，"新坏小子"则对应着后女性主义时代的要求。用一个中国旁观者的眼光来看，以西方世界为主要事发地的这一次男性时尚更替，继承多于批判。"新坏小子"和"新好男人"，都是一整套关于男人如何生活、如何着装、如何消费、如何赢得女人的意识形态，差异仅仅在于细节上的更新换代。阶级分析有一定道理，但阶级因素只在 90 年代初期起过一时的作用。"新坏

---

　　①　［英］彼得·杰克逊：《追寻男性杂志的意义》，陈阳等译，天津人民出版社 2007 年版，第 102 页。

　　②　同上书，第 202 页。

小子"根本就不等同于工人阶级男性气质，90 年代中后期以后它就成了最具霸权性的男性气质标准，对 90 年代的西方中产者来说，它可能来自英国青年中下层男子，但对较晚接受它的如中国这样的第三世界国家民众来说，"新坏小子"形象是来自西方发达国家的"最新""最先进"的男性气质，它不是自然的，而是"应该"的。在中国大陆出版的《男人装》《风度杂志》也不似是针对中国中下阶级消费者而编撰，其消费者的阶级结构应与中国大陆版《智族》《时尚先生》没太大区别。我们看到这些杂志在男性气质的细节问题上，没有什么必须坚持的原则，它们会依据时间与空间来改变，所以"新好男人"和"新坏小子"的关系是从一个形态转化（过渡）到另一个形态，本质上是同一种东西，即应时代要求而做出改变同时坚守父权文化的男性气质，是对性别矛盾进行调和的时代产物。只不过这一调和因成分比例的不同，有时对女性主义稍显友好，有时展现出大男子主义作风，有时偏左，有时偏右，但从来不会走向任何一个极端。

我们很难说在性别问题上，"新坏小子"就一定比"新男人"更右倾、更退步，虽然"新坏小子"受到女性主义者更猛烈的抨击。"新坏小子"文化最臭名昭著的地方在于它公然展示异性恋男性的性趣味，在性别观念上退回到第二次浪潮之前的水平，在女性理应充当男性性欲望对象的问题上更是十足的复古。《男人装》《风度杂志》等，几乎等于不露点的《花花公子》或《阁楼》（Penthouse），这些杂志毫不掩饰其色情趣味，并将其作为最自然质朴的男性气质来宣扬。然而，"新男人"文化在性观念上，却不如"新坏小子"开放，"新男人"的性观念更接近于否定性革命的保守主义意识形态。二者都是不纯粹的，交织有各方意识形态的性别调和的产物。从批判的意义上说，"新坏小子"是十足的反女性主义的，它最大的问题就在于视女人为玩物。但仅就"新坏小子"文化中玩弄女性的部分而言，它也仍有进步的一面。"新坏小子"与旧式的在花花公子俱乐部里玩弄女性的文化不同。那种旧式文化的典型景象是几个大腹便便的老男人在一群身着兔女郎装的年轻女子环绕下抽雪茄打扑克，就好像休·赫夫纳成名后的生活一般，男人和女人的不平等关系一目了然，她们是他的嫔妃、佣人、奴仆，他是她们的国王、主人、老爷，他"拥有"她们。"新坏小子"在这个问题上与旧式花花公子不同，它继承了"新男人"对自我魅力提升的部分，同样强调男性外在形象的美化，他们和女性的性关系是建立在互相吸引的基础上的，在性观念上他们歧视女性，但在性关系上还比较平等。"新坏小子"肯定男性性自由的同时，也就肯定了女性性自由，它在以女性为性欲客体的同时，也努力使男性成为女性的性欲客体。所以说，它有其进步的一面，在反女性主义的同时，也具有一部分女性主义因素。在许多方面，后女性主义女性形象与"新坏小子"形象都有重合，后女性主义女性就好像一个女性版的"新坏小子"。"新坏小子"并不完全是男性对男性气质危机的反攻，它也是应后女性主义时代女性的呼唤而来，而后女性主义并不完全违背女性主义，它也含有一部分女性主义因素，后女性主义也是性别调和的产物。

第二节 增强的女力

一 主流文艺作品中的女英雄

主流文艺作品中女英雄形象的增加，最大限度地体现出主流意识形态对女性主义的吸收。1976 年播出的美国电视剧《查理的天使》（*Charlie's Angels*，又译《霹雳娇娃》）反映出当时的一种文化潮流，即主流社会意识形态温和地接受女性主义的趋势。然而，《查理的天使》，顾名思义，电视剧里的三位女英雄隶属于一个男人——查理，她们的身份是"天使"，和上帝手下的雇员享有相同的头衔，"天使"同时也是男女爱情关系中最常冠以女方的昵称。但即便这样，这部电视剧及其 21 世纪翻拍版电影在世界范围内的成功，仍代表着主流民众在一定程度对女性主义的接受。这种接受，是有限度有条件的接受，这种有限和有条件，即代表着父权制文化的伦理底线不可动摇。20世纪80年代以后，女性英雄的出现已不像六七十年代时那般惹人注目，而主流文艺中女英雄的类型也基本固定。下面我们看一看主流文艺作品中最主要的几种女英雄类型。

（一）隶属于男性的女英雄

第二次浪潮后的大众文艺叙事对传统叙事中的女性橘色地位进行了一些提升。这一点在翻拍版电影里表现得最为明显，如2005年的《金刚》（King Kong），女主角已然不是1933年版、1976年版中那个毫无自主性的被金刚抓来掳去的弱女子了。在李小龙《精武门》的几个翻拍版（电影《精武英雄》《精武风云·陈真》、电视剧《精武陈真》《精武门》等）里，女性角色的作用也都得到加强。隶属于男性的女英雄，实际上和这些在以男性为主角的电影里崭露头角、发挥作用的女性角色是同一类。这一类女性形象，虽然其作用得到了肯定，但仍是辅助性角色，她们的有用性都是对于占据中心位置的男性而言的。

隶属于男性的女人和隶属于男性的女英雄，其区别微乎其微，她们之间还可以轻易转化。比如《木乃伊2》（The Mummy Returns，2001）里的蕾切尔·薇姿（Rachel Weisz）饰演的角色，她对冒险的主动参与比第一集里多出了许多，并且还掌握了格斗技术，与第一集里的同一个角色相比，她是升级为英雄了。但是，这样的女性角色在叙事中，仍然处于低于男主角的序列，她们仅仅是男性冒险家的辅助者、同路人、帮手。这种情形在华语武侠片里相当多见，绝大部分女侠在武功、阅历等多方面都逊于男主角，她们都是作为男性侠客的陪衬、伴侣、红颜知己等出现在故事中的。只有极个别的几部武侠片打破了这一模式，如《卧虎藏龙》（2000）、《白发魔女传》（1993）等。作为男英雄伙伴的女英雄，不论在第二次浪潮以前，还是第二次浪潮之后，都是在大众文艺作品中出现率最高的女性英雄形象。比如，不论在 1966 年的《大醉侠》、1968 年的《金燕子》，还是在 2008 年的《功夫之王》里，尽管男主角并不是同一个人物，但金燕子这一角色却始终是作为男主角的同伴、红颜知己而出现的。

这种辅助性女英雄的作用，主要有三个。一是充当男主角的红颜知己，他们之间的关系处在一种暧昧中，随时可以向恋人转化，比如 1985 年的美国电视剧《蓝色月光侦探社》（Moonlighting），在长达四年的播映后，一直斗嘴的男女主角终于成为恋人。这种男女主角的关系，和 1965 年开播的电视剧《糊涂侦探》（Get Smart）以及大量 007 电影并没有什么本质区别。20 世纪 80 年代以后的文艺作品，与传统的区别在于，延长了暧昧阶段，女英雄并不那么容易被男主角征服，甚至可以并不成为男主角的恋人，如《神探亨特》（Hunter，1984）中的女警官麦考尔。这些例子全部符合传统通俗叙事中的英雄配美女，其进步意义只在于这个美女不再是只等英雄保护和搭救的弱女子，她具有了一定能力，并且可以在某些时刻帮助英雄。二是与敌对的女反派进行直接对抗。例如《木乃伊 2》中，蕾切尔·薇姿扮演的女主角一直与帕翠西娅·维拉奎兹扮演的女反派对抗，这种同性别的对抗似乎才是公平的。在 2003 年的《致命摇篮》（Cradle 2 the Grave）里也一样，胡凯莉（Kelly Hu）扮演的女反派在决战中与加布里埃尔·尤尼恩（Gabrielle Union）扮演的角色对垒。男英雄的女同伴，是处理女反派的最好人选，这种叙事中包含了"好男不跟女斗""男人不能打女人"等传统思想。当然，我们也不否认不让文艺作品中的男英雄打女人含有一定的进步意义，但其实它在更深的层次隐含有女性在能力上不如男性的陈腐观念。比如在《尖峰时刻 2》（Rush Hour 2，2001）里，克里斯·塔克（Chris Tucker）饰演的完全不会武功的黑人男探员，能够莫名其妙地打败章子怡扮演的武艺高强的女反派，也就是说一个武艺高强的女人到底也敌不过一个普通男人。类似的情形在 20 世纪 80 年代洪金宝制作的福星系列动作喜剧片里也多次出现，身怀绝技的凶狠的女反派会败给近乎弱智的搞笑型男角色。这个情形，类似国内某些单位在发工资时给女硕士生和男本科生发相同工资，女本科生工资最低，男硕士生工资最高，这反映出主流社会意识形态始终认为女性的能力要略低于同等级别的男性。三是在作品中实现主流社会所认为的"男女平等"。尽管和女性主义的终极目标还相差极远，但女英雄能与男英雄并肩协作，对主流社会而言，已经是女权的大大进步了。但同时，这种女英雄的局限性，也意味着主流意识形态对女性主义最大的容忍度仅止于此。比如1998年的迪士尼动画片《花木兰》（*Mulan*，1998），木兰自始至终都隶属于三个男人，即父亲、作为恋人和丈夫的李翔将军以及皇帝，但她在当时却已经是迪士尼动画史上最具女性主义色彩的女性角色了。在2004年迪士尼拍摄的续集《花木兰2》（*Mulan II*）中，木兰不再以男装示人，整个故事也回归到一般的反封建婚姻的自由主义路数上来，对性别的探讨被对爱情的探讨所取代。《花木兰2》暴露出这个作品系列的自由主义本质，并且主创人员很明显地以当代资本主义国家的主流意识形态来批评他们想象中的中国传统文化，木兰在两集电影中遇到的麻烦，都是由中国传统习俗造成的，而她的解决办法则是西方自由主义式的。这是女性主义的"历史终结"，即在西方主流意识形态的观念中，女性主义已经完成，只有过去的西方和现在的非西方世界尚未实现"男女平等"。在杜琪峰于1993年导演的《东方三侠》及其续集《现代豪侠传》里，梅艳芳饰演的女飞侠同时也是个贤妻良母，她的丈夫则是名副其实的警官，她一明一暗的两项工作——家庭主妇与夜行女侠，无一例外是对丈夫工作的辅助。这也许就是主流意识形态对女性主义的最大容忍，允许一个女性在完成了她作为女性的任务（成为妻子和母亲）后，抽空去实现自我价值。梅艳芳作为这个系列电影中的核心主角，是三个女主角中唯一一个隶属于男性的女英雄，另外两个女主角（杨紫琼和张曼玉）则分别属于另外两类女英雄，下面我们将分别讨论。

（二）缺失了男性的女英雄

的确，在隶属于男性的女英雄外，文艺作品中还有为数众多的不隶属于男性的女英雄形象。在这些女英雄中，有一部分是真正的独立，但更多的，被描画为缺失了男性伴侣的"失败"女性形象。这一类缺失男性的女性，实际上反映出主流社会对强势女性、女性主义者的一种庸俗理解：这些女人，之所以要表现得比男人更强，之所以会具有一定的男性气质，是因为她们没男人要。

缺失了男性的女英雄，主要分为两类，一类是因失去男性而患有歇斯底里症的女性，另一类是尚未意识到对男性的缺失然而终要被男性征服的女性。

对第一类女性来说，男性的缺失是她身上所有超女性特质的本源。一个女人表现出本不属于女性的男性化特征，其原因是她失去了男人。比如《勇敢的人》（the Brave One，2007）里朱迪·福斯特（Jodie Foster）饰演的女复仇者，她从弱女子变成一个勇敢的人全因为她的未婚夫被匪徒杀害。男人的作用，是使一个女性维持正常女性状态。《勇敢的人》里朱迪·福斯特的本性不是要当个勇敢的复仇者，而是当"正常"的女人，所谓的"正常"就是结婚生子。匪徒杀死她的未婚夫，迫使她成为勇敢复仇者。维持正常的女性状态才是这些银幕女英雄的目标，《特工绍特》（Salt，2010）里安吉丽娜·茱莉（Angelina Jolie）的角色也因恋人被杀而大开杀戒，毫不手软。绍特是个特工，但她的梦想是过上普通女性的生活，当这一梦想破灭时，她才又恢复杀人特工的身份。《终结者2》和《终结者外传》（Terminator：The Sarah Connor Chronicles，2008）里的萨拉·康纳也一样，这一角色在第一集里还是个弱女子，经历了丧夫之后就在这些续集中变成了强势女战士。在这里，女性天性被假设为必须成为妻子，女性的理想状态被设置成必须有男人爱她，这种设想也符合拉康所称的女性的欲望就是被欲望。然而我们不得不说这种庸见里含有明显的性别刻板印象，这种关于女性心灵的假象，说得难听点，就是认为女性"贱"。在金庸的通俗小说里，有大量因失去男人而变得不可理喻的女魔头，如李莫愁、周芷若、金花婆婆、梅超风等，不胜枚举。因失去男人而变得歇斯底里的女性形象，与失去子女而歇斯底里的女性形象很有可比性，我们不否认这种形象的产生也许有现实依据，但它却确确实实伪天然地认为女性的正常状态一定是为人妻为人母，一旦女性无法达到或维持这种正常状态，她就必然陷入失心疯、歇斯底里，有时走向男性化。值得指出的是，许多男性英雄的起点，也是世俗生活梦想的破灭。比如著名的"惩罚者"（The Punisher），这一源于"漫威"公司漫画的英雄形象，不论在电影、漫画还是在电子游戏中，任何一个版本的故事都以他丧失妻子儿女为起点。惩罚者非凡的身手、残忍的风格以及常年失眠带来的黑眼圈，都拜家破人亡所赐。《勇敢的心》（Brave Heart，1995）里的华莱士丧妻甚至直接引发了一场苏格兰民族起义。2007年的《非法制裁》（Death Sentence）可看作《勇敢的心》的性别颠倒版本。而《特工绍特》，剧本原是为汤姆·克鲁斯创作的。这一男女通用的俗套，说明男性气质是通过家破人亡这样的原初性阉割来获得的。不论是丧妻的男人，还是丧夫的女人，他们获得的都是更强的男性气质，这种创伤是女性气质（软弱）的结束。然而，男英雄本来就是男人，他们经历的是正常的男性化过程，不论是创作人员还是观众，都给予这些男性英雄以较少的惋惜与同情。007 在重启系列原点《皇家赌场》里遭遇情伤，伯恩在《谍影重重 2》（The Bourne Supremacy，2004）里失去恋人，斯巴达克斯在《斯巴达克斯：血与沙》（Spartacus：Blood and Sand，2010）里丧失妻子，等等，这些俗套意味着一个男子汉的诞生，是对他们的不必要的感性、妇人之仁以及女性气质的剔除。而对遭遇同样灾难的女性而言，这却意味着一个正常女性的灭亡，诞生出的新她，已然性别气质混乱，成了一个怪物——《怪物》（2005），林嘉欣在这部电影里就因丧夫丧子而变成了"怪物"。

对第二类女性来说，她们的独立姿态只是暂时的，她们终要遇到一个男人，消除其身上的男性化特征，使其"恢复"女性状态。这些女性形象，起初往往比前一类更加男性化，然而最终却大多以重拾女性气质为终点。在徐克导演的《狄仁杰之通天帝国》里，李冰冰饰演的上官静儿，常以男装示人，也一直强作男性化姿态，但在临死前却向狄仁杰露出其女儿家的一面，这表明之前她的种种男性气质全是伪装。这种叙事表面上看是对弱化了的男性气质的不满，是这些女性期待真正男子汉出现而故作姿态。然而在许多文本中，征服这些女性的男子经常是毫无男子气概的家伙。比如《吴三桂与陈圆圆》（1992）中征服吴桂芳的陈太圆，还有在《狼吻夜惊魂》（1995）中征服了倪淑君"男人婆"角色的蒋志光扮演的眼镜男。所以，只要是个男人，就可以"帮助"那些缺少男人的"男人婆"变成"真正的女人"。这些女性全都乐于这一改变，甚至可说是渴望被男人所"征服"，比如《剑雨》（2010）中杨紫琼的角色，她从缺失男人的女英雄转化为隶属男人的女英雄。有时女英雄会被这种被男人征服的欲望所诱惑而犯错，如《机动杀人》（*Taking Lives*，2004）中安吉丽娜·茱莉的角色、《霹雳娇娃》（*Charlie's Angels*，2000）里德鲁·巴里摩尔（Drew Barrymore）的角色。而在更多情况下，第二类女性形象会与第一类女性形象相联结，男人成了一个插曲，先获得，再失去。比如绍特、尼基塔、黑猫，以及《东方三侠》里杨紫琼饰演的角色，她们的心全都被能力远不如自己的文弱男子所俘获，她们极其希望由此过上正常女性的生活，但最后都以失去这些男人（机会）告终。也有先失去，再重新获得的，如《白发魔女传》和《白发魔女2》（1993）里的白发魔女，所有的疯狂以失去男人为始，以重获男人为终，总之在这个电影系列里，没有男人的女人是不正常的，男人成了女人丧心病的解药。缺失男人的女英雄形象，就是得了"病"的女人，这病就是女性的男性化，它必须以对男人的缺失来维持,一旦缺失状态结束,她就重返"健康"状态,变回了普通女人。

(三)作为欲望对象的女英雄

伊冯娜·塔斯克(Yvonne Tasker)在论及动作女星时说到了这一形象的模棱两可性:一方面,它象征性地跨越了性别界限,与传统观念加之于女性身上的种种女性气质相决裂;另一方面,"这种活跃的'男性化'特征通常被影片中以各种形式表现出来的'女性气质'的能指所抵消,例如'欲望对象'、母性天性或是'假小子'类型——'一个不愿意被成年女性的责任所束缚的女孩'"①。前面讨论的两种女英雄形象,在《东方三侠》系列电影里分别由梅艳芳和杨紫琼所演绎,而张曼玉的角色是唯一一个与男人没有情感瓜葛的,她既不属于男人,也不需要男人,但她是影片中穿着最暴露性感的,她是用来给银幕外的男人欣赏的,她就是伊冯娜·斯塔克所说的"欲望对象"。

作为欲望对象的女英雄形象用以收拾前两种女英雄形象所未捕捉到的漏网之鱼,但更多的时候,它与前两种形象可以重合。比如《霹雳娇娃》电影版中的三位女性,她们隶属于男人,同时也是观众的欲望对象,被夸张和突出的性感场面无处不在,扑面而来。有时文本中的男人问题无关紧要,文本外的男性观众才更重要,文本中的女性角色只要保证是给男性看的就足够了。比如美国漫画英雄中的猫女、巫刃女,日本动漫《一骑当千》中的诸多女性角色。有时文本中欲望对象这一属性是女英雄兼而有之的特征,她不必具备这一点,但如果丧失了这一属性,她的魅力会大打折扣。比如跨媒介女英雄形象《古墓丽影》中的劳拉,这一形象主要靠孤胆、机智、身手敏捷来支撑,但如去除她诱人的性感外貌,没人会认为她还是劳拉。在20世纪80—90年代的港台动作女星中,李赛凤、杨丽菁

---

① [英]里昂·汉特:《功夫偶像》,余琼译,北京大学出版社2010年版,第15页。

等人被西方评论界称为"致命的中国娃娃"，她们因拥有娇美的外表而兼具欲望对象的功能。与男性动作明星的习武背景不同，许多动作女星所具有的都是学习舞蹈的背景，包括惠英红、杨紫琼、章子怡等，可见观众对动作女星的要求与动作男星不同，其作为欲望对象的作用高于展现肉体真实。那些有真功夫的银幕打女，如罗芙洛（Cynthia Rothrock）、大岛由加利（Yukari Ôshima）、蒋璐霞等，因其基本不具备欲望对象属性，其事业发展和受欢迎程度都远不如那些学舞蹈出身的女子，多以配角或反派形象出场。

作为欲望对象的女英雄形象，是男性审美的反现实产物。这些女英雄在一本正经地拯救世界或激烈打斗时，还要优雅地自然地坦胸露肉诱惑观众，这无论如何都是不可思议的事。帕米拉·安德森主演的电影《越空追击》（Barb Wire，1996）和电视剧《丽人保镖》（V. I. P.，1998）把这种不可思议推到了极致，一个身材娇小胸部傲人的穿着紧身衣裙和高跟鞋的女战士，不论武艺还是枪法都高出她的男性对手很多，这种虚构的全部意义就在于可供男性观众欣赏。在动漫与游戏（ACG）世界里，脱离了现实的种种限制，让性感娇娃形象得以发扬光大，古墓丽影游戏版与漫画版中劳拉的胸围和胸围腰围比例都比安吉丽娜·茱莉在电影版中饰演的劳拉夸张得多。

具有男性特质的女英雄形象增加，是第二次浪潮的成果，但主流文艺作品中的女英雄形象，不论哪一种，都仍建立于男性对女性的一厢情愿的想象之上。首先，即认为女性应该隶属于男性；退而求其次，如果缺失了男性，女性就得变成"疯子"；再退一步，即便女性没有歇斯底里，她的形象也应该供男性欣赏，成为男性的欲望对象。

（四）具有突破性质的女英雄

在第二次浪潮之后的大众文艺作品里，也的确产生出一些具有突破性质的女英雄，但这突破性质是相对而言的，她们或多或少仍带有欲望对象的元素，也没有完全摆脱与男性的瓜葛。

　　首先是林青霞的一系列银幕形象,她在西方获得了非同一般的赞誉,里昂·汉特称其为"性别便宜的复仇女神",霍华德·汉普顿称其为"当代电影中最不可思议的银幕形象"、"20世纪最后一个,最奇特的银幕女神"①。她被西方评论界所关注,很大原因是因为她反复出演"雌雄同体的女侠形象",在《刀马旦》、《新龙门客栈》、《东邪西毒》(1994)等动作片里女扮男装,在《刀剑笑》(1994)、《笑傲江湖之东方不败》、《东方不败之风云再起》(1994)里扮演男人和阉人,此外,在《火云传奇》(1994)、《白发魔女传》等影片里她所饰演的女性形象也让西方观众感到新奇。林青霞继承了中国传统文艺中的女扮男装传统,虽然她出演的绝大部分角色实际上并没有制造革命性的性别逾越,但放在性别解放浪潮的大背景下,她起到了推波助澜的作用。在香港,1989年同性恋被合法化,1995年通过关于性别歧视的立法,林青霞塑造的雌雄同体群像是在这个背景下,顺应时代趋势的,具有积极意义。在这些作品中,《东方不败》是在性别问题上走得最远的,可以说具有很强的突破性。单独来看这部电影的话,似乎与女性形象的创新无关,因为东方不败是个男变女变性人,他/她不是一个真正的女人。必须把东方不败形象与林青霞出演的其他银幕形象及徐克创造的其他女性形象联系起来观察。徐克是过去三十几年里最热衷于塑造男性化女性角色的导演之一,《东方不败》代表着他对这一问题探讨的最远点,其次可能是《狄仁杰之通天帝国》里的武周女子。林青霞演绎的东方不败,也是她的雌雄同体群像中性别身份最模糊混乱的一个。不同于金庸充满同性恋恐惧和阉割恐惧的小说《笑傲江湖》中的变性人,林青霞塑造的东方不败,他变成了一个女人,她也仍是个男人,性别规范被破坏与质疑。罗兰达·楚称林青霞扮演的东方不败为"无法辨认的

---

　　① 〔英〕里昂·汉特:《功夫偶像》,余琼译,北京大学出版社2010年版,第169页。

卑贱体"，这里的"卑贱"取自克里斯蒂娃的概念，是对身份、体系与秩序的扰乱，中性的难以辨认的混融体。① 它代表了徐克的自由主义性别观的最极端状况，它含有对同性恋、双性恋、变性、易装等"越轨"行为、欲望的肯定。虽然如关锦鹏所批评的，徐克的电影"最后总会重新确认异性恋规范"，东方不败在《东方不败》里以异性恋女性的姿态坠崖，他在《风云再起》中又以异性恋男性的风格退场，但与当代其他主流文艺作品中的人物形象相比，东方不败在性别问题上已有很大突破了。

与林青霞在性别气质突破上所做的努力相比，李安《卧虎藏龙》中的玉娇龙一角，则以片尾的飞身一跃来拒绝接受被规定好了的女性的命运。以玉娇龙女扮男装闯荡江湖的经历来说，她也有一定的雌雄同体特质，但这种特质被她与罗小虎的恋情削弱了许多。玉娇龙贯穿整个故事的行为是对父权的反抗，这一反抗表现为习武、逃婚和盗剑，习武是改变性别气质，逃婚是拒绝父权伦理，盗剑可视为争夺象征性阳具。她学习的是武当功夫，这种功夫以阴柔著称，但武当派不收女弟子，她的师傅是靠色诱武当高手而盗得秘籍的碧眼狐狸，这一切都饱含对父权制的不满与反讽。最遵循父权制原则的两个人，李慕白和俞秀莲，压抑个人情感以致抱憾终身。以纯粹的女性力量（美色和母性）来反抗父权的碧眼狐狸，因缺乏对父权原则的掌握（不识字）而终至失败。玉娇龙是文本中最具雌雄同体特质的角色，她能文能武女扮男装，又兼具美色且能做到展现女性特质的性别表演。这样一个左右逢源的人物，在影片似乎要走向小团圆结局时，抛下她的爱侣罗小虎，纵身跃下悬崖。对这突如其来的自杀行为的解释有很多种，众说纷纭，难有定论，且不论包括李安在内的创作者们究竟

① ［英］里昂·汉特：《功夫偶像》，余琼译，北京大学出版社 2010 年版，第 173—174 页。

意欲表达何物，最起码，它与其他作品不同。这是一种拒绝，拒绝有一个确定的归宿，因为玉娇龙在世间所能拥有的结局，不论在故事所虚构的古代，还是讲故事者身处的当代，都极其有限。这一消极的自杀行为中，还包含有积极的一面，因为影片中穿插有跳崖许愿的传说，玉娇龙绝望的自杀，是其对愿望的期许。

昆汀·塔伦蒂诺（Quentin Tarantino）的电影，与上述两例相比，更加具有对传统性别界限的破坏性。在他早年参与制作并演出的《杀出个黎明》（*From Dusk Till Dawn*，1996）中，当影片人物进入充满恶鬼的酒吧后，起先看来最凶狠最具男性气质的恶棍（由他本人扮演）是最不堪一击的，而影片结束时，一反大众文艺俗套，男女主角没有一丁点要组成一对恋人的征兆，而是客气礼貌地分道扬镳，毫无惋惜之情。在昆汀导演的《杀死比尔》（*Kill Bill*）系列和他制作的《人皮客栈 2》（*Hostel：Part II*，2007）里，女性的暴力潜质被尽力挖掘，影片中的男性角色被相对女性化，他构建了一个性别气质颠倒的世界。在他 2007 年的《死亡证据》（*Death Proof*，又译《金刚不坏》）里，昆汀实现了残暴欲望的两性平等。《死亡证据》的前一半戏仿了传统通俗文艺中的色情狂恶棍残杀性感美女的桥段，而在后一半，当恶棍想在另一群女性身上重演之前的虐杀时，情形发生了 180 度逆转，恶棍被他的女猎物虐杀致死了。影片用大量篇幅表现被虐杀者的恐惧与狼狈，男性与女性的反应在程度和形式上没有太大区别，影片又用大量篇幅表现施虐者的兴奋与喜悦，邪恶的男人和正义的女人在施虐快感上也几乎没有程度差异。其中当然包括对正义与邪恶的颠覆，正义之士在惩罚恶棍时，其虐待他人的快感与恶人作恶无异。同样的，它也部分地颠覆了性别差异，在女性取得了武器（枪），握有虐杀男性的力量时，她们充分展现出了男性气质，而恶棍则转眼变成娘们。这一叙述，在质疑性别规范的同时，也道出了性别气质的秘密，它的根源乃在于权力关系。

二　后女性主义女性

（一）特征

我们曾在第一章对"后女性主义"这一概念作过简单的探讨。这里，我们重新提到这个词时，用它来形容 20 世纪 80 年代以来的一种新型的女性形象。第二次浪潮以后，在世界范围内出现的，既不同于传统女性，又不同于女性主义者的女性形象，我们可称为"后女性主义女性"。

后女性主义女性的最直观的特征，是她们的外貌与行为具有很强的现代气息。她们与传统妇女（如家庭主妇、乡村农妇、城市女工等）间的差异是极易辨识的。后女性主义女性具有外显的自信，行事果断，既没有深闺小姐的羞怯，也没有下层女孩的粗鄙，她们身上带有比传统妇女更多的男性气质——这是继承自女性主义第二次浪潮的遗产。从她们与传统女性的差异上看，后女性主义女性似乎是女性主义的代表，然而，她们与正统女性主义的分歧也十分巨大。后女性主义者保留了性别刻板印象中的某些女性特质，她们有很强的消费欲，她们过分地注重外表，她们很享受男人投来的充满欲望的爱慕目光。从外貌上看，她们并不像身处学院里的女性主义者那样穿着朴素，她们是以"兼具美貌与智慧"为目标的现代女性，说是"兼具"，但"美貌"其实更重要，而且往往是唯一重要的。当然，与传统妇女相比，后女性主义女性受过更多的教育，也的确比较有"智慧"。

在性问题上，后女性主义女性跟传统妇女更是截然不同。后女性主义女性的性道德观具有较强的自由主义色彩，她们摒除了传统妇女的贞操观念，并不反对婚前性行为，她们勇于谈论性，懂得享受性的快乐，有时她们发生性行为甚至纯粹是为了"寻欢"，不以感情（爱情）为做爱的前提条件。她们的这种性爱观，很接近于自由主义女性主义者（比如李银河博士）所倡导的性道德。然而，一些女性主义者对后女性主义者的指责在于：她们的自由主义性行为在实践过程中往往有意无意地取悦了男性，使女性沦为男性的玩物。杰梅茵·格里尔在《完整的女人》中就对口交、肛交、经期做爱等性行为方式大加嘲骂，认为以这些行为迎合男子的女人是自甘卑贱。

在社会身份上，后女性主义女性多为城市女性，她们是城市中产阶级或更上层的女性，或有希望成为城市中产阶级的女职员。她们既不像传统妇女那样被困在家庭、乡村或城市底层，又不像女性主义者那般身处学术圈或接近思想界。她们是当代城市生活的践行者。

在意识形态上，她们表现出明显的调和特征。从表面上看，她们的意识形态是接近于自由主义与女性主义的，她们对婚姻和家庭似乎没有那种保守主义的执着。但是，就我们对几个经典的后女性主义文本的观察，后女性主义女性对符合保守主义理想的前现代状况含有深深的乡愁。在《欲望都市》和《BJ单身日记》这两个最著名的后女性主义文本中，现代都市女性的单身生活都终结于小女孩童话式的白马王子结局。尤其是《欲望都市》，贯穿整个剧集的自由性爱竟与故事结尾的婚礼如此矛盾而又和谐地居于一体。这是性别调和的一个突出范例，反传统的性观念及性行为，与传统婚姻及家庭价值，它们之间的矛盾可以通过调和来化解。对前现代状况的乡愁，还表现在后女性主义文本中的配偶选择上，后女性主义女性倾向于选择更加传统的男性作为终身伴侣。在城市人与农村人之间，她们选择农村人，比如《情归阿拉巴马》（*Sweet Home Alabama*，2002）；在现代男性与传统男性之间，她们选择传统男性，比如《BJ单身日记》。后女性主义女性的理想对象，因其虚幻的保守主义"白马王子"特征，这种"完美"男性在现实中实在罕有，所以文艺作品中常使他们由其他空间穿越而来，比如远离现代的古代，例子有《穿越时空爱上你》（*Kate & Leopold*，2001，又译《隔世情缘》）、《急冻奇侠》（1989）等；比如远离城市的野外丛林，例子有《森林乔治》（*George of the Jungle*，1997，又译《森林泰山》）、《泰山》（*Tarzan*，1999）等；比如远离尘世的世外桃源，例子有《超时空宠爱》（*Blast from the Past*，1999，又译《魔法电波》）、《圣诞精灵》（*Elf*，2003）；比如远离地球的外星，例子有《外星恋》《路易斯与克拉克：超人新冒险》等；有时甚至直接让白马王子从童话里走出来，例子有《爱情魔力》（*Prince Charming*，2001，又译《青蛙王子》）、《魔法奇缘》（*Enchanted*，2007）等。总之，后女性主义女性关于自己的人生归宿的想象，与一般女性及传统女性没有本质区别，甚至更加童话化。在关于她们的文本中，她们的人生被分裂成两个阶段，一个是单身阶段，另一个是婚姻阶段。一般来讲，她们的单身阶段比传统妇女要长，这一阶段她们表现出的开放、进取甚至放纵，都将以遇到合适的白马王子（Mr. Right）而结束。她们对白马王子的执着，远甚于传统妇女，在漫长的单身阶段所进行的不限次数的约会、性交、同居、恋爱、分手等，都是为了找"对"人。传统妇女因其所坚守的贞操观念与传统道德观念所囿，挑选配偶的时间短、选项少，所以极易与生命中那个唯一的"唯一"擦身而过，常要同错误的对象厮守终身，如《廊桥遗梦》（*The Bridges of Madison County*，1995）。后女性主义女性在单身阶段的性爱与恋爱实践，就是为了避免传统妇女的婚恋"悲剧"，而把白马王子的童话变为现实。如果始终不能找到白马王子，或者找到了却无法在一起，后女性主义女性完全有勇气有毅力终身不嫁，但这不表示她们是真正的独身主义者，如《千年女优》（千年女優，2001）。

（二）成因

后女性主义女性的产生原因是多方面的，但从根本上说，是当代女性为了适应第二次浪潮后的性别文化环境与社会状况而做出的改变。如我们所看到的，后女性主义女性混合有女性主义和父权传统这两种截然相反的文化特征，它也是性别调和的产物。

首先，我们需要看到，后女性主义女性的社会阶级身份多为城市中上层阶级的妇女，这说明这种女性特质或女性行为方式是有社会局限的，它需要附着在特定的人群身上。就城市底层妇女和农村妇女而言，她们的教育程度、经济基础、社会地位等，相较于城市中产阶级或上层阶级女性都更低，受到女性主义第二次浪潮的影响较小。一方面，城市底层妇女和农村妇女受其社会文化环境制约，其思想多具有较强的保守主义倾向，女性主义第二次浪潮所带来的文化成果较少被她们获得；另一方面，正因为她们享受到的女性主义果实较少，那么一旦这些女性接受了女性主义思想，她们的革命性反而会更加彻底。可以这么说，后女性主义女性是一部分先"解放"了的女性，虽然她们的"解放"并不是完全的真正的解放，但她们的所作所为都是以第二次浪潮的遗产为基底的。这些女性在自己获得"解放"后，已然知足，对当前的性别文化与社会环境也就没有了什么太大的不满，于是主动或被动地融入了后女性主义状况之中。

其次，我们不得不反思一下女性主义的意识形态建设。后女性主义女性之所以在性观念上接受自由主义，而在爱情、婚姻、家庭等问题上却接受保守主义，甚至在人生终极目标等问题上坚持基督教传统，女性主义意识形态建设的不完善难辞其咎。20 世纪 70 年代后期以来，女性主义派别林立，理论、主张各不相同、大相径庭，对一些极为基础的议题都难以达成共识，这样一种分裂的意识形态对大众生活的指导意义实在无法称道。而且，说句公允的话，许多女性主义理论对女性民众并不"友善"。比如激进自由派女性主义者反对自然生育，并反对生物性母职，且不论这种理论是否正确，光这些离经叛道的主张就足以吓退许多人了。又如马克思主义女性主义和社会主义女性主义，在 20 世纪 80、90 年代之交苏联解体的背景和意识形态终结论的语境下，这种女性主义的乌托邦色彩未免太过浓烈，并且很容易让人联想到斯大林式国家的许多缺陷。至于种种建立在艰深哲学基础上的女性主义派别，专业学者理解起来尚有困难，一般民众又如何能领会得通透？许多流行于学术圈之内的艰涩难懂的女性主义理论，它们的产生不一定是脱离社会现实的，但它们的传播却多半是离地八尺。如果一种女性主义理论的功能只是用来使一部分女性显得比大多数女性更聪明，那它的价值究竟何在？如果一种女性主义理论，它仅能够用来告诉大多数女性你受到了男性的压迫，却没有给出有效改变这一状况的建议，那它还能被顺利接受么？20世纪80年代以后，在激进文化风潮正值强弩之末之时，保守主义的复兴和其后的全面胜利都充分显示出它自身的"优越性"。并不是所有女性都是女性主义者，大众当然会选择那个看起来比较好且更容易接受的意识形态，在第二次浪潮退潮以后，保守主义显然是"最佳选择"。

最后，需要指出，后女性主义女性的性开放程度因时因地而不同。比如，在美国的后女性主义文本《欲望都市》中，性开放程度高于英国的后女性主义文本《BJ单身日记》，更远高于中国的两部山寨版仿作《好想好想谈恋爱》（2004）和《性感都市》（2004，大陆剪辑版名为《求爱上上签》）。台湾的后女性主义文本《20 30 40》（2004）、《征婚启事》（1998）等则高于内地的《我愿意》（2012）、《单身男女》（2011，与香港合拍）等。中国内地的后女性主义文本始终萦绕着一种贞女情结，并且夹杂有前女性主义的禁欲、保守主义倾向。内地的后女性主义状况是随着改革开放以后的现代化进程受到当代西方社会文化影响而形成的，它并不是自然产生的，而是移植过来的。性解放与第二次浪潮中国内地都错过了，20世纪80年代以后的"补习"也不能深入彻底，所以中国内地的后女性主义女性形象杂有贞妇品质。而且，性开放也不必然是后女性主义女性的特征，日本女性就是个反例，她们在性行为开放的同时也可以很传统。所以，性开放不是后女性主义女性的必需特征。后女性主义女性与传统女性在情感、婚恋问题上的最大区别，是她们更加自主与自由，做爱与不做爱均属于她们的自由，她们可以自主决定。后女性主义文本有一个共同特征，就是有足够的男人供女性选择，由她们来挑选男人，而不是相反。性只是挑选标准中的一项指标，有些文化测试它、重视它，有些文化避谈它、忽略它，差异由此产生。

（三）优点与缺点

大部分学院派女性主义者对后女性主义都持否定意见，然而客观地说，后女性主义女性相较于传统女性而言，已然是大大进步了的。下面我们对后女性主义女性的优点与缺点作简要的探讨。

后女性主义女性虽然不一定称自己为"女性主义者"，也不一定赞同女性主义，但是她们接受了一些作为女性主义思想为基础的普世价值，比如自由、平等、人权等观念。虽然她们继承有一些关于男女性别差异的陈腐观念，不一定认为男人和女人的能力是相等的，但是她们至少坚持人格上的平等。自由主义思想深刻地影响了后女性主义女性。她们在性问题上的自由主义态度，虽然无法避免她们有时沦为男人的玩物，但至少她们比传统妇女获得了更大的性解放。性观念的开放也使得她们对同性恋、跨性别等性别问题的看法比较开放，她们并不如那些坚持传统家庭价值的人一般把同性恋、变性、易装等看得罪大恶极。她们拥有自己的事业，她们工作并且有晋升的可能，即便这些未能帮她们实现与男性在社会、经济地位上的绝对平等，但也今非昔比，是女性自父权制社会建立以来取得的前所未有的独立了。

在许多当代西方文艺作品里，后女性主义女性形象被用以批判传统女性，它作为一种带有女性主义色彩的新时代女性典范而被塑造。比如德鲁·巴里摩尔主演的《灰姑娘：很久很久以前》（*Ever After：A Gnderella Story*，1998），影片以现代自由主义思想将灰姑娘童话故事作现实主义重述。其中的灰姑娘向王子传播了平等、自由、人权等观念，与她美艳的贵族血统金发姐姐相比，灰姑娘俨然是文艺复兴时期的思想先驱。德鲁·巴里摩尔的另一部电影《与男孩同车》（*Riding in Cars with Boys*，2001）改编自真人真事，塑造了一个拼命要从传统女性生活状态中逃脱出来而成为现代女性的女作家形象。《与男孩同车》的尖锐之处在于它并未把矛头指向某个作为个例出现的人，比如坏丈夫或坏父亲，而是充分表现着传统家庭对女性人生的抹杀，即便每个家庭成员都和睦相处，这样的生活模式本身就对女性不公。对这一问题展开批判的更激进的文本有《时时刻刻》（*The Hours*，2002）、《革命之路》（*Revolutionary Road*，2008）等，虽然它们不一定能算作后女性主义文本，但女性主义与后女性主义对传统女性生活的批判是一致的。可以说，后女性主义只是一种不想走得更远的女性主义，后女性主义女性比传统女性前进了不少。

女性主义对后女性主义的谴责也是有道理的，后女性主义者放弃了女性主义的乌托邦式的终极理想，在诸多问题上安于现状。后女性主义女性不喜欢传统家庭生活模式，却不反对传统家庭价值，《史密斯夫妇》式的婚姻在她们眼里就很不错。她们不似传统妇女般深居简出囿于家务，但她们在公共场合中亮相时的外貌形象均按照男性的审美标准设计和装扮，她们自觉或不自觉地习得了诱惑男性和取悦男性的技巧，她们自知或不自知地在某些情况下扮演男性的玩偶。她们的性与性感是最受某些女性主义者谴责的，这谴责中虽奇怪而复杂地交织有贞操论的影子，但却并非毫无道理。如果一个性别需要取悦另一个性别，且不论这种取悦的目的和主动性如何，也抛开这种取悦是否有效和具有控制力，它的存在本身就意味着一种不平等。基督教文明的"上帝面前，人人平等"作为一种调和剂，能够缓和阶级、性别、种族、文化等冲突，但就算人人都在上帝面前平等了，人与上帝仍不平等，而上帝，他总是以父亲的形象示人，他就是父权制的最高领袖。后女性主义没能对以父神信仰为意识形态核心的以父权制统治关系为社会结构框架的整套父权文明系统进行彻底的反思和否定，后女性主义所批判的只是那些显而易见的带有强烈封建色彩的传统农业文明，这是它最大的缺憾。由这一缺憾带来的，是后女性主义女性对父权制的变相肯定，她们所要的不是完全推翻父权制，而是改良父权制。就好像后女性主义文本中并不缺少白马王子，这些作品强调只有后女性主义女性才配拥有白马王子，传统女性和其他女性请靠边站。又好像后女性主义文本中并不缺少婚姻，这些作品只是表明态度：没有白马王子就没有婚姻，在普通男人和"火星男"（《单身男女》赋予由吴彦祖扮演的完美男人的称谓）之间必选"火星男"。所以，后女性主义女性是很有些自私的，她只考虑自己个人的幸福，并不为全天下女性的幸福着想，而那样的乌托邦式的普天同乐的理想才是女性主义的目标。

最后，再一次为后女性主义女性辩护。后女性主义女性可能是当代普通女性目前所能达到的最佳状况。女性主义的终极目标太过宏大，活在当代世界的任何一个人都无法在死前有幸目睹其实现，且女性主义理论家多为学者，身处高校或研究所的学术象牙塔之内，不少女性主义学人的个人生活还带有为理想殉道的色彩，她们的人生状态是世上绝大多数妇女不可能（也未必想）达到的。而女性主义学术著作，随着第二次浪潮后女性主义的学院化，也非广大民众所能轻松阅读并轻易领悟。让人人声称自己是"女性主义者"易，让人人都成为真正的女性主义者难。相比之下，后女性主义文本恰恰以易读易懂为特点，以这些文本为精神食粮，同样可以达到一定程度的反传统效果。成为后女性主义女性比当传统女性先进，又比成为学院派女性主义者容易。最重要的是，在西方发达国家以外的广大第三世界地区，女性的生存状况远逊于那些充满后女性主义女性的西方国家，后女性主义女性对那些连第二次浪潮成果尚未享受到的地方来说，已相当于现代女性"典范"了。在错过了第二次浪潮的中国，也许，后女性主义的普及，才是走向女性主义的踏板。

第 七 章

第二次浪潮后的性与性别伦理

性革命与第二次浪潮对传统家庭价值造成了巨大冲击，旧的保守的性伦理观念在 20 世纪 70 年代末期曾面临前所未有的威胁。以基督教为基础的父权文化在婚姻、婚前性行为、堕胎、同性恋等问题上均遭遇挫败，旧道德体系对性行为的管控逐渐失灵，性的自由化程度愈发加强。这种"道德混乱"刺激保守主义对性的伦理道德发起猛攻，保守主义者"将大量精力集中于一些关键的道德问题上：最主要的是流产问题，尤其是在美国；此外还有像性教育这样的问题；与艾滋病有关的最为明显的是女同性恋者和男同性恋者的权利要求"①。而艾滋病，正好出现在 20 世纪 80 年代初保守主义复兴的时刻，在保守主义者重获政治霸权的同时，艾滋病帮他们取得了文化霸权。

第一节　艾滋病传播与保守主义复兴

苏珊·桑塔格（Susan Sontag）在她的《艾滋病及其隐喻》

---

① ［英］杰弗瑞·威克斯：《20 世纪的性理论和性观念》，宋文伟等译，江苏人民出版社 2002 年版，第 188 页。

（*AIDS and Its Metaphors*）中这样写道："染上艾滋病被大多数人认为是咎由自取，而艾滋病的性传播途径，比其他传播途径蒙受着更严厉的指责——尤其是当艾滋病不仅被认为是性放纵带来的一种疾病，而且是性倒错带来的一种疾病时。一种主要通过性传播途径进行传染的传染病，必定使那些性行为更活跃的人冒更大的风险——而且该疾病也容易被看作是对这种行为的惩罚。"[1] 仅从大众对艾滋病的粗浅印象上，有两条最关键的支持保守主义性观念的地方：第一，不道德的性行为，如婚前婚外嫖娼等，很可能使人染上艾滋病，所以人们应该坚守传统婚恋模式，只进行婚内性活动，艾滋病是上帝对性放纵者判下的死刑；第二，艾滋病在 20 世纪 80 年代初曾被误认为是仅在男同性恋圈中流行的传染病，至今许多人仍保留着这一印象，保守主义者利用此大张旗鼓地反对同性恋与双性恋。

安格斯·麦克拉伦（Angus McLaren）在《二十世纪性史》（*Twentieth-Century Sexuality：a History*）的最后一章"逆流：艾滋病和性反革命"中这样描述 20 世纪 80 年代时保守主义对性伦理的接管："《时代》杂志 1984 年愉快地宣称：性革命结束了。艾滋病以及伴之而起的对同性恋的憎恶没有引发'巨大的沮丧'，但在公众心目中两者却是密切相连的。许多其他问题也被观察家们当做了性逆流信号：基督教右派的复活及其对日托、赞助性行动和性教育的攻击，女权主义者加入反色情文艺运动，男性运动的出现以及伴之而起的、对非传统家庭形式的攻击，反堕胎的狂热分子的邪恶行为（其极端做法是炸毁妇女诊所、杀害医生）的增长。"[2] 保守主义试图使公众相信："艾滋病不仅是由性传播的，也是由它'造成'的……保守主义分子从未放弃这样一个令人愉快的观念，即由体液所传播的病

---

① ［美］苏珊·桑塔格：《疾病的隐喻》，程巍译，上海译文出版社 2003 年版，第102 页。

② ［加］安格斯·麦克拉伦：《二十世纪性史》，黄韬等译，上海人民出版社 2007 年版，第 337 页。

毒中有某种诗意的劝善惩恶的力量，它将扑灭性实验。"① 如今，我们回顾历史，艾滋病的确曾充当了保守主义者抑制性解放的利器，右翼人士利用艾滋病的隐喻进行"劝善惩恶"的计划，成功了。

安全性行为（safe sex）在20世纪80年代中后期成为流行，它作为一种预防艾滋病的有效方法，缓解了放纵的性实践与禁欲的性道德之间的紧张关系。管控艾滋病的方法由反对同性恋、性开放及卖淫而改为提倡安全性行为（及劝导吸毒者勿与他人共用针头），可是80年代之前的性解放势头已然被大大的遏制了。如今很难再有人经历像福柯染艾滋病前那样的性探索活动，或因思想保守，或出于安全考虑。我们很难猜测如果艾滋病没有在80年代出现，那么现今的性伦理状况会是什么样。虽然除了艾滋病外仍有许多性传播疾病会给患者造成极大的痛苦，但艾滋病能够造成更强的心理恐惧，它就好像可传染的癌症，是一种绝症，它制造的公众恐慌远胜于历史上任何一种可通过性渠道传播的疾病。

虽然人们对艾滋病传播的途径及其基本知识已有更深的了解，但它的道德隐喻性至今没能被彻底消除，这一点可以在影视作品中观察到。1988年的中国电影《艾滋病患者》，有意无意地将艾滋病传播归罪于跨国际的非婚性行为，一个患艾滋病的外国教授与几位中国妇女发生了性关系，而影片的主角们则像侦探一样调查着这几个女人究竟是谁。它不仅劝诫民众切勿轻易性交，还煞有介事地警告民众尤其不能与外国人随便性交。同年的香港影片《三对鸳鸯一张床》（1988）中，也有类似的故事：一个出轨丈夫与外国女模特发生了一夜情，之后女模特被曝出有艾滋病，男方陷入恐惧中，检查后得知他并未染病。这段小故事与《艾滋病患者》中的一样，都把恐怖的艾滋病与不道德性行为和外国人联系起来。到了1994年的香

① ［加］安格斯·麦克拉伦：《二十世纪性史》，黄韬等译，上海人民出版社2007年版，第340页。

港影片《夺命接触》里，艾滋病又被与婚外性行为、卖淫嫖娼、大陆妓女等挂钩。这部影片表面上看有宣导安全性行为的意思，男主角因在大陆嫖娼没戴安全套而染上艾滋病，但实际上它有着更强的伦理道德教化意图：男主角仅发生了一次婚外性行为就染上艾滋病，编导意在教诲世人莫存侥幸心理，一次出轨都可能要命；男主角的好友是个惯嫖，他每次都进行安全性行为，然而在影片末尾，这位好友突然出现在病房里并已奄奄一息了，影片用这一虚构的情节宣布了安全性行为的不安全性，向观众灌输"常在河边走，哪有不湿鞋"的"道理"。2001 年的《假如有明天》是我国首部艾滋病题材电视剧，曾在中央电视台播放，它的主人公也是因一次婚外一夜情而染上艾滋病的。2002 年的国产电视剧《失乐园》同样也把艾滋病与性、爱、家庭伦理等搅在一起。与外国电影常把艾滋病与同性恋问题放在一块来探讨所不同，国产影视更加重视艾滋病题材作品的（性）道德教化作用，除了告诫观众不要吸毒和卖血外，基本上都要谈一谈婚外恋或性放纵。从与故事片《最爱》（2011）一同拍摄的纪录片《在一起》（2010）中可以看出：我国广大民众对艾滋病的了解仍十分有限，对艾滋病患者仍存在很深的偏见与歧视。在西方影视作品中，对艾滋病的道德偏见虽不如我国这般明显和普遍，却也存在。比如 2004 年的木偶电影《美国战队：世界警察》（*Team America*：*World Police*）中的一首戏谑艾滋病患的短歌，它显示出艾滋病在民众心中仍带有一定的道德负面性，那些正面描写艾滋病患者的严肃作品在大众眼中有时只是个笑料。

第二节　堕胎权

堕胎的合法性问题对中国人来说是陌生的，由于计划生育政策的实施，堕胎常常是必要的。然而在西方国家，尤其是美国，堕胎是激进派与保守派之间争执已久的重要问题。

　　历史上的堕胎一直是合法的，直到 19 世纪中叶，堕胎才逐渐被法律禁止。美国堕胎非法化始于 1821 年的康涅狄格州，之后到了 1859 年，霍雷肖·斯托勒博士（Dr. Horatio Storer）说服美国医学会通过一项敦促各州立法机构全面禁止堕胎的决议。"作为其结果，在美国内战时期大多数州都把多数情况下的堕胎定为非法。只有当医生认为一位妇女的生命受到威胁时，堕胎才被允许。"① 19 世纪时禁止堕胎的理由并没有很强的宗教性，毕竟《圣经》里并没有写下禁止堕胎的章句。当时由医生主导的反堕胎运动主要源于堕胎的医疗手段的落后和医生队伍的良莠不齐，拙劣的堕胎手术常对患者的健康造成巨大危害，严重的会导致孕妇死亡，而堕胎诊所的大夫则以庸医假医居多，这些江湖骗子亟须清理。加上美国内战带来的人口锐减和出生率下降，反堕胎在当时的人口调控问题上起到了积极的作用。有女性主义者认为"反堕胎的法令集中体现了一种分离主义的思想，它追求提倡把操持家务作为一种完全的职业"②。这种看法也有一定道理，它使得堕胎的禁令从一开始就与父权制道德联系了起来，虽然当时反堕胎的医生们在寻求宗教人士的支持时吃了闭门羹，但他们很快以"道德观念的松弛"为理由说服了州立法者，贩卖中产阶级天主教白人妇女堕胎增加会破坏人口平衡的观念。③ 到了 20 世纪 50 年代，世界大多数地区都对堕胎进行了严格的限制，例外的只有少数几个西欧洲国家和苏联、日本等国。"很多前殖民地国家在独立后保留了其殖民统治者强加的非常严格的反堕胎法律。"④

　　性革命及女性主义第二次浪潮时期的争取妇女堕胎权运动，与

---

　　① ［美］雷蒙德·塔塔洛维奇、［美］拜伦·W. 戴恩斯编：《美国政治中的道德争论》，吴念等译，重庆出版社 2001 年版，第 3 页。

　　② 同上。

　　③ ［美］德博拉·G. 费尔德：《女人的一个世纪》，姚燕瑾等译，新星出版社 2006 年版，第 278 页。

　　④ ［美］玛莎·麦克唐纳：《堕胎》，载［美］谢丽斯·克拉玛雷等编《路特里奇国际妇女百科全书》，国际妇女百科全书课题组译，高等教育出版社 2007 年版，第 1 页。

白人中产阶级女性在 20 世纪 60 至 70 年代的性解放和女权意识觉醒
有很大关系。即便有禁止堕胎的法律，但非法堕胎一直存在。20 世
纪 50 年代，美国实施了超过一百万次非法堕胎，千余名妇女死于拙
劣手术后的感染。50 年代和 60 年代，堕胎手术的行价曾高达 1000
美元，而贫穷的妇女只能选择更便宜的诊所并承担更高的风险，
1969 年死于非法堕胎的妇女中有 75% 是黑人妇女。① 随着性革命的
爆发，堕胎者的阶级范围开始向中产阶级扩大，当越来越多的拥有
一定话语权和行动力的女性精英们也需要堕胎的时候，堕胎的禁令
也就要寿终正寝了。1973 年美国联邦最高法院的"罗伊讼韦德"
（*Roe v. Wade*）裁决是美国妇女争取堕胎权运动的一个巨大胜利，
"它裁定：规定堕胎为非法的几乎全部的州法律都是违宪的"②。这
一裁决大大减少了因非法堕胎而死亡的孕妇的数量，并使得美国每
年的堕胎手术量由 1973 年以前的 20 万到 120 万例上升到 1980 年的
150 万例。③ 以此案为起点，伴随着第二次浪潮而来的，是影响遍及
世界的逐渐放宽堕胎法律限制的趋势，发达国家和发展中国家的堕
胎法律都在 20 世纪 80 年代和 90 年代有所放宽。④

　　然而，我们必须看到，正是以 1973 年"罗伊讼韦德"案的女性
主义胜利为契机，保守主义者和右翼宗教团体开始前所未有地关注起
堕胎问题，并发起了一轮猛烈的反攻。于是围绕堕胎问题，产生出两
大阵营，分别是反对堕胎的"生命权利"（Right to Life）阵营和支持
女性自主堕胎权的"选择权利"（Right to Choice）阵营。生命权利运

---

　　① ［美］德博拉·G. 费尔德：《女人的一个世纪》，姚燕瑾等译，新星出版社 2006
年版，第 278—279 页。

　　② ［美］雅克·蒂洛、［美］基思·克拉斯曼：《伦理学与生活》，程立显等译，世
界图书出版公司 2009 年版，第 232 页。

　　③ ［美］德博拉·G. 费尔德：《女人的一个世纪》，姚燕瑾等译，新星出版社 2006
年版，第 280 页。

　　④ ［美］玛莎·麦克唐纳：《堕胎》，载［美］谢丽斯·克拉玛雷等编《路特里奇国
际妇女百科全书》，国际妇女百科全书课题组译，高等教育出版社 2007 年版，第 1 页。

动以罗马天主教会为开路先锋，并联合摩门教会、南方浸礼教会、基督教福音派等宗教组织，以美国共和党及各国保守主义政党为其政治代言人，是旗帜鲜明的右翼意识形态联盟。选择权利运动则是以共同利益为纽带将各个组织联结起来的，宗教界有自由派新教教会、改革后的犹太教会、自由选择天主教会等，此外还包括一些自由主义团体、妇女团体、医疗利益团体、社会工作团体、人权组织等。选择权利运动的联盟虽具有一定的自由主义色彩，但是它并不是个思想统一的意识形态联盟，而是由共同利益结成的利益共同体。美国的生命权利运动者在 1976 年的"海德修正案"和 1980 年的"哈里斯诉麦克雷"节节胜利，取消了由联邦政府提供的医疗资助金赞助的堕胎。

而 20 世纪 80 年代以后，保守主义的复兴和艾滋病带来的性恐慌，使得堕胎权遭遇了自 1973 年以来最大的危机。里根政府"想方设法要让罗伊一案的判决颠倒过来。他们对联邦最高法院的法官精心筛选，提名生命权利支持者来占据这些职位，实施限制性法规来对堕胎条件进行控制"。布什继承了里根的衣钵，在 1988 年总统竞选时要求把堕胎定为犯罪。[1] 保守主义者的苦心经营，使得反堕胎者在 1989 年的"韦伯斯特案"中赢得了一次大捷。联邦最高法院的这一次裁决规定："各州有宪法权利通过立法，禁止将公共基金、土地、机构和雇员用于堕胎，除非孕妇的生命处于危险中。"[2] 此外，它还强调要保护自受孕起便存在的潜在生命的重要性，并确定 20 周的胎儿即具有可存活性，不得对具有可存活性的胎儿实施堕胎。此后，共和党政府的联邦最高法院在 1990 年"霍格森诉明尼苏达州"一案中确认了美国最严格的父母告知法，又在 1991 年的"卢斯特诉苏利文"一案中确认了遏制言论自由条例，"禁止在联邦基金赞助的

---

[1]　［美］雷蒙德·塔塔洛维奇、［美］拜伦·W. 戴恩斯编：《美国政治中的道德争论》，吴念等译，重庆出版社 2001 年版，第 33 页。

[2]　［美］雅克·蒂洛、［美］基思·克拉斯曼：《伦理学与生活》，程立显等译，世界图书出版公司 2009 年版，第 233 页。

计划生育诊所工作的咨询人员和医生提供有关堕胎的信息和介绍诊所"①。直到 1992 年的"凯西"案，最高法院才重申了 1973 年"罗伊"案的裁决，不过却在同年的"卡塞"案中继续削弱堕胎权利。1994 年的"马德森诉妇女健康中心"一案则又是选择权利支持者和民主党的胜利，它对反堕胎抗议活动做出了进一步的限制。

回顾 20 世纪 80 年代至今的堕胎权与反堕胎、选择权利与生命权利、美国民主党与美国共和党之间的种种争执，有人会觉得右翼势力步步紧逼、欺人太甚，也有人会觉得争取堕胎权的自由主义者过于嚣张、蔑视生命。然而客观地说，这两方谁也没有胜利，并且哪一方都对现行的制度和社会意识形态现状不满。这就是我们所说的性别调和，性别冲突的调和，性别秩序的调和。如果说 1973 年的"罗伊"案代表着美国的堕胎权利支持者所能达到的最佳状态，那么这种状态目前看来是很难再恢复了。不过，反堕胎者也无法让制度与现实回到 1973 年以前的状态了，正如他们不可能让社会意识形态恢复第二次浪潮以前的状态。现状，只能是双方博弈中的妥协，是冲突着的和谐。以美国为例，"在 1972 年至 1994 年期间由最高法院审理的 26 个重要的与堕胎相关的案件当中，表决的票数都是分散的，其中有 7 个案件的表决是 5 票对 4 票。裁决时票数的分散表明最高法院在堕胎问题上缺乏统一的意见，同时也反映出最高法院在人员构成方面的变化"②。像这种 5 票对 4 票的表决，说明胜利者获得的只是微弱的优势，而联邦最高法院以人员构成变化便能影响判决结果，则反映出执政党在此问题上可占优势。以这种规律来看，美国的堕胎权问题将永远无法解决，它的政策松紧程度将随着两党政治的政党轮替而无限循环下去。从世界范围看，堕胎权支持者与反对者也是各有胜负。如自 1988 年起，5 个欧洲国家、6 个前东欧

① ［美］德博拉·G. 费尔德：《女人的一个世纪》，姚燕瑾等译，新星出版社 2006 年版，第 281—282 页。

② 同上书，第 16 页。

集团的国家和 5 个发展中国家都放宽了本国的堕胎法，这看似说明放宽堕胎法律是股不可阻挡的时代潮流，然而在 1994 年，却有 16 个国家宣布禁止堕胎，包括智利、爱尔兰、菲律宾、埃及等国，其中智利规定在任何情况下都不允许堕胎，即使为了挽救孕妇的生命也不允许。① 所以堕胎并不仅仅是美国两党争执不休的问题，它是世界范围内保守主义与非保守主义之间难以化解的矛盾。不仅双方各有进退，而且往往进中有退，退中有进，在欧美那些堕胎权支持者看似胜利了的国家，胜利有时仅仅是表面上的胜利，失败却又不是实质上的失败。比如，美国的堕胎权支持者虽在 20 世纪 90 年代赢得了口舌之战的舆论胜利，但"反堕胎力量威胁外科医生的人身安全，以致美国 83% 的县不再为单身者做堕胎手术"。又比如在性与性别观念相当开明的法国，1995 年 6 月希拉克的保守主义政府上台后，由希拉克任命的新总理"利用轻微犯罪给予特赦的传统，赦免了一小群使用暴力的反堕胎突击队成员，他们在前一年加强了对诊所和医院的恐吓袭击。此类袭击的领导者中有牧师和前任军官，一再被审判并被判决犯有恐吓罪，直到 1995 年，法院对他们从未判有超过缓刑以上的刑期"②。1998 年 1 月，正当美国自由主义者纪念"罗伊讼韦德"案裁决 25 周年时，亚拉巴马州的一家堕胎诊所被炸并造成死亡，这起"恐怖袭击"是右翼反堕胎者的"献礼"③。

　　现在，通过对堕胎问题的历史回顾，我们看到保守主义开始强烈关心堕胎问题是在性革命与第二次浪潮爆发以后。那么为什么保守主义道德家和宗教人士之前的千百年里都不反对堕胎呢？为什么美国福音传道者杰里·福尔韦尔（Jerry Falwell）在将他所谓的"神

---

　　① ［美］玛莎·麦克唐纳：《堕胎》，载［美］谢丽斯·克拉玛雷等编《路特里奇国际妇女百科全书》，国际妇女百科全书课题组译，高等教育出版社 2007 年版，第 1 页。
　　② ［加］安格斯·麦克拉伦：《二十世纪性史》，黄韬等译，上海人民出版社 2007 年版，第 350 页。
　　③ 同上书，第 351 页。

的术语"（母亲、分娩）与"恶魔的术语"（女同性恋、堕胎）对立起来时，把"堕胎"和"女同性恋"并列?① 我们知道，在性革命和第二次浪潮爆发前，中、上层女性的性自由与社交范围比下层女性更受限制。下层妇女（其中有很大一部分少数族裔和移民女性）在非法堕胎中的死活，保守主义者根本就不关心。而当堕胎合法化以后，合法的堕胎手术的成功率和安全性大大提高，那些"正派"白人家庭的"良家妇女"不免"蠢蠢欲动"，这才是保守派人士所关心的。温和的反堕胎，是对实施堕胎手术的条件大加限制，比如必须已婚，已婚的必须经过丈夫同意，未婚的必须告知父母或其他监护人，必须自费，自费的还必须到私人诊所等，这样做一是剥夺女性自主决定、自由选择的权利；二是设置重重障碍与困难，以达到"教训""惩罚"的效果。严格的反堕胎，则视卵子授精的那一刻为生命开始的时刻，视堕胎为谋杀，怀孕了就必须生下来，以"人道"之名行惩罚"背德者"之实。与堕胎相关的女性的性自由及婚恋自由，通过反堕胎法律就能够加以限制，保守主义者认为一旦女性考虑到了怀孕后不能堕胎的麻烦，就会对开放的性行为有所收敛，而当一个不能堕胎的女性承担责任成为"母亲"，这对实现保守主义者始终倡导的"家庭价值"是有益的。女同性恋与堕胎本是关系不大的，女同性恋者怎么会需要堕胎呢? 保守主义者把这两个放在一起反对，就是要求女性既要与男性恋爱、性交，又要怀孕、生子，以此描画出一个传统女性楷模形象。保守主义者所要求的，就是回到过去，回到第二次浪潮以前。

第三节　爱与性

以艾滋病和反堕胎为两张王牌的保守主义，所作所为无非是想

---

① ［加］安格斯·麦克拉伦：《二十世纪性史》，黄韬等译，上海人民出版社 2007 年版，第 351 页。

规训当代人的爱与性，而规训爱与性又是为了重现传统家庭价值。可是，经过了性革命与第二次浪潮洗礼的当代世界，无论如何也回不到过去了，但保守主义复兴也不是毫无影响，结果就是造成了性伦理的折中状态。20 世纪 80 年代以后，主流社会意识形态在爱与性的问题上，既混合有新时代的变化，又坚守了旧道德的底线。

先看爱情。尽管同性恋仍是保守主义所坚决反对的，但如前文所述它的合法性已然大大增强。比同性恋更早的，是大众对跨种族、跨文化、跨民族恋情的接受，它的合法性在 20 世纪初就被进步的学者和艺术家所提出，尤金·奥尼尔（Eugene O'Neill）曾就此问题创作过剧本《上帝的儿女都有翅膀》（*All God's Chillun Got Wings*），不过直到民权运动之后它才获得民众的普遍接受。这种恋人身份合法性的扩大，意味着当代爱情被视作为发生在两个个体人之间的感情关系，而这一关系中的人的性取向、人种、民族等都不会削弱爱情的合法性。我们追溯源头，莎士比亚的《罗密欧与朱丽叶》中的爱情不也具有相同的精神么？罗密欧与朱丽叶被还原成两个个体人，他们身上的血统、家族成员身份、社会身份等在爱情中全被剥离了，现实中他们身上所具有的全部社会属性均变成这段爱情的障碍物，这一悲剧是抽象的爱情与现实的社会之间的悲剧。当代社会关于爱情的观念，就是把《罗密欧与朱丽叶》式的爱情扩大化了，在《罗密欧与朱丽叶》中作为爱情障碍物的社会属性后又添上种族、民族、性取向、年龄差距等。只要是人与人之间的爱情，不管阻碍物是什么，都应予以扫除。这一观念中的人，与爱情一样抽象，在当代文艺作品中，我们不但能看到跨阶级、跨种族、跨性取向等人与人之间的爱情，还看到了大量人与非人之间的爱情，比如人与外星人（如《阿凡达》）、人与机器人（《机器管家》*Bicentennial Man*，1999）、人与物（《充气娃娃之恋》）、人与神（《雷神》）、人与妖（《青蛇》，1993）、人与鬼（《人鬼情未了》*Ghost*，1990）之间的爱情。只有从人与非人之间的爱情故事中才能最明了地看到这里的人的抽象性，这些非人的共同点是具有人性，所以只要具有了人性，莫说同性恋、异国恋什么的，连人与兽都可以相恋，《白蛇传说》(2011)、《画皮》(2008) 中的女性全是由禽兽修炼成"人"的嘛。所以，不仅种族、民族、性取向可以剥离，连物种也不重要，这种抽象的爱情真正强调的是人性与人性之间的爱。褒此抑彼，有人性的非人被赞扬，"没人性"的人就成了贬抑的对象。连外星人都遵守基督教一夫一妻制式的爱情准则的时候，地球上所有违反它的人不就是"没人性"嘛，《大红灯笼高高挂》(1991) 谴责的就是那种"没人性"的婚姻。这里的"人""人性""爱情"其实都相当抽象，落到实处，就是拿西方文化观念修正全世界男女的情感模式，异质文化的爱情在这一过程中全被否定了，而现实中的爱情则被遮蔽了。这种爱情观已然化作一种"普世价值"，横扫世界，不容置疑。保守主义者和自由主义者所持的其实是同一种爱情观念，区别只在于它的适用范围、可否掺杂性行为、是否走向婚姻等细节上。

贾尼斯·雷德威 (Janice A. Radway) 在 1984 年发表了她研究美国西部"史密斯顿"镇妇女流行小说阅读状况的《阅读言情小说：妇女、父权制和流行文化》(*Reading the Romance*：*Women*，*Patriarchy*，*and Popular Literature*)。从史密斯顿妇女的阅读兴趣中，我们可以看到传统的爱情如何有节制地向调和状态转化："对史密斯顿的妇女而言，言情小说的品质取决于女主角和男主角之间的关系的发展，以及他们独特的性格魅力。故事必须围绕那些妇女能产生认同感的女性展开。理想的故事情节必须有迂回曲折的情感发展，例如，男女主角都是渐渐地才意识到自己的情感，直到最后克服彼此的不信任才如愿以偿。露骨的性描写只有在风流韵事中才令人欣赏，妇女读者的最终愉悦是，看到男主角那具有男权的防御机制在女主角的爱意中崩溃。能让一个保守而冷漠的男人转变为一个多情的爱人，意味着关爱和贤淑的女性价值的胜利……史密斯顿的妇女读者认为，理想的男主角未必要充分展现其独立自主，但她们却期盼女主角应是一个独立的现代女性。她的个性独特，是一个传统理想观念中的女性气质的离经叛道者，有一份不同寻常的工作，性爱纯真，对自己让人无法抗拒的美貌毫无察觉。"① 我们看到，这些言情小说里的女主角既不是传统女性也不是女性主义女性，她们是后女性主义女性。雷德威描述了围绕在这种女主角身上的女性主义幻觉："言情小说作者仅用寥寥数语为女主角着笔，不需诉诸真实的具有威胁性的行为，就向这类读者证明了女性本身的改变和不变的社会建构之间的兼容性。"② 我们需要看到，不仅是后女性主义女性的行事风格对父权制社会结构没有威胁，这些言情小说中的性内容对具有传统精神的一夫一妻制爱情也没有威胁。为何风流韵事中的露骨的性能与恋爱关系中纯真的性并行不悖地出现在当代言情小说中呢？这不仅仅是对男权传统中既风流又顾家的男性形象的挪用，它还反映出性革命的成果如何被温和的保守主义意识形态巧妙地化解。

　　自由主义性观念中的一部分，已经化入当代主流意识形态。到了性交合法年龄的两个或多个人，可以按照自己的意愿，在私密场合自由自主地性交。在大量的当代通俗文艺作品中，婚前性行为被相当普遍地展示，这些作品中的性行为实施者，双方常常尚未达到爱情，还在喜欢或欣赏的阶段就发生性关系了，甚至连寻欢式的一夜情也常被描写成正面的。这样一种性的自由、开放状况看似与旧式的恋爱关系水火不容，也不怪乎道德家们对此忧心忡忡。然而只要仔细观察，就能发现，恋爱关系一旦确定，恋人双方实际上要恪守某种忠贞，类似婚后夫妻间的忠贞。不论这段恋爱关系有多短，在双方尚未分手前，任何一方在性或情上的出轨，理当遭到谴责。在这里我们看到的是类似短暂的婚姻契约的东西，虽然它毫不具备

---

　　① ［荷］祖伦：《女性主义媒介研究》，曹晋等译，广西师范大学出版社 2007 年版，第 147 页。

　　② Janice Radway, *Reading the Romance*：*Women*，*Patriarchy and Popular Literature*，NC：University of North Carolina Press，1984，p. 79.

法律效力，但它包含着要求恋人在恋爱关系中对性自由加以节制的当代性伦理。不止如此，那些看似表现性开放与性自由的文艺作品，隐含有一种将自由的性实践导向纯真爱情，接着再导向婚姻的创作倾向。比如以软色情镜头和涉性笑料而闻名的"美国派"系列电影，从 1999 年的《美国派》（American Pie）到 2001 年的《美国派 2》（American Pie 2）再到 2003 年的《美国婚礼》（American Wedding），男女主角由"炮友"转变为恋人，再走向婚姻，在 2012 年上映的《美国重逢》（American Reunion）中又生儿育女过起婚后生活。《一夜大肚》（Knocked Up，2007）、《朋友也上床》（Friends with Benefits，2011）、《寻爱之旅》（Road Trip，2000）等片也有类似的倾向。我们在前文已讨论过的后女性主义文本《欲望都市》，同样让性实践相当丰富的三位女主角相继步入婚姻。从这些文本中我们可以观察到，在大众意识形态中，婚前阶段的性自由与恋爱自由一样是作为挑选婚恋最佳人选的手段而存在的。在这种中和了自由主义和保守主义的性伦理中，性自由先受到恋爱关系的限制，最终被婚姻关系所终结。与传统的性伦理所不同的，一个是非恋爱的寻欢式的性自由（被赋予了更多的女性），另一个是恋人间发生婚前性行为的性自由。激进的自由主义者（如李银河博士）所倡导的包括群交、换偶等在内的那种性自由，尽管在民间可能大量存在，但在主流文艺作品中不会得到普遍而正面的表现。大众文艺中对嫖娼、堕胎等问题的描写，也调和了自由主义与保守主义，嫖娼被描述为无可厚非的，但又有意无意地被创作成厄运的前兆，如《人皮客栈》（Hostel，2005）、《新羔羊医生》（1999）等作品；女性被描述为拥有合情合理合法的堕胎权，但女主角一旦意外怀孕，创作者又倾向于让她尽量不要堕胎，如《朱诺》（Juno，2007）、《早熟》（2005）、《一夜大肚》、《男人四十》（2002）、《八月迷情》（August Rush，2007），等等。主流意识形态的性伦理就是如此，在以自由主义的姿态从理上承认个人权利的合法性后，又带着保守主义色彩地从情上把人往家庭价值的方向上引导。

第四节 婚姻与家庭

第二次浪潮以后，传统家庭模式面临前所未有的危机。以美国为例，养育子女的家庭比例由 20 世纪 60 年代的 50% 降低到 90 年代的 35%；单亲家庭由 60 年代的 10% 增加到 90 年代末的 24%；离婚率由 60 年代的 10% 增加到 90 年代末的 50%；从 1970 年到 1990 年，结婚率下降了 30%；90 年代末有 25% 的儿童在单亲家庭中成长，比 60 年代增加了 3 倍；1970 年非婚生育子女为 5%，1990 年上升至 25%。[①]

传统式家庭最典型的两种形态是"家族家庭"（Extended Family）和"核心家庭"（Nuclear Family）。前者多见于乡村，是包含祖孙三代或以上的庞大家庭；后者多见于大都市和工业化城镇，是父母加子女的小型家庭，核心家庭在计划生育政策出台后的中国主要为三口之家，在美国则多见于 20 世纪 50 年代的城市家庭。家族家庭里的家庭成员一同劳动和生活，它强调子孙以长辈为榜样、楷模，尊重长辈，保持家族传统，代代繁衍不息。核心家庭多为父亲出外工作，母亲料理家务，父亲树立榜样，母亲教儿养女，它强调传统道德、夫妻忠诚。[②] 这两种保守主义家庭理想，都与当下的现实相去甚远。即便保守主义者试图用文艺作品——如 20 世纪 70 至 80 年代风靡一时的电视剧《草原上的小屋》（*Little House on the Prairie*）——对民众进行"正确引导"也无力回天。经过第二次浪潮洗礼的民众可以一眼看出在那些宣传传统家庭价值的作品中"儿女服从父母或老人，妻子服从丈夫，人人都要把家庭的利益放在第

---

① 于丽华：《庄重谐谑与忧患：美国的婚姻与家庭》，中国社会科学出版社 2000 年版，第 3—7 页。

② 同上书，第 12—13 页。

一位"①，这些"美德"已然不合时宜。

与传统家庭形成鲜明对照的，是当代的家庭现状，离婚家庭、再婚家庭、无子女家庭、同性恋家庭、同居家庭等非传统家庭数量的大幅增加。复兴家庭价值的"最佳方案"无疑是广泛重建传统家庭，然而，时过境迁，社会现实已然发生了巨变，这个"最佳方案"显然失去了生根的土壤。现实对保守主义者的最大嘲讽是"利用回归传统性道德标准观点的政治家本人根本就不是道德楷模"。"撒切尔夫人最亲密的几位顾问，包括塞西尔·帕金森（Ceceil Parkson）在1983年、杰弗里·阿彻（Jeffrey Archer）在1986年，都被证实有通奸行为。罗纳德·里根是一个非常古怪的家庭价值支持者：一个离了婚的好莱坞演员，他的两个孩子过的是他攻击为堕落的生活。"② 我们看到，即便是倡导家庭价值的右翼人士，他们自己家里的家庭价值都已是岌岌可危，甚至荡然无存了。于是，更现实的方案出现了，就是向非传统式家庭中注入家庭价值。

对于单亲家庭（包括丧偶和离异）来说，利用结婚或再婚的方式进行"修补"不论在过去还是现在都相当常见。《音乐之声》（*The Sound of Music*，1965）就是这样的文本，虽然它的拍摄时间是在家庭价值危机爆发前的20世纪60年代，但它是个非常典型的例子。历史上的文艺作品通常对继母充满敌意，"白雪公主""灰姑娘"等童话作品中继母都是罪大恶极的女人，"后妈"一词在中国民间文化中也略含贬义。当代作品中的继母形象有很大改观，在李连杰主演的《新少林五祖》（1994）和《给爸爸的信》（1995，又名《赤子威龙》《父子武状元》）中女主角最终都成为片中儿子一角的继母，而在成龙主演的《醉拳2》（1994）里，儿子与继母的关系如同挚友。

---

① 于丽华：《庄重谐谑与忧患：美国的婚姻与家庭》，中国社会科学出版社2000年版，第15页。

② ［加］安格斯·麦克拉伦：《二十世纪性史》，黄韬等译，上海人民出版社2007年版，第337页。

在 1998 年的美国电影《继母》（*Stepmom*，1998）中，茱莉亚·罗伯茨扮演的继母和苏珊·萨兰登扮演的生母最终成为朋友，并且还能做到分享子女的爱的程度。即便是不再结婚的家庭，文艺作品也倾向于为单亲孩子补上一个"父亲"（或"母亲"），比如《幻影英雄》（*Last Action Hero*，1993）中施瓦辛格的角色对于片中的男孩来说，就相当于核心家庭中起楷模作用的父亲。父权文化的影子仍相当浓重，许多与单亲母亲生活的儿童在主流文艺作品中都被描画成心灵上具有重大缺陷的，他们需要被一个父亲式的人物所"治疗"，否则极易成长为变态杀人狂，《怪物》（*Monster*，2004）、《八毫米》、《机动杀人》、《魔女嘉莉》（*Carrie*，1976）等大量影片都向观众展示着这种"可能"。相反，由单亲父亲养大的子女（尤其是儿子）则大都身心健康，有英雄潜质，什么《阿郎的故事》（1989）、《少女汉娜》（*Hanna*，2011，非生父）、《心灵传输者》（*Jumper*，2008）无不如此，并且，由单亲母亲抚养的孩子与父亲相处还被叙述为一段重要的"成长过程"，如《铁甲钢拳》（*Real Steel*，2011）、《飞跃巅峰》、《新天生一对》（2012）等片。对父亲作用的夸大在电视剧《无耻之徒》（*Shameless*，英国版 2004 年开播，美国版 2011 年开播）中十分显眼，一个中下阶层家庭充斥着各种"不道德"的"堕落"的事，却能因有单身父亲的存在而奇迹般坚守住家庭价值的底线，尽管那父亲也是个"无耻之徒"，但他仅仅存在便够了，只要他在，这个家就不会分崩离析。与这些西方或港台文本不同，《唐山大地震》（2010）是个例外，这部具有前现代贞节观的当代中国文艺作品，它的例外并非因其具有女权意识，而是因为带有更强的近乎顽固的父权色彩（丧夫守节）。中国的文艺作品不仅不善于正面表现单亲家庭（尤其是离异家庭），还倾向于阻止离异，如《离婚大战》（1992）、《谁说我不在乎》（2001）、《双人床条约》（2011）、《全家福》（1984）等，不胜枚举。西方的文艺作品，有一些也倡导复婚，如《天生一对》（*The Parent*

Trap，1998），但大多数作品对婚姻破裂的态度是坦然接受，肯定离异后生父、生母探视子女的合理性，并强调生父、生母与继父、继母同样享有爱子女与被子女爱的权利，并不妄想通过虚构的反离婚故事来降低离婚率。《飓风营救》（*Taken*，2008）中生父出席女儿在继父宅院里举办的生日派对，赠送礼物并友好地与前妻及她的现任丈夫会面、交谈，这种叙述既现实，又正面，很值得当代中国文艺创作者学习。现在，我们看到，在当代主流意识形态中，对单亲家庭的"修补"，最关键的是补上"父亲"。补上"母亲"的情况在现实和作品中也很常见，但是主流意识形态对此所持的态度是：不补也没关系，补了有时还是问题（如大量的"坏后妈"叙事）。而父亲（尤指生父），有时怎么补也补不上，无可替代，如《飓风营救》、《虎胆龙威4》（*Live Free or Die Hard*，2007）、《蚁人》（*Ant-Man*，2015）等，有时又多多益善，如1985年的法国电影《三个奶爸一个娃》（3 *Men and a Baby*，1987），美国1987年翻拍并在1990年拍摄了续集，又如1991年的香港电影《老豆唔怕多》及其美国山寨版《我有两个爸》（*Fathers' Day*，1997），还有韩国电视剧《三个爸爸一个妈》（아빠셋 엄마하나，2008），等等。相比之下，将母亲描述为无可替代或多多益善的作品，少之又少。于是，绕了一整圈，对单亲家庭来说，要坚守住家庭价值底线，最关键的是父亲，母亲不仅可以替换，还可以剔除。这与其说是保守主义传统家庭价值对单亲家庭的妥协，不如说是当代单亲家庭对传统家庭价值的妥协，被主流意识形态接受了的单亲家庭仅仅是那些对父权秩序不具备颠覆性的。在这里，保守主义家庭价值也显露出其贬低"母亲"身份的父权文化本质。

传统家庭价值里唯一不可缺少的，是"父"与"子"，自由主义者所做的，是使更多人能够融入这一关系结构之中，而不是摧毁它。所以，当代的自由主义者也不拒绝家庭价值，激进派只是要求女性在一些情况下可以被当作"父"或"子"。这并不会对父权统治的结构造成根本性的影响，因为最终极的"父"乃是父神——作为绝对主宰的上帝，所有凡人皆是其子民，子民间平等的增强丝毫不会削弱父神的权威。于是同性恋家庭、同居家庭、无子女家庭等，只要遵循传统式家庭中维系家庭成员关系的基督教式一夫一妻制道德准则，那么就可以认为这些非传统式家庭也具备传统家庭价值。因为，传统家庭价值所指的是：在从恋爱、成婚到生儿育女这一整套构建家庭的过程中所体现出的传统道德标准。[①] 在已婚的或同居的同性恋家庭里，如果有孩子，不论是领养的还是借精或代孕生产的，这个家庭都可以被视为传统家庭的变体。同性恋家庭比单亲家庭更接近于传统式家庭，至少它有两个家长。同居家庭与传统家庭的主要区别在于法律约束较少。而无子女家庭，它只是将结婚后、生育前这一夫妻关系状态无限期延长罢了，传统家庭价值中要求夫妻双方保持忠贞的部分一点也没被削弱。

　　保守主义意识形态，面对性革命和女性主义第二次浪潮，利用艾滋病和反堕胎，放宽性爱伦理标准，在家庭模式多样性问题上让步，最终守住了家庭价值的底线。在这家庭价值中，"父"与"子"的统治结构与继承关系也被完好无损地保留下来。这就是第二次浪潮后性别冲突调和的最终结果，保守主义消化了女性主义。

---

　　① 于丽华：《庄重谐谑与忧患：美国的婚姻与家庭》，中国社会科学出版社 2000 年版，第 3 页。

第八章

结论或未结之论

第一节　从"异形"四部曲再看冲突与调和

　　"异形"（Alien）系列是当代影史上的经典作品，从 1979 年到 1997 年，20 世纪福克斯公司共出品了 4 部"异形"电影，分别由我们这个时代最顶尖的四位导演执导。4 部"异形"电影是我们用以观察第二次浪潮之后饱含冲突的性别文化变迁的绝佳文本，性别消解、性别巩固和性别调和这三股冲力混合交杂在"异形"系列电影中。第一，"异形"电影含有性别消解的因素，它自始至终只有一个主角，就是永远的幸存者和唯一能够战胜异形的女性角色雷普利（Ripley），尽管它是饱受女性主义者批评的电影，但实事求是地讲"异形"（尤其是第一部）是带有女性主义因素的；第二，"异形"绝不是什么女性电影，它的导演和编剧全是男性，他们的男性意识全都渗入作品中；第三，"异形"系列始终体现出母性与父性、母权与父权的对抗，性别冲突总是以调和的方式在男性化的女主角身上得以化解，这正是 20 世纪 80 年代以来主流意识形态调和性别文化冲突的策略，也是"异形"系列能够获得主流商业成功的原因之一。

一　雷德利·斯科特的《异形》

《异形》(*Alien*，1979) 虽非雷德利·斯科特 (Ridley Scott) 的处女作，却是他的发迹之作。而斯科特，也是《异形》的缔造者之一。《异形》最终成形，主要归功于三方，导演斯科特，编剧丹·欧班农 (Dan O'Bannon) 和罗纳德·舒塞特 (Ronald Shusett)，以及异形的形象设计者 H. R. 盖格 (H. R. Giger)。然而影片最终呈现出的效果，应是在导演斯科特主导下形成的，这其中包括对女主角的塑造及影片的恐怖风格——这两点，也正是《异形》饱受女性主义者批评之处。

《异形》的主角雷普利，原本为男性，斯科特选择由身高 1.80 米的女演员西格妮·韦弗 (Sigourney Weaver) 来扮演，显然有其用意。在雷德利·斯科特的履历表上，除《异形》外，还有两部关于女性的电影，就是著名的《末路狂花》(*Thelma & Louise*，1991) 和颇受争议的《魔鬼女大兵》(*G. I. Jane*，1997)，这两部电影尽管在国外被一些评论者斥为"后女性主义"，但在国内的大多数人眼中是女性主义的电影。雷德利·斯科特拍摄的电影，有相当浓厚的自由主义色彩，这在他的一系列历史题材电影《角斗士》(*Gladiator*，2000)、《黑鹰坠落》(*Black Hawk Down*，2001)、《天国王朝》(*Kingdom of Heaven*，2005) 等中表现得最为突出，同时他还特别喜好探讨"他者"问题，如《黑雨》(*Black Rain*，1989) 中的日本人、《美国黑帮》(*American Gangster*，2007) 中的黑人、《银翼杀手》(*Blade Runner*，1982) 中的人造人等。斯科特塑造的女性，包括《末路狂花》中的两位女主角、《魔鬼女大兵》中的美国女兵、《汉尼拔》(*Hannibal*，2001，为《沉默的羔羊》的续集) 中的女探员，还有《异形》中的雷普利，都包含有斯科特的自由主义思想和对他者的兴趣，也许可以称得上一种自由主义女性主义。所以《异形》第一部中的雷普利并不与其他恐怖片中最后幸存的"终极女孩"(final girl）完全相同，她身上具有导演斯科特的女性主义理想。这种理想即是超性别的美德，包括理性、慎重、冷静、智慧等，雷普利战胜异形，既不是靠女性气质（与第三部不同），也不是靠男性气质（与第二部和第四部截然不同），而是依靠她过人的才能和判断力。雷普利的指挥力、洞察力等超过包括船长在内所有成员，这自始至终被反复表现。可见，当时的斯科特具有这样的自由主义思想，即才能是不分性别的，成功是由才能决定的，而非性别。影片中有两位女性、四位男性、一个生化人和一个怪物，最终结局为能者幸存。在 1980 年的《"异形"论文集》（Symposium on Alien）中，朱迪斯·纽顿（Judith Newton）写了《"异形"中的女性主义与焦虑》（"Feminism and Anxiety in Alien"）一文，她认为雷普利这一角色属于 19 世纪以来男性在文艺作品中幻想的白人中产阶级女性的陈词滥调，而其他角色的死亡，则反映出当时社会意识形态对白人中产阶级男性的焦虑以及对劳工阶级的蔑视。[①] 她这一说法不无道理，但雷德利·斯科特不可能面面俱到，他塑造雷普利这一女英雄形象是绝无恶意的。

　　另一项批评则针对影片表现恐怖的方式，芭芭拉·克里德（Barbara Creed）是对《异形》提出最严厉批评的女性主义批评家，她指出在这类当代恐怖片里，"惊悚的本质就是与阴性的相遇"，"变成女人是'丧失力量的终极情境'"。如在《异形》中，"几乎所有场景的布置和设计都意指着妇女：子宫形状的室内，输卵管状的走廊，狭小密闭的空间"，生育的过程是惊悚的中心——《异形》第一部一半左右的内容是展现男子"怀孕"生出怪物（异形）的过程，而飞船被称作"母亲"（Mother），雷普利最终摧毁了飞船，即由"女英雄"来"摧毁母亲身体'怪物般的'、生殖力（卑贱的）

---

① Judith Newton, Feminism and Anxiety in "Alien", *Science Fiction Studies*, Vol. 20, October 1993.

方面——也就是她自己"①。克里德的批评虽堪为经典，但确有不少
过度解读之处。比如影片场景意指妇女的指责，将所有密闭空间都
解读为女性生殖系统的变形，实在牵强。至于雷普利摧毁"母亲"，
电影中被称作"母亲"的控制飞船的电脑，是听命于"公司"的，
雷普利摧毁"母亲"完全可以被解读为拒绝女性屈从身份（父权制
下的母亲身份），而不是拒绝女性身份。《异形》中的恐怖场景，如
果也对女性观众有效，就不能被简单解读为一种男性审美的惊悚，
它依靠一些与超越性别的恐怖元素，比如黑暗和未知来营造效果。
至于影片中男性生育的恐怖高潮，也不止反映出男性对生育的恐惧，
而是反映出男性和女性对怪胎、死胎、早产、难产和妊娠痛苦的共
同恐惧。那场男性生育的戏，之所以恐怖，是因其充满鲜血、疼痛
和死亡。如果男性生育就是惊悚，那么历史上诸多表现男人怀胎的
喜剧作品就无从立足了。

　　《异形》第一部，包含了 1979 年前后性别文化的冲突，亦是第
二次浪潮的困境。尽管不能让女性主义者满意，但雷普利身上反映
出了第二次浪潮的成果，即性别特征模糊的独立干练的女性形象。
雷普利是影片中唯一一个幸存者，也是彻底与母性断绝的角色，她
在摧毁飞船"母亲"时斥其为"婊子养的"（son of a bitch），她还
具有超过男性角色的男性气概，如全片台词中共出现过五次
"fuck"，其中四次出自雷普利之口。性别消解的趋势在这部影片中
相当明显，但面对性别消解，创作者表现出困惑。异形是远古母系
社会的化身，公司（及其执行者生化人）和飞船"母亲"是当代父
权社会的化身，自由主义女性主义者雷普利面对这二者，选择了双
重拒绝，她以狂暴的姿态将这些全部摧毁，最终与一只宠物猫一起
在逃生舱中沉睡，漫无方向地在太空中漂流。这并不是一个胜利的

---

① ［英］休·索海姆：《激情的疏离：女性主义电影理论导论》，艾晓明等译，广西
师范大学出版社 2007 年版，第 161 页。

结局，而是饱含疑虑的未知，身为男性的导演对女性主义的未来是困惑的。针对这一困惑，詹姆斯·卡梅隆在《异形2》中开出了一剂保守主义药方。

二 詹姆斯·卡梅隆的《异形2》

詹姆斯·卡梅隆无疑是当代最俗气的导演之一，他懂得如何讨好观众和取悦奥斯卡奖评委，他的《阿凡达》和《泰坦尼克号》两次刷新世界各地的票房纪录并斩获多座美国主流电影节的奖杯，而《终结者》《终结者2》和《真实的谎言》，更是成就施瓦辛格巨星地位的关键作品。1986年，刚拍完《终结者》的卡梅隆接棒斯科特，拍摄了与前作风格截然不同的《异形2》（Aliens，1986）。《异形2》是一部战争片，2009年的《阿凡达》与它在诸多方面都极相似，如外星殖民，地球殖民军队遭遇外星生物抵抗，军方高层是邪恶的阴谋家等。后来的《阿凡达》可看作是卡梅隆对《异形2》故事的一次背叛性重述，人类与外星人避免了你死我活的较量，而走向和谐共处。《异形2》极大地背叛了《异形》中的主题，它充满里根时代的右翼保守主义色彩，女性主义者们对它的批判和挞伐是很有道理的。

以康斯坦斯·潘雷（Constance Penley）为代表的女性主义批评家们认为《异形2》与《异形》的区别是它变成了一出"关于母性的保守主义道德课"，它强调了女人将始终保有阳具崇拜的父权制母性，讲述的是"一个女人被哄骗着为父权制服务"的故事。① 琳达·茨文格（Lynda Zwinger）② 和斯蒂芬·斯科比（Stephen Scobie）③ 都注

---

① Constance Penleyeds, *Close Encounters*：*Film，Feminism，and ScienceFiction*，Minneapolis：U of Minnesota P，1991，p. 73.

② Lynda Zwinger, Blood Relations：Feminist Theory Meets the Uncanny Alien Bug mother，*Hypatia*：*Philosophy and Language*，Vol. 7，July 1992.

③ Stephen Scobie, What's the Story，Mother？：The Mourning of the Alie，*Science Fiction Studies*，Vol. 20，October 1993.

意到了《异形2》中两个母亲的战争，好母亲（片中小女孩纽特的准养母雷普利）同坏母亲（为异形产卵的母异形）的决战，亦即规训的母亲战胜自然的母亲的故事。大部分批评者还都指出了詹姆斯·卡梅隆的《第一滴血2》编剧身份，据此强调《异形2》同男性气质、殖民主义的关联。《异形2》的确存在这些问题，其保守主义倾向最露骨处是在结尾：一个美好的家庭团圆图景，沉睡的"丈夫"（男主角军官海克斯，他与女主角之间存在淡淡的爱慕之情）、疗伤的"仆人"（生化人"主教"），"女儿"（孤儿纽特）以及哄她入睡的"母亲"（女主角雷普利），这样一家人安然入睡，而飞船正驶向地球家园。这幅图景，与卡梅隆其他作品如《真实的谎言》《阿凡达》等的结局如出一辙，它认真贯彻了新保守主义精神，完成了弘扬基督教家庭伦理的任务。这幅美好图景的背后，则掩盖着手段的罪恶，我们需要问一问：雷普利和母异形的生死较量是因何而开始的？雷普利（母）为了营救纽特（孩子）而闯入了母异形产卵的巢穴中心（可视作子宫），母异形出于与雷普利相同的立场（母亲爱护孩子），默许他们（在不伤害其孩子的前提下）穿过异形蛋阵（可视作体外卵巢）平安离开，可雷普利并没有就此离去，而是回过头对异形幼仔进行大屠杀。这是影片的高潮，之前人类遭受异形攻击、杀害的情感压抑在这里得到释放，在对异形——英文"Alien"，亦指外来者、异族人——的屠杀中取得快感，母异形面对自己的孩子们被残忍杀戮，发出了令人不安的母亲的哀号，但这哀号将使大部分观众感到过瘾和快意，雷普利打完枪中全部的子弹，仍没有停手，而是继续用榴弹摧毁了母异形的生殖系统（一根巨大的排卵管道），用火焰喷射器烧光了所有的异形蛋。之后母异形对雷普利紧追不舍皆为复仇，那个人类母亲杀光了这个动物母亲的孩子。我们不妨再问一个问题：异形为什么攻击人类？人类去那个星球是为了殖民，影片对此直言不讳。原住民反抗殖民者，有错吗？《异形》第一部的片名原有双重含义，Alien 既可以指异形（外星生物），又可以指人类（对于外星生物而言人类才是外星生物），《异形2》抹杀了这种双重性。《异形2》中的殖民主义在二十三年后，由卡梅隆本人在《阿凡达》中进行调整，但《阿凡达》仍然是种族主义和殖民主义的，齐泽克尖锐地指出了这一点："一个下身残废而被地球抛弃的人，有能力转个头便赢得美丽的原住民公主的欢心，并协助一班土著保卫其星球。电影告诉我们，原住民只有两个选择，要么被人类拯救，要么被人类消灭。换言之，他们若不选择成为帝国主义现实的受害者，便得乖乖饰演白人幻想中早已分配好的角色。"[1]《异形2》中的"原住民"不存在被拯救的命运，要么它们消灭人类，要么人类消灭它们。那么，是什么使得LV星球的异形与潘多拉星球的大蓝人们在卡梅隆这里收获了如此不同的命运呢？异形们无法学会英语，无法与人类谈情说爱及交媾，异形的繁殖方式也不是哺乳类异性恋一夫一妻式的，除此之外，我所注意到的是两种社会组织形态：异形的社会是纯粹母权的，而在《阿凡达》中的潘多拉星原住民社会里父亲拥有很高的权威，它类似于某些现存的带有母系色彩的土著社会，卡梅隆想将其描绘成一种男女平权的世界。确定了这一点，我们再回过头看《异形2》中的母亲大战，一个人类父权制社会的母亲，屠杀完外星母亲的子女，又杀死了这个外星母权制社会的母亲，最终以一幅父权制团圆家庭的美好图景结束全片。影片是何立场，无须多言。

《异形2》虽是如此反女权，但我们还要认识到，从表面上看，性别消解在这部影片中比《异形》中更甚，女性的性别特质更加模糊。在此处，我们可以看到20世纪80年代以后，性别巩固趋势同性别消解趋势之间的矛盾是如何被性别调和的力量所暂时化解的。卡梅隆在《异形2》中给女性角色赋予了远超过前一部电影中的男

---

[1] Slavoj Zizek, *Return of the Natives.* (http://www.newstatesman.com/film/2010/03/avatar-reality-love-couple-sex)

性气质。女主角雷普利被安排剪了短发，并且在片中使用暴力（包括驾驶机器人和使用枪支）来对付异形，这与第一集中她完全靠机智与异形对抗是十分不同的。影片中还加入了一位有变装倾向的女性士兵角色，她一出场就率先进行引体向上的锻炼，展示其过人的肌肉，但她并不是一个女同性恋，影片中另一位酷爱健身的男性士兵是她的男友。与具有男性气质的女性对应，影片中一位调侃女士兵性征的男性，他的表现是"娘们"气的，他总是更容易陷入焦虑状态，面对绝望喋喋不休，以至于片中的小女孩都比他沉稳。这几位人物，除了雷普利活到了结尾外，其他几个都先后死去。这并不是什么剧情的巧合，文艺作品中，尤其是主流文艺作品中，作者让谁活让谁死是有其用意的，正如好莱坞电影中的恶棍总是咎由自取地灭亡，善良无辜的孩子总能获救一样。雷普利虽具有一定的男性气质，但她在影片中充当了母亲的角色，所以她活下来，在影片结尾的父亲、母亲、子女、仆从四个幸存者的关系中占据一个位置。而那位女士兵和她的情人，不仅影片台词暗示他俩有非婚的性关系，而且也暗示他们看似强壮的肌肉其实不堪一击，所以他们相继牺牲。至于那个娘们气的懦弱士兵，这样的人物在古今中外文艺中都是遭到贬斥的，而让一个不够男性化的人去充当最能代表男性气质的士兵，那更是不可饶恕的。卡梅隆与其他老式的保守主义者不同，他总是可以容忍一个女人具有强硬的男性气质，比如《终结者2》中的萨拉·康纳和《阿凡达》的女主角，但他一定要维护父权制伦理，这些女人必须充当男人的母亲、妻子或女友。《终结者》和《终结者2》讲的就是一个女人如何怀孕并保护儿子的故事，而她的儿子将是世界领袖。《真实的谎言》讲的是一个女人应如何当好家庭主妇的故事，因为她的丈夫具有拯救世界的能力，影片结尾告诉我们，如果她不想总待在家里，唯一的出路是协助丈夫工作。《异形2》，让我们用类似的思路来读解，它讲的是一个女人起初很怕"怀孕"（影片开头不停强调雷普利惧怕异形从她体内破肚而出），后来遇见了一个小女孩和一个男人，杀死了一个母亲，而后自己成为一个"母亲"的故事，亦即她克服对母亲身份的排斥转而接受的过程。《异形2》中的雷普利是被士兵海克斯保护的，就如饰演海克斯的演员在《终结者》中扮演的保护萨拉·康纳的未来保镖一样，影片结尾之所以是由雷普利而不是海克斯或生化人来同母异形进行决战，皆因母亲间、女人间的战争不该有男人插手，这是"好男不和女斗"式的思维。旧式的家庭伦理和男女感情，在卡梅隆的电影里从未缺席，就连在《深渊》（The Abyss，1989）这看似不应与爱情有任何瓜葛的题材里都深入探讨着情感，而风靡全球的《泰坦尼克号》更是个俗不可耐的老套爱情戏。卡梅隆所做的一切，就是用最先进的科技和最新的电影手段，包装最古老的意识形态，具体到性别问题上，这个意识形态就是新保守主义者的"家庭价值"。各种古老的神话名词出现在他的影片中，如天神"泰坦"（《泰坦尼克号》）、基督教的"审判日"（《终结者2：审判日》）、"主教"（《异形2》中生化人的名字）、"哈利路亚"和"阿凡达"（《阿凡达》）……与此相反，各种违反基督教伦理的情感（如《泰坦尼克》中女主角和富商的无爱婚姻）都被否定，同性恋之类更是从未出现。卡梅隆的这种态度，正是当代社会文化对性别问题的态度，表面上的性别消解被部分地允许（如接受易装者和男性化女性等），表面上的性别巩固也不会得到特别大的提倡（如肌肉男、巨乳女之类亦属异类人群），但在表面下，性别调和维护了牢固不变的父权制，父权制仍是坚不可摧的，在当代世界上的绝大部分人心中它不容动摇。这就是为什么卡梅隆的影片在当代是全世界最成功的影片：父权制伦理具有很大的市场，它不仅会被主流舆论所肯定，还能被广大观众肯定。性别调和对性别消解、性别巩固之间矛盾的化解，就是弃车保帅、去粗存精式的维护父权制，性别气质问题被弱化，性别伦理问题被强化：只要女性接受父权制为其安排的母、妻身份，她有没有女人味是没关系的；而女人和男人如果排斥父权制，其性别气质再强，也是被否定的对象，比如《真实的谎言》中的坏女人（情妇和第三者）和《终结者》中的机器杀手（可视作无爱无性患有不育症的单身汉）。

如果《阿凡达》标志着后殖民主义理论的"破产"，《泰坦尼克号》为保守主义价值观奏响了凯歌，《真实的谎言》证明了旧式"家庭价值"的不可动摇，《终结者》否定了当代科技生活的进步性，那么《异形 2》就是詹姆斯·卡梅隆为女性主义第二次浪潮所立起的一座墓碑。

三　大卫·芬奇的《异形 3》

《异形 3》（*Alien 3*，1992）由风格诡谲阴暗的导演大卫·芬奇（David Fincher）指导。1992 年他接手《异形 3》的拍摄工作时，芬奇仅是个 28 岁曾拍过耐克鞋广告的小伙子，但他对宗教及伦理的强烈兴趣已在他这部电影处女作中显露出来。《异形 3》隐含女权的当代困境，但也含有旧式父权伦理的危机。《异形 3》流露出些许虚无主义，既不肯定女人的力量，又不相信詹姆斯·卡梅隆描绘的那幅美好的新保守主义图景。

影片的开头紧接《异形 2》的结尾，直接将卡梅隆设置的大团圆美好结局撕毁。逃生舱里的四名成员中三名罹难，仅雷普利一人幸存，而其幸存原因是一只母异形寄生在了她的体内（"怀孕"）。飞船坠毁在一个虚构的双 Y 染色体星球，星球上的纯阳男子作为唯一的居民，既是虔诚的教徒（虚构的未来宗教基本为基督教变体），又是曾犯下重罪的囚徒（极罪与极圣的二合体）。一只异形随飞船潜入其间，但星球上没有武器（"阉割"），男性囚犯们只好在雷普利的指导下，团结一致，牺牲生命，杀死了异形。结尾处雷普利腹中的母异形即将孵化完毕，她选择了跳入滚烫的金属溶液中自杀，临死前在空中充满母爱地抚摸着破肚而出的小异形。雷普利是影片中唯一一名女性，她在情节推动中所起到的作用值得玩味，作为外来者的女人，带来了毁灭（异形），她还具有毁灭的力量（战胜异形），最终她走向自我毁灭（自杀并杀死她的"女儿"母异形）。雷普利外观上的雄性气质被加强（如囚犯般被剃成光头），内部却愈发女性化：她有了性的需要并与她心仪的狱医发生了性关系；她在男子监狱星球上是被敌视和被欲望的对象，面临被强奸与被攻击的危险；母异形寄生在她腹中，她如同一个怀孕期间的母亲。雷普利身心内外伤痕累累，一副耗尽了全部精力的模样，20世纪80年代以后的女性主义者，其境地与她颇有相似：女性主义在与父权文化的对抗中败下阵来，它执拗地继续的结果就是否定女性自身——雷普利否定母性（为了消灭母异形，既是她的"女儿"，又是另一个母亲）而自杀。一个男性化的女人，在一个纯男性的星球，她仍是弱者，而且还是"灾星"。尽管她了解战胜异形的方法，但是其实却是靠男性的牺牲（雄性气质的张扬），作为一种与死者们的默契，她杀死自己（消除阴性），从而保证了这个雄性星球的纯阳性。斯蒂芬·斯科比在1993年指出异形三部曲以男性生育为始，以女性生育为终，两次生产均带来死亡。① 在我看来，这样两次生育之所以能构成三部曲，是因为在父权制文化眼中，当代性别状况进入了异常状态，以男性生育为一个信号，雷普利这一角色则是传统性别被破坏的表征，卡梅隆和大卫·芬奇两次对她的"异常"进行修复，两次都是使其成为"母亲"，修复成功的时刻也就是整套故事结束的时刻。卡梅隆通过让雷普利进入一夫一妻制伦理关系中，让其担当母亲；芬奇则是让她进入异性恋男女性关系中，使其变成母亲。与第二、第三部相比较，斯科特的第一部在性别问题上是相当女权的，他是一个破坏者，迫使继任者对他的造物进行不断修补。

　　《异形3》虽与《异形2》一样努力将母性植入女主角雷普利之中，但这部续作具有的更多是一种异教和虚无主义色彩，而非《异

① Stephen Scobie, What's the Story, Mother?: The Mourning of the Alien, *Science Fiction Studies*, Vol. 20, October 1993.

形2》的新教和新保守主义。《异形3》的故事发生在满是苦修士的劳改营，所有人虔诚地笃信上帝，但召唤来的却是异形怪兽。上帝缺席了，他不灵验，或者说根本不存在。信仰是一种虚妄的幻想。若要实现上帝的教义，只能由人来扮演上帝——这正是大卫·芬奇在《七宗罪》（*Seven*，1995）、《心理游戏》（*the Game*，1997）和《搏击俱乐部》（*Fight Club*，1999）中反复阐述的主题。宗教教义本身也许是有益的和有用的，《异形3》中的囚犯若无信仰则很难愿牺牲性命来对抗异形，但宗教本身却虚幻不实，上帝从来不显灵，如《七宗罪》中的七宗罪惩罚是靠精密算计来实现的。在芬奇的电影里，被上帝抛弃的人们摆脱上帝缺席窘境的方法就是自杀：《异形3》《七宗罪》《搏击俱乐部》皆如此，《心理游戏》是自杀未遂，虽未遂，但自杀行为已经帮男主角完成了心理治疗。这实际上反映出芬奇对新保守主义的态度，自杀是基督教教义所不允许的，但芬奇反复肯定自杀，并借此否定新保守主义的有效性。20世纪80至90年代，新保守主义所复兴的宗教精神、家庭伦理，在芬奇眼中不过是一堆空话、假话、虚伪的谎言，但他却又不反对其有效性、实用性，自杀（或死亡）是一个不合适的回应，但却是唯一可以的回应。芬奇面对问题并不给出完美的答案，只给出不得不给的答案——死亡。除去以自杀为结局的影片，《十二宫》（*Zodiac*，2007）和《本杰明·巴顿奇事》（*The Curious Case of Benjamin Button*，2008）也均以主角死亡为结局。死亡是唯一的绝对真实，话语和信念在其面前均如浮云，死亡也是每个人必须接受的结局。与新保守主义者的另一重大区别，在于芬奇热衷于表现另类伦理关系，如《战栗空间》（*Panic Room*，2002）中的单亲母女，《本杰明·巴顿奇事》中发生在逆向生长的男主角身上的奇恋，根据真人真事改编的《社交网络》（*The Social Network*，2010）更是着眼于21世纪网络时代最新型的人际交往现状，这些在新保守主义者眼中多少都有些反常态。由此可见，芬奇虽不肯定女权，却也不肯定父权文化。

《异形3》上映的1992年，正是克林顿当选美国总统，民主党重新执政之年。民主党重新执政，说明美国民众对共和党的新保守主义政策已心生厌恶。《异形3》与《异形2》相比，作为独立的作品，它的性别消解意味更浓——否定父权文化；但纳入三部曲框架，它则发挥性别巩固的作用——消灭性别特征模糊的女性（雷普利）；两者结合，则是芬奇给出的虚无主义性别调和方案，毁灭和死亡。

四　让－皮埃尔·热内的《异形4》

《异形4》（*Alien：Resurrection*，1997）原标题直译应为《异形：复活》，它的故事和前三部联系松散，可视作外传或后传。法国导演让－皮埃尔·热内（Jean-Pierre Jeunet）的黑色幽默风格渗入《异形4》，使它成为一部颇为另类的"异形"电影，不像是惊悚片，更像是动作喜剧片。女性的问题在《异形4》中比另外三部更为突出，它有两个女主角，雷普利的克隆人和由维诺娜·赖德（Winona Ryder）饰演的女生化人。考虑到热内在拍完《异形4》后紧接着就拍摄了两部关于女性的电影《天使爱美丽》（*Amelie*，2001）和《漫长的婚约》（*A Very Long Engagement*，2004），女性问题很可能是他在那一时期的创作兴趣所在。热内作为法国人，与美国导演在思想观念上有一定差异，《异形4》具有许多颠覆性元素：如女主角亦正亦邪，不再像另三部中那样站在绝对正确的立场上；如故事发生在第三部背景的二百年后，军事独裁政权取代了垄断性商业公司，而当政者是一群看似高明实则愚笨的年长男性；如控制巨大军用飞船的电脑被称作"父亲"（与第一集中的"母亲"相对应），但这个"父亲"却被一个女生化人轻易地侵入系统并控制；如由于异形基因和人类基因相混合，异形的生殖方式由寄生变为胎生，并诞生出一个人形的新异形，这个异形认女主角为母亲。热内大肆拆解保守主义伦理，即便在最符合主流观众预期的"邪不胜正"大结局中，也暗藏不和谐内容：两个男配角因逃出生天而相拥接吻（嘴对嘴亲

吻），两个女主角展开一番对话，似乎胜利带来失落，而她们对自己
拯救的地球并没有多少感情。结尾这段既包含一点出格的类同性恋
行为，又对英雄行为的意义存疑，与另三部异形电影的结尾形成鲜
明对比。

　　热内的《异形4》，可以帮我们看清一个问题：性别消解会加强
性别巩固，而性别调和实际上是对二者的共同接受（或双重拒绝）。
影片中的雷普利（雷普利克隆人八号）"重生"后，除了外表上仍
保有女性性征外，她比男性更具攻击性，而她的体质比异形更强，
在片中是一个近似超人的角色。影片另一个女主角，莱德饰演的女
生化人，她具有女性特质，却没有女性的生殖能力，也不会对男人
产生爱慕与性欲。这两个角色，虽然表面上看是女人，实际上连人
都不是。两个女主角确实在影片中发挥着颠覆性别的作用，代表消
解性别的力量，但她们实际上被处理成了异类，并不是作为一种人
皆应效仿的楷模出现在影片中的，而是两个"可怜"的不得不如此
的非人。影片中还出现了一些"正常"的异性恋人类女性，但她们
和传统文艺中的易受害女性角色无甚区别。那么是否影片是褒扬幸
存者，提倡那两个具有性别消解意味的女主角呢？答案只能是否定
的，两个女主角并非常人：雷普利杀死了认她作母亲的新型异形
（由于混合克隆，也确实和她有血缘关系），等于杀死女儿，这个角
色彻底否定了自己的母性，她是一个不仅超越了男性，而且超越了
人类界限的非人；女生化人为拯救地球所做的一切，则是因其程序
中被植入了"保护人类"的绝对命令，她有人道主义，却无人性。
在《异形4》中，超性别的角色也都是超人类的，这样的人群在某
些时候是有用的，比如遇到异形，但在通常情况下，这些人才是社
会的"异形"。《异形4》中的性别调和思维正是这样：性别消解或
许是有益的，但它对"我"无益，因为"我"不是"那种人"（克
隆人、生化人或其他"非人"）。这也正是我们这个时代越来越多的
人对代表性别消解趋势的人群（如同性恋）的看法，他们也许无害

或有益，但他们的行为对我无益。而当这些另类人群，如《异形4》影片中逃亡的男女人物一样，只求幸存，而不考虑也无力改变更多时，他们在自己的道路上走得越远，就对整个社会结构的影响更弱。一个求稳的社会，将如影片中的终点所在地——地球——一样，来者不拒。

五 "异形"的启示

在"异形"系列电影里，女主角雷普利始终是唯一一个可以对付这种外星生物的人。那么男人们呢？外星生物异形也许隐喻了由第二次浪潮开启的可能会动摇父权制根基的性别文化新状况。异形的群落构成不仅是母系的，而且它们的生殖方式也极端奇特，与人类文明社会的父权制伦理可以说毫不沾边。当人类与异形相遇时，遭遇到的最大恐惧是：异形让人类"怀孕"（强奸），不分性别的怀孕，并且令人类"难产"而死。对男人来说，被强奸、怀孕以及难产，这种种剥脱男性性别本质的"苦难"，是致命的——一个怀孕的男人，当然会难产而死。那么，"异形"系列是在赞美女性么？错，它是在斥责男性。"异形"对应着由第二次浪潮带来的男性气质危机，面对这一危机，保守主义曾祭出肌肉硬汉，但仍于事无补。如我们在前面第六章中看到的，男性气质的变革已是铁板钉钉的事。面对"异形"——性别状况"混乱"的隐喻、父权文化的威胁，只有"铁血战士"（Predator）才是它们的对手。在《异形大战铁血战士》（*Alien VS. Predator*，2004）中，另一个星球的外星人种铁血战士被描述为异形的天敌，他们可以不受谴责地用极端型男性气质收拾性别紊乱的异形们，因为他们星球的社会组织形式是前现代的游牧部落式的。这部影片中的人类，夹在性别气质混乱和极端男性气质的两个种群之间，任它们宰割，和"异形"系列一样，影片结尾的幸存者也还是一个女人。女性，及酷儿们（在《异形4》中）更加能够适应当代性别文化状况的变迁。在"异形"系列文本中，男性充满了恐惧和焦虑，一方面，他们无法应对新的由卵中刚孵化出来的异形，另一方面，他们又无法变回旧的嗜血强健的铁血战士，于是他们在"异形"文本中只能消失（死）。

但这并不等于说当代男性已在第二次浪潮后的性别文化状况面前缴械投降。在"铁血战士"系列作品中，坚守父权制伦理底线的男性总能战胜野蛮的铁血战士，尽管对方在男性气质方面胜出几筹，这点在 2010 年的《新铁血战士》（*Predators*）中被叙述得最为清晰。于是，我们看到了一个连续相克的环：男性 > 铁血战士 > 女性 > 异形 > 男性……这是一个无限循环的公式，它并不意味着男性 > 女性，因为它也可以写作：女性 > 异形 > 男性 > 铁血战士 > 女性。让我们把这些符号翻译一下，影片中的男性代表当代男性，铁血战士代表古代男性，影片中的女性代表当代女性，异形则代表着未来的未知性别。（这种理解不一定准确，权当一家之言。）这样一来，公式就变为：当代男性 > 古代男性 > 当代女性 > 未来未知性别 > 当代男性。结合前文，那么在主流意识形态眼中，古代男性是保守主义的代言人，正如我们在第三章中所看到的，属于性别巩固；未来未知性别代表着酷儿文化、激进女性主义、激进自由主义及其他激进左派意识形态的理论主张和发展方向，是我们在第四章、第五章所涉及的，属于性别消解；当代男性和当代女性则是我们在第六章中讨论的新好男人、新坏小子、男性化女英雄和后女性主义女性，属于性别调和。如此一来，公式又改变为：性别调和（男） > 性别巩固 > 性别调和（女） > 性别消解 > 性别调和（男）……无限循环。

那么，性别调和究竟是什么？简单说来，它是对当下的肯定，对任何极端或激进倾向的拒绝。在异形（极左）与铁血战士（极右）之间的战争中，人类（主流民众）都是受害者。性别调和，是对性别冲突的调和。在上面公式中的"性别调和（男）"和"性别调和（女）"之间，分别隔着"性别巩固"和"性别消解"，这就是调和，两性间的冲突仍然存在，避免冲突的方法是让他们去找各自的"敌手",让当代男性去对付铁血战士,让当代女性去收拾异形。从前文各章中我们看到,性别调和不是无条件的调和,它坚守父权制伦理底线,但这一问题被遮蔽了,因为更大的矛盾实际上是在性别巩固与性别消解之间。而这二者间的冲突,在上面的公式中,又被"性别调和(男)"和"性别调和(女)"所隔开,表现在现实中,就是保守主义者(性别巩固)对当代男性不满,认为男性气质遭遇危机;女性主义者和酷儿理论家(性别消解)对后女性主义女性和新传统主义妇女不满,认为她们代表着父权制和异性恋霸权。这样一来,性别消解和性别巩固间大规模直接冲突的避免,又使得它们能够在各自的主张上走得更远,正如我们在前文各章与"异形"系列文本中所看到的。然而,不管性别巩固和性别消解在各自的路上走得多远,当它们汇入主流意识形态,意图对社会大众施加影响时,(遮蔽了自身父权制伦理底线问题的)性别调和都将以中立的公正的姿态满怀疑虑地化解各方的冲击力,有限地吸收它们的影响。

最后,我们需要认识到,性别调和的发生,是自然而然的,相较而言,它的意识形态倾向性较弱。性别巩固出于保守主义的主张。性别消解基于女性主义的、酷儿理论的、同性恋运动的、激进自由主义及其他激进左派的主张。性别调和,如果它的实践者们真有什么主张的话,那么这个主张就是"调和"。除了在法西斯国家,民主国家的主流意识形态多是趋于中道,至少也是左右摇摆的,这个在摇摆中趋于中间路线的过程,就是调和。不过,性别调和坚守着父权制伦理底线,说明它的意识形态倾向并不是处于正中间位置,而是中间偏右的。首先,这并不稀奇,因为20世纪80年代以来,右翼势力甚嚣尘上,席卷全球,中间偏右已然算是比较中立了。其次,正如它在20世纪60—70年代曾经偏左,主流意识形态的摇摆是很正常的。而最重要的一点,父权制文化与父权制伦理的现实基础——父权制社会,并没有覆灭,这个下层基础决定了上层建筑。就算有朝一日,父权制社会真的被消灭,它的意识形态幽灵依旧会

（在有限范围内）游荡很久很久，正如封建时代的意识形态直到现在也还没有寿终正寝。

第二节　反思与展望

一　反思：女性主义、自由主义与左翼

无论如何，20 世纪 80 年代以来主流意识形态的中间偏右都说明作为左翼思潮组成部分的女性主义遭遇了失败，当然这种失败不只是女性主义的失败，也是左翼势力整体的失败。其失败原因很复杂，政治、经济、文化等多方面因素都纠杂在一起，本书无力探讨。但是，虽不必为失败负上全责，（第二次浪潮及之后的）女性主义本身也仍存在问题，值得反思。

首先，让我们看一看女性主义自身的意识形态缺陷。作为十分年轻的新生意识形态，女性主义的意识形态建设目前还处于初级阶段，在众多政治意识形态中，它只能算刚刚步入青春期而已，同等影响力的意识形态中只有生态主义比它年幼。如安德鲁·文森特（Andrew Vincent）在其《现代政治意识形态》（*Modern Political Ideologies*）一书中所说：女性主义发展过程中的许多难以解决的问题，都源于其太过年轻，"因为与其他意识形态，如自由主义相比较，女权主义仍然处于知识和政治建构阶段"。尚处于建构阶段的它，又是"以行动/实践为导向的意识形态和运动"。① 也许，正是这一不平衡导致了女性主义的政治运动高峰（1960—1970）和理论研究高峰（1980—1990）不同步。也许，也正是因为女性主义意识形态建设正处于初级阶段，所以它才广泛借鉴其他意识形态理论成果，几乎与所有"左"倾意识形态发生结合。而这广泛的结合，又引入了左派

---

① ［澳］安德鲁·文森特：《现代政治意识形态》，袁久红等译，江苏人民出版社 2008 年版，第 252 页。

各理论间的固有矛盾，使得女性主义各流派间争论不止、分裂不断。

其次，女性主义的实践力正深受其意识形态建设不完善的制约。根据利昂·P. 巴拉达特（Leon P. Baradat）在《意识形态：起源和影响》（*Political Ideologies：Their Origins and Impact*）中的分类法，当代女性主义被分成三大类：改革派（reform feminism）、革命派（revolutionary feminism）和分离主义（separatist feminism）。其中，改革派最为温和，主张以社会改良方式促进两性平等；革命派较为激进，要求建立以女性取向的价值观为基础的世界，认为改革派的性别中立社会不可能实现；分离主义女性主义者认为"女性主义运动唯一的成功之道不在于与男性携手改革或对抗男性，而在于不理会男性文化，创造出与男性文化并驾齐驱的女性文化"[1]。分离主义女性主义是个复杂的类别，其中部分激进者主张废弃两性间性关系，发展女性间性关系，拒绝两性间婚姻，宁愿独自终老一生。[2] 我们可以看到，在这三个大的派别里，改革派的主张实践起来最容易，然而治标不治本；革命派与分离主义的理论似乎摸到了问题的核心，但其乌托邦理想要实现起来难如登天，看得到目的地，却看不到路。换一种思路看，改革派基本由自由主义女性主义者构成，自由主义女性主义者也是在第二次浪潮之中和之后取得了最大实践成果的流派。那么，问题又来了，第二次浪潮带来的现实变革成果，究竟是女性主义的，还是自由主义的？

在论及女性主义的各个流派时，自由主义女性主义常常是首当其冲地被提到的。在第二次浪潮中，美国和加拿大的女性主义运动主要源于由自由主义思想主导的民权运动和反战运动。自由主义女性主义反对观念上的性别歧视和性别偏见，要求修改法律和政策以实现两性平等，他们不急于（或者不打算）推翻父权制。他们实际

---

① ［美］利昂·P. 巴拉达特：《意识形态：起源和影响》，张慧芝等译，世界图书出版公司 2010 年版，第 309—310 页。

② 同上书，第 310 页。

上是把自由主义中的一些基本价值追求带入了妇女解放运动之中，也正是因为他们的自由主义理念，使得有色人种、少数族裔及同性恋者与女性主义者结成民权运动的同盟军。以学术理论的标准来看，自由主义女性主义的意识形态是最温和、最浅薄的，他们的变革要求太不彻底了，他们的志向太不高远了。然而就目前的现实来看，自由主义女性主义在实践中的成就是最大的。而在利昂·P. 巴拉达特所画的政治光谱图上，自由主义是左翼意识形态中最靠右的一个，它的右边紧接着就是温和主义（moderate）和保守主义。[①] 另一个由比尔·考克瑟（Bill Coxall）等人画的光谱图，自由主义被画在正中间，标为"中间派"，其右侧紧挨着保守主义。[②] 这些事实很值得我们反思。饱受其他女性主义派别攻击的自由主义女性主义拥有最大的实践力，虽说它含有明显的比例极高的妥协成分，但请问：在现在这个阶段，我们是要无比正确却无法落实的高深理论呢，还是要十分浅薄但能够实现的微小变革呢？是不是既然无法一次性推翻父权制，那就连一丁点儿能暂时让人们舒坦些的"假"平等都不要了呢？

最后，我们得略带悲观地承认：左翼意识形态的一些固有缺陷，可能将长期地深嵌于女性主义之中。布尔迪厄（Pierre Bourdieu）在论及同性恋运动时曾说："这个运动如同女权主义运动一样，具有这种能将拥有一种强大文化资本的行动者聚集起来的特性，而它在一种相当尖锐的形势下，注定要遇到的最大困难，就是委派一个代言人的问题，这个人能够代表这个群体，说明这个群体，从而造就这个群体。这个运动像某些极左运动一样，倾向于转化为宗派，这些宗派加入为了获得群体的公共表现的垄断权而进行的斗争。"[③] 这段

---

① ［美］利昂·P. 巴拉达特：《意识形态：起源和影响》，张慧芝等译，世界图书出版公司2010年版，第17页。

② ［英］比尔·考克瑟等：《当代英国政治》，孔新峰等译，北京大学出版社2009年版，第86页。

③ ［法］皮埃尔·布尔迪厄：《男性统治》，刘晖译，海天出版社2002年版，第168页。

话虽是针对同性恋运动而说，但也适用于女性主义和其他（极）左翼意识形态。简言之，布尔迪厄说左翼运动易分裂、爱内斗。这在诸种左翼意识形态中都表现得十分明显。左翼在凝聚力上远不如右翼。女性主义在这个问题上可能比其他左翼更严重，在当代重要政治意识形态中，女性主义是唯一一个没有自己政党的意识形态派别。除了已经发生的分裂与正在发生的分裂外，左翼意识形态常有的（不切实际的）乌托邦式救世梦想也是女性主义的固有问题。安德鲁·文森特称激进派女性主义的主张"暗示着历史正在等待着女权主义并对之进行充分的认识，而且历史的未来'真理'就存在于女权主义的知识领域之中。在这方面激进的女权主义并不是独一无二的：大多数的激进意识形态都有过这种救世主式的使命"①。任何梦想，做梦很美很容易，但实现起来都很累很艰难。拯救世界这件事可并不轻松。在用女性主义拯救世界前，我们是否应该避免让它划入庸俗化的陷阱呢？"直到最近，大量的历史和哲学往往是男性书写的，女权主义者通常认为这种思想是非常不可信的。尽管很容易看出这个立场背后的推理，但是这种观念听起来像与来自第二国际时期的庸俗的马克思主义者所声称一样：所有的非马克思主义观念都是资产阶级的意识形态和'虚假意识'，忽视它也将无关痛痒。撇开这种判断所产生的影响，人们会怀疑女权主义也将步庸俗马克思主义的后尘。"②

本书对女性主义的反思至此收笔，但这并不意味着女性主义需要反思的问题仅止于这些。事实上，女性主义也是一个善于反思、长于反思并且从未停止过自我反思的意识形态。能够不断反思自身，这正是女性主义在过去几十年里得以迅猛发展的优长所在。本书抛砖引玉，欲以过去四十年间性别文化景观一砖，引改善当代性别文

---

① ［澳］安德鲁·文森特：《现代政治意识形态》，袁久红等译，江苏人民出版社2008年版，第252页。

② 同上。

化状况之良方一玉。

二　展望：性别文化的未来

当下这个时代，既不会让女性主义者和酷儿理论家感到满意，也不会让保守主义者和宗教道德家们感到舒服。现实就是，这场旷日持久的意识形态博弈，将一直进行下去，博弈的结果，将是没有结果的博弈。尽管每一方都自认为代表着正义和真理，但征服大众并没有他们想象的那样容易。当 20 世纪 60、70 年代的第二次浪潮正值高潮时，那时的女性主义者一定是满怀信心，认为世界将在一夜之间变成他们理想中的样子。当 20 世纪 80 年代初，保守主义政党相继夺得政权时，他们和他们的支持者也都认为可以扭转败局，将世界变回第二次浪潮之前的样子。现实是，谁也没能成功，谁都暂时无法成功。

对广大民众来说，他们既不是坚定的右翼古典政治崇拜者，也无法在一时之间接受女性主义和其他激进意识形态彻底改变世界的理念。他们等待，观望，甄别，小心翼翼地一次次判断，大胆地做出不同尝试。现实是，响应性解放号召的，掀起第二次浪潮的，是人民大众；支持保守主义政客上台的，坚守住传统家庭价值的，还是人民大众。在历史书上，留下了政治家、理论家、社会活动家们的大名，然而，历史乃由人民造就。女性主义者们认为人民被错误的陈旧观念所蒙蔽，保守主义者认为人民被激进的谬论所蛊惑，现实是人民做出了选择。（注意，当代中国是个例外，大部分中国人对女性主义还是十分陌生的。）

女性主义的理想是什么？不同派别的女性主义者会给出不完全相同的答案。但是，所有的女性主义者有一个共同的目标，就是消除性别的不平等，彻底消灭性别压迫。这是一个有着强烈乌托邦色彩的理想。它面向着未知的未来，走在一条通往全体女性乃至全人类获得解放的光明大道上。与之相比，保守主义的维持现状或回到过去的理想似乎还更容易实现些。没人愿意倒退，但也没人能够跨越现世而直接飞到未来。女性主义的理想，将在未来很长一段时间内，仍仅是理想。经过20世纪末那段各种乌托邦轰然倒塌的幽暗岁月，女性主义证明了它的生命力。正如《女性主义思潮导论》（*Feminist Thought：A More Comprehensive Introduction*）的作者罗斯玛丽·帕特南·童（Rosemarie Tong）所说："有些思想也曾让妇女在死胡同踟蹰不前，但是，大多数思想都推动了妇女的认识，使她们至少向前迈出几步，更为接近解放的目标。"① 亦如本书所述，尽管父权制的根基并未被撼动，但是女性主义已经使世界的面貌焕然一新了。即便保守主义重新站稳了脚跟，但这个保守主义也已经不再是从前那个保守主义了。理想推动着现实的变化，现实在意识形态的博弈中悄悄地被改变。然而，我们必须认清一点：没人能准确预测未来。未来的现实不可能完全符合现在的理想。女性主义者，以及任何一种意识形态的信徒们，都要随时作好准备，迎接一次又一次的失望。

通过对过去四十年里性别文化发展的回顾，我们看到，女性主义从未能攻破父权制的伦理防线。从色情文艺到硬汉影视，从酷儿文化到后女性主义时尚，以家庭价值为代表的父权制伦理之影始终没有被抹除掉。20世纪70年代末右翼势力的重新崛起，一点也不偶然，它是在女性主义一步步紧逼向这一家庭价值伦理底线时，由心生恐惧的民众支持而重掌政治、经济、文化大权的。可以说，性别调和的现状，是符合最广大民众要求的状态。女性主义必须反思自身，反思为什么它的性别解放计划不得不放慢了脚步，反思为什么它会分裂成意见不统一的若干派别，反思为什么它的敌人仍有那么多民众支持，等等。

---

① ［美］罗斯玛丽·帕特南·童：《女性主义思潮导论》，艾晓明等译，华中师范大学出版社2002年版，第412页。

　　相比于父权制以千年、万年计的悠久历史，女性主义作为挑战者的历史只能以十年、百年计。父权制早已全面渗入了整个社会，它是一个庞大无比的社会系统，涉及政治、经济、文化等社会生活的每一个方面。尽管第二次浪潮以后的女性主义研究已经分散到了各个领域，但如果父权制在一夜间被摧毁，女性主义现在能够给出一整套重建全社会的方案吗？新生不久的女性主义，拥有用以解决它所面对的诸多问题的智慧吗？目前来说，它仍必须广泛地借鉴其他意识形态的理论成果，女性主义自身并不具备处理它所要解决的问题的能力。消灭父权制，即便真能实现，也要经过复杂而漫长的过程。万里长征，如今才只迈出了第一步而已。

参考文献

一 性别文化研究类

［美］谢丽斯·克拉玛雷等:《路特里奇国际妇女百科全书》,国际妇女百科全书课题组译,高等教育出版社 2007 年版。

［英］玛格丽特·沃特斯:《女权主义简史》,朱刚、麻晓蓉译,外语教学与研究出版社 2008 年版。

［美］罗斯玛丽·帕特南·童:《女性主义思潮导论》,艾晓明等译,华中师范大学出版社 2002 年版。

［美］佩吉·麦克拉肯主编:《女权主义理论读本》,艾晓明、柯倩婷译,广西师范大学出版社 2007 年版。

［美］德博拉·G. 费尔德:《女人的一个世纪》,姚燕瑾、徐欣译,新星出版社 2006 年版。

［美］约瑟芬·多诺万:《女权主义的知识分子传统》,赵育春译,江苏人民出版社 2003 年版。

［美］罗伯特·麦克艾文:《夏娃的种子——重读两性对抗的历史》,王祖哲译,上海人民出版社 2005 年版。

［法］西蒙娜·德·波伏娃:《第二性》,陶铁柱译,中国书籍出版社 1998 年版。

［英］索菲亚·孚卡:《后女权主义》,王丽译,文化艺术出版社 2003 年版。

［美］琳达·诺克林：《女性，艺术与权力》，游惠贞译，广西师范大
学出版社 2005 年版。

［美］凯特·米利特：《性政治》，宋文伟译，江苏人民出版社 2000
年版。

［美］理安·艾斯勒：《圣杯与剑》，程志民译，社会科学文献出版社
2009 年版。

［美］理安·艾斯勒：《神圣的欢爱》，黄觉、黄棣光译，社会科学文
献出版社 2004 年版。

［英］乔治·弗兰克尔：《性革命的失败》，宏梅译，国际文化出版公
司 2006 年版。

［英］乔治·弗兰克尔：《心灵考古》，褚振飞译，国际文化出版公司
2006 年版。

［英］乔治·弗兰克尔：《文明：乌托邦与悲剧》，褚振飞译，国际文
化出版公司 2005 年版。

［美］凯瑟琳·A. 麦金农：《言辞而已》，王笑红，广西师范大学出
版社 2005 年版。

［日］江原由美子：《性别支配是一种装置》，丁莉译，商务印书馆
2005 年版。

［美］朱迪斯·巴特勒：《消解性别》，郭劼译，上海三联书店 2009
年版。

［美］朱迪斯·巴特勒：《身体之重》，李钧鹏译，上海三联书店
2011 年版。

［法］皮埃尔·布尔迪厄：《男性统治》，刘晖译，海天出版社 2002
年版。

［美］贺兰特·凯查杜里安：《性学观止》，胡颖翀等译，世界图书出
版公司 2009 年版。

［美］珍妮特·S. 海德、［美］约翰·D. 德拉马特：《人类的性存
在》，贺岭峰等译，上海社会科学院出版社 2005 年版。

李银河：《同性恋亚文化》，内蒙古大学出版社 2009 年版。

李银河、王小波：《他们的世界：中国男同性恋群落透视》，山西人
　民出版社 1993 年版。

李银河：《性的问题·福柯与性》，文化艺术出版社 2003 年版。

高燕凝主编：《同性恋健康干预》，复旦大学出版社 2006 年版。

李银河编译：《酷儿理论》，文化艺术出版社 2003 年版。

王逢振编：《"怪异"理论》，天津社会科学院出版社 2000 年版。

张北川：《同性爱》，山东科学技术出版社 1994 年版。

方刚：《同性恋在中国》，吉林人民出版社 1995 年版。

［法］让·勒比图：《不该被遗忘的人们："二战"时期欧洲的同性恋
　者》，邵济源译，中国人民大学出版社 2007 年版。

［法］弗朗洛斯·塔玛涅：《欧洲同性恋史》，周莽译，商务印书馆
　2009 年版。

潘绥铭：《中国性革命纵论》，万有出版社 2006 年版。

刘达临：《世界当代性文化》，上海三联书店 1999 年版。

［美］詹姆士·克利夫德：《从嬉皮到雅皮：昔日性革命亲历者自
　述》，李二仕、梅峰译，陕西师范大学出版社 1999 年版。

［英］杰弗瑞·威克斯：《20 世纪的性理论和性观念》，宋文伟、侯
　萍译，江苏人民出版社 2002 年版。

［加］安格斯·麦克拉伦：《二十世纪性史》，黄韬、王彦华译，上海
　人民出版社 2007 年版。

［美］托马斯·拉科尔：《孤独的性：手淫文化史》，杨俊峰等译，上
　海科学技术出版社 2007 年版。

［美］苏珊·布朗米勒：《违背我们的意愿》，祝吉芳译，江苏人民出
　版社 2006 年版。

［美］艾里克·施洛瑟：《大麻的疯狂：美国黑市中的性、毒品以及
　廉价劳工》，王青山译，社会科学文献出版社 2006 年版。

师永刚、贝小戎：《花花公子：一个世纪的性态度史》，山东画报出

版社 2010 年版。

江晓原:《性张力下的中国人》,上海人民出版社 1997 年版。

[英] 休·索海姆:《激情的疏离:女性主义电影理论导论》,艾晓明
　　等译,广西师范大学出版社 2007 年版。

[荷] L. van Zoonen:《女性主义媒介研究》,曹晋、曹茂译,广西师
　　范大学出版社 2007 年版。

[美] R. W. 康奈尔:《男性气质》,社会科学文献出版社 2003 年版。

[英] 弗兰克·莫特:《消费文化:20 世纪后期男性气质和社会空
　　间》,余宁平译,南京大学出版社 2001 年版。

[英] 乔安妮·恩特维斯特尔:《时髦的身体》,郜元宝等译,广西师
　　范大学出版社 2005 年版。

[英] 彼得·杰克逊:《追寻男性杂志的意义》,陈阳等译,天津人民
　　出版社 2007 年版。

都岚岚:《后回潮时代的美国女性主义第三次浪潮》,博士学位论文,
　　清华大学,2009 年。

Susan Faludi, *Backlash*: *The Undeclared War Against American Women*,
　　New York City: Random House, 2010.

Sarah Projansky, *Watching Rape*: *Film and Television in Postfeminist*
　　Culture, New York: NYU Press, 2001.

Stéphanie Genz, Benjamin A. Brabon, *Postfeminism*: *cultural texts and*
　　theories, Edinburgh: Edinburgh University Press, 2009.

Ann Brooks, *Postfeminisms*: *Feminism*, *Cultural Theory and Cultural*
　　Forms, London: Routledge, 1997.

Gloria Steinem, *Outrageous Acts and Everyday Rebellions*: *Second Edi-*
　　tion. New York: Henry Holt and Company, 1995.

Audre Lorde, Bonzani Camille, *Uses of the Erotic*: *The Erotic as Power*,
　　Tucson: Kore Press, 2000.

Linda Williams. *Porn studies*, Durham: Duke University Press, 2004.

William Yarber, Barbara Sayad, Bryan Strong. *Human Sexuality*: *Diversity in Contemporary America* (7*th* *Edition*), New York City: McGraw-Hill Higher Education, 2009.

Peter Lehman eds. , *Masculinity*: *bodies*, *movies*, *culture*, London: Routledge, 2001.

Dennis Bingham, *Acting male*: *masculinities in the films of James Stewart*, *Jack Nicholson*, *and Clint Eastwood*, New Jersey: Rutgers University Press, 1994.

Donna Peberdy, *Masculinity and Film Performance*: *Male Angst in Contemporary American Cinema*, Basingstoke: Palgrave Macmillan, 2011.

Yvonne Tasker, *Spectacular bodies*: *gender*, *genre*, *and the action cinema*, London: Routledge, 1993.

Susan Jeffords, *Hard Bodies*: *Hollywood Masculinity in the Reagan Era*, New Jersey: Rutgers University Press, 1993.

Susan Jeffords, *The remasculinization of America*: *gender and the Vietnam War*, Bloomington: Indiana University Press, 1989.

Constance Penley eds. , *Close Encounters*: *Film*, *Feminism*, *and Science Fiction.* , Minneapolis: U of Minnesota P. , 1991.

Laurence Lerner, *Love and Marriage*: *Literature and Its Social Context*, London: Edward Arnold, 1979.

Janice Radway, *Reading the Romance*: *Women*, *Patriarchy and Popular Literature*, NC: University of North Carolina Press, 1984.

Kristina Nelson, *Narcissism in High Fidelity*, NY: iUniverse, 2004.

藤木 TDC:《アダルトビデオ革命史》,東京都:幻冬舎 2009 年版。

藤木 TDC:《アダルトビデオ最尖端——身体と性欲の革命史~》,東京都:コアマガジン 2011 年版。

荻上 チキ:《セックスメディア30 年史——欲望の革命児たち》,東京都:筑摩書房 2011 年版。

いのうえ せつこ:《AV 産業———兆円市場のメカニズム》,東京都:新評論 2002 年版。

Loren Glass, *Bad Sex*: *Second Wave Feminism and Porn's Golden Age*, Radical Society. 2002,(10).

Dan Ackman, *How Big Is Porn?*, Forbes, 2001 – 05 – 25.

Judith Newton, *Feminism and Anxiety in "Alien"*, Science Fiction Studies, 1993, 20 (1).

Stephen Scobie, *What's the Story, Mother?*: *The Mourning of the Alien*, Science Fiction Studies, 1993, 20 (1).

Lynda Zwinger, *Blood Relations*: *Feminist Theory Meets the Uncanny Alien Bug mother*, Hypatia: Philosophy and Language, 1992, 7 (2).

Edwin Meese, *Attorney General's Commission on Pornography*, Washington D. C. : U. S. Department of Justice, 1986, http://www. pornreport. com/.

Susan Bolotin, *Voices from the Post-Feminist Generation*, *The New York Times.* [1982 – 10 – 17] http://www. nytimes. com/1982/10/17/magazine/voices-from-the-post-feminist-generation. html.

Emily Nussbaum, *In Conversation*: *Gloria Steinem and Suheir Hammad*, *New York Magazine.* [2008 – 09 – 28] http://nymag. com/anniversary/40th/50664/index1. html.

J. D. Reed, Janice C. Simpson, *Postfeminism*: *Playing for Keeps*, *TIME Magazine.* [1983 – 01 – 10] http://www. time. com/time/magazine/article/0, 9171, 923284, 00. html.

Laurie Shrage, *Feminist Perspectives on Sex Markets*, [2007 – 07 – 13] http://plato. stanford. edu/entries/feminist-sex-markets/#Por.

Avedon Carol, *The Harm of Porn*: *Just Another Excuse to Censor*, [1995 – 08 –01] http://www. fiawol. demon. co. uk/FAC/harm. htm.

Dennis Ayers, *Top* 50 *Favorite Gay Films*, ［2010 – 09 – 20］http：//
www. afterelton. com/movies/2010/9/favorite-gay-films.

Slavoj Zizek, *Return of the Natives*, ［2010 – 03 – 04］http：//www. ne-
wstatesman. com/film/2010/03/avatar-reality-love-couple-sex.

二　其他类

［英］罗杰·斯克拉顿：《保守主义的含义》，王皖强译，中央编译出
版社 2005 年版。

吕磊：《美国的新保守主义》，江苏人民出版社 2004 年版。

［加］莎蒂亚·B. 德鲁里：《列奥·施特劳斯与美国右派》，刘华等
译，华东师范大学出版社 2006 年版。

刘小枫选编：《施特劳斯与古今之争》，华东师范大学出版社 2010
年版。

［美］托马斯·帕特森：《美国政治文化》，顾肃译，东方出版社
2007 年版。

［英］比尔·考克瑟、［英］林顿·罗宾斯、［英］罗伯特·里奇：
《当代英国政治》，孔新峰、蒋鲲译，北京大学出版社 2009 年版。

［澳］安德鲁·文森特：《现代政治意识形态》，袁久红等译，江苏人
民出版社 2008 年版。

［美］利昂·P. 巴拉达特：《意识形态：起源和影响》，张慧芝、张
露璐译，世界图书出版公司，2010.

［法］弗朗索瓦·于连：《本质或裸体》，林志明、张婉真，百花文艺
出版社 2007 年版。

［法］让·波德里亚：《象征交换与死亡》，车槿山译，译林出版社
2006 年版。

［法］让·波德里亚：《论诱惑》，张新木译，南京大学出版社 2011 年版。

［法］乔治·巴塔耶：《色情史》，刘晖译，商务印书馆 2003 年版。

［法］乔治·巴塔耶：《色情、耗费与普遍经济》，汪民安编，吉林人

民出版社 2003 年版。

[斯洛文尼亚] 斯拉沃热·齐泽克：《幻想的瘟疫》，胡雨谭、叶肖
　　译，江苏人民出版社 2006 年版。

[斯洛文尼亚] 斯拉沃热·齐泽克：《有人说过集权主义吗?》，宋文
　　伟、侯萍译，江苏人民出版社 2005 年版。

[美] 苏珊·桑塔格：《疾病的隐喻》，程巍译，上海译文出版社
　　2003 年版。

[法] 马克斯·泰西埃：《日本电影导论》，谢阶明译，江苏教育出版
　　社 2007 年版。

[法] 樊尚·阿米埃尔、[法] 帕斯卡尔·库泰：《美国电影的形式与
　　观念》，徐晓媛译，文化艺术出版社 2005 年版。

[英] 里昂·汉特：《功夫偶像》，余琼译，北京大学出版社 2010
　　年版。

[美] 道格拉斯·凯尔纳：《媒体文化》，丁宁译，商务印书馆 2004
　　年版。

[日] 竹内长武：《战后漫画 50 年史》，李斌译，南京大学出版社
　　2010 年版。

[日] 津坚信之：《日本动画的力量》，秦刚、赵峻译，社会科学文献
　　出版社 2011 年版。

[美] 雅克·蒂洛、[美] 基思·克拉斯曼：《伦理学与生活》，程立
　　显，刘建译，世界图书出版公司，2009。

[美] 雷蒙德·塔塔洛维奇、[美] 拜伦·W. 戴恩斯编：《美国政治
　　中的道德争论》，吴念等译，重庆出版社 2001 年版。

于丽华：《庄重谐谑与忧患：美国的婚姻与家庭》，中国社会科学出
　　版社 2000 年版。

[英] 德斯蒙德·莫利斯：《人类动物园》，何道宽译，复旦大学出版
　　社 2010 年版。

后　记

　　这本书脱胎于我 2012 年的博士学位论文。当时，美国总统奥巴马正面临第二次总统大选，而共和党候选人罗姆尼团队则试图以更加保守的性别观与民主党对抗，双方有针对性地制作了插画网页，虚构性地恐吓着民众，均声称对方的性别政策将为女性带来灾难。就在我论文答辩前不久，民主党副总统拜登公开支持同性恋婚姻，迫使奥巴马成为美国历史上第一位承认自己支持同性恋婚姻的总统。当年民主党的男、女同性恋国会议员总数达到了 5 位，并通过投票使 3 个州的同性恋婚姻合法化。我在答辩时指出，美国以及受它影响的世界，其性别文化是向更激进还是更保守的方向发展，将取决于这次大选的结果。果然，民主党在女性投票者和性别少数投票者比例上的绝对优势，使他们赢得了大选，之后的几年里，美国先是于 2013 年废止同性恋婚姻禁令，又于 2015 年实现了宪法层面的同性恋婚姻合法化，这一年，北美洲成为人类历史上第一个实现了同性恋婚姻合法化的大洲。然而，也正如我在本书中所反复论述的，这是个左右互搏的世界，更激进的政策会刺激起更保守的反弹。民主党在 2016 年推动的跨性别者可按照自己心理性别上厕所的"如厕令"，使共和党支持者更加团结地下定翻盘的决心。奥巴马的 8 年执政，推广了自由主义的性别观，却也引起了保守主义商家拒绝为同性恋提供婚礼蛋糕事件。性别议题似乎已经成为民主党操纵选举的

重要法宝，每逢大选前，他们必然要制造些刺激、冲突，鞭策自己
囊中的性别少数选民为他献票。可是 2016 年这次，他们输了。民生
问题压倒了性别问题，美国人宁愿选择一个性骚扰女人的流氓大亨，
也不愿选出美国历史上第一个女总统。尽管有无数的丑闻、盛大的
游行，依然没能阻止特朗普的步伐。

　　虽然现在的工作任务使我远离了曾经关注的问题，但我还是有
过丰富一下本书内容的打算。当年因为时间紧迫，性别消解这部分
我写得比较薄弱，但资料我是收集过的。新世纪以来的许多新闻，
也可以为这部分内容提供例证，如瑞典无性别幼儿园、北欧同居期
间合法未婚生育、遍布各国的二次变性实例等。但是，从更宏观的
视野看全球这 6 年来的种种问题，我逐渐看到，性别问题已经不像
从前那般突出。它更像是在西式民主操纵下瓜分选票的许愿游戏。
第二次浪潮后的各种性别研究、性别运动，是全民投票制度下的必
然产物。性别消解、性别巩固和性别调和这三股力，其实是自由派
选民、保守派选民和温和派选民各自的意识形态诉求。在选举前后，
不同的政党许下不同的愿望、满足不同的欲求，而所有问题之所以
无法根除，正是因为产生这些问题的机制系统不可能改革掉它自身。
游戏得遵守规则，所以它只是游戏。回到马克思主义的基本原理，
许多表面上的性别问题、种族问题、宗教问题，其根本是经济问题、
阶级问题。经济基础决定上层建筑，意识形态强行变革的许多一相
情愿，必然会遭遇现实条件的无情打脸。

　　这个世界变化得太快。雷德利·斯科特为《异形》拍摄了两部
前传电影，他开始用性别问题探讨起人性的根本。在《普罗米修斯》
（*Prometheus*，2012）中，斯科特思考着父亲身份，渲染着堕胎的恐
惧。在《异形：契约》（*Alien：Covenant*，2017）里，他声称爱中隐
藏着性的无能与变态，还承弗洛伊德衣钵探讨起同性恋与自恋的关
系。虽然那个法斯宾德（Michael Fassbender）与法斯宾德接吻的镜
头在某些地区的影院里被删剪掉了，但这删剪的行动比那个镜头本

身更加深刻。关于这些，我本也可以写上许多，但我没有。

此时此刻，我作为国家汉办的孔子学院汉语教师，正奋战在开罗大学的教学一线。在这里，我每天面对的是将身体包裹的看不出形态的女性们，面对的是看到女人的头发就会浮想联翩的男性们。穿黑袍的女子不仅遮住了脸，她们甚至不愿和陌生男子同乘一个电梯，而购物中心里的贵妇却披散着秀发，高级俱乐部里的名媛却祖露大腿，她们唯一能够共同分享的经验大概是都被性骚扰过……知识分子们不用"开放"和"保守"形容他们的社会，而是用"世俗化"和"虔诚派"。当西方人争论着同性恋婚姻和跨性别厕所的时候，中东人民在讨论的是女人能不能单独出国、能不能单独开车……这现实中的巨大反差，似乎印证了本书里某些陈旧的主要观点，既如此，也就没有太多在例证上添砖加瓦的需要了。也许，古老的中国智慧能给世界性别文化的两端二极提供点参考答案："以和为贵""物极必反""致中和，天地位焉，万物育焉。"

眼前的世界，有点乱，让我没兴致再预言什么趋势或变局。就让这本书的思考停在 2012 年吧，停在那个未来似乎还有着无限可能的时间点。

感谢我的导师屈雅君先生，是她在 2003 年开设的一门选修课引导我走上了性别文化研究的道路。

感谢我的母亲——世界上最坚强的女人。

向 1857 年 3 月 8 日走上纽约街头的女工们致敬，向 1886 年 5 月 1 日走上芝加哥街头的无产者们致敬，向 1919 年 5 月 4 日走上北京街头的学生们致敬，向 1955 年冬天蒙哥马利市罢乘公交车的黑人市民们致敬，向 1969 年夏天格林威治那些被警察殴打却未曾屈服的人们致敬。向每一个曾为人类那些关于自由与正义的理想洒过血汗，有幸做出贡献，或不慎犯下错误的人，致敬。

这本书为你们而作，也为我们的后代。